Maurische
Architektur
in
Andalusien

Maurische Architektur in Andalusien

**Marianne Barrucand
Achim Bednorz**

Taschen

Dieses Buch wurde gedruckt auf 100 % chlorfrei gebleichtem Papier gemäß TCF-Norm.

© 1992 Benedikt Taschen Verlag GmbH
Hohenzollernring 53, D-50672 Köln
Redaktion und Produktion: Rolf Taschen, Köln
Lektorat: Marianne Faust, Ratingen
Layout: Peter Feierabend, Berlin
Umschlaggestaltung: Jiménez & Casagrande, Frankfurt/Main
Herstellung: Assunta Ahrens
Korrektur: Thomas Paffen, Düsseldorf
Satz: Utesch Satztechnik, Hamburg
Farbreproduktionen: ORD, Gronau
Schwarzweißreproduktionen: Reproservice Pees, Essen

Printed in Italy
ISBN 3-8228-9603-9

Inhalt

Einleitung 11

710–912   **Die Ereignisse bis zum Ende des 9. Jahrhunderts** 20

Das Westgotenreich am Anfang des 8. Jahrhunderts 21

Die islamische Eroberung 22
Die religiöse Botschaft
Die islamische Expansion
Die Eroberung Spaniens

Das Emirat 30
Die Familie der Umayyaden
'Abd al-Rahmân I.
Der neue umayyadische Staat
Die Nachfolger 'Abd al-Rahmâns I.
Krisenzeiten (852–912)

Die Baukunst des 8. und 9. Jahrhunderts 38

Der Gründungsbau der Hauptmoschee von Córdoba 39
Die Erweiterung der Freitagsmoschee 45
Sevilla und Mérida 46
Bobastro 48
Vitalität und Formenreichtum 48

912–1031   **Glanzvolle Zeiten: das Kalifat** 50

'Abd al-Rahmân III. (912–961) 51
Die Nachfolger 'Abd al-Rahmâns III. (961–1031) 55
Die 'Âmiriden
Andalusien im Zenit 56

Die Baukunst des 10. Jahrhunderts 60

Madînat al-Zahrâ'	61
Die Große Moschee von Córdoba	70
Kleinere Moscheen	88
Die Rábita von Guardamar	97
Festungen und Brücken	98
Städte: das Beispiel Vascos	101
Baudekor und Kunsthandwerk	103

1031–1091 Die Zeit der Kleinkönige 106

Die Baukunst der Taifazeit 114

Festungen und Schlösser	115
Die Aljafería in Zaragoza	116
Balaguer	121
Weitere Paläste und Kunstwerke	124

1091–1248 Die Zeit der Berberherrschaft 132

Die Almoraviden: Berberstämme aus der Sahara	133
Die Almohaden: Berber aus dem Hohen Atlas	134

Almoravidische und almohadische Baukunst 140

Almoravidische Zeugnisse in Nordafrika und Andalusien	141
Murcia und Monteagudo	146
Das Kunsthandwerk	148
Ein neues Bekenntnis – eine neue Ästhetik	153
Die Hauptstadt Sevilla und ihre Freitagsmoschee	156
Weitere almohadische Moscheen der südwestlichen Provinz	158

Paläste und Festungen	162
Die Provinz von Murcia: Cieza	173
Ausstrahlungen in den christlichen Norden	174

1237–1492 Die Herrschaft der Nasriden 178

Die nasridische Baukunst 182

Die Alhambra – von der Festung zur Herrscherstadt	183
Architektonische Hauptthemen der Alhambra	206
Nasridische Bauwerke der Bürgerstadt und des Sultanats	211
Nasridischer Baudekor	214

Schlußbetrachtung 216

Anmerkungen	221
Glossar	228
Literaturverzeichnis	231
Bildnachweis	235
Übersichtskarte	236
Register	238

Einleitung

Granada, Alhambra
Blick vom »Saal der zwei Schwestern« in den Aussichtsturm der Linderaja, das einstige »Haus der 'A'ischa«. Die Genauigkeit dieses Stiches ist bemerkenswert; er trägt der Staffelung der Raumschichten, die einen der Reize dieser Architektur ausmacht, hervorragend Rechnung.

SEITEN 8/9
Burgruine La Guardia de Jaén
Die Bergkuppe besaß zur Römerzeit – und vielleicht schon früher – eine befestigte Siedlung. Über den römischen Mauern sind westgotische, dann arabische und am Ende christliche errichtet worden, und es ist kaum zu sagen, welcher Epoche die noch bestehenden Teile im einzelnen angehören. Die Türme zeugen von dem ständig bedrohten Leben in einer Gegend, die durch Jahrhunderte hindurch Grenzgebiet zwischen christlichen und islamischen Herren war.

Der Kontrast zwischen den desolaten Schloßruinen auf den Höhen der sonnenverbrannten Gebirgslandschaften und den von raffinierter Lebenskunst zeugenden Palästen der Städte mit ihren kühlen Patios, den murmelnden Wasserspielen und den duftenden Blumen, dieser Kontrast hat die Phantasie der nördlichen Europäer seit der Romantik immer wieder angeregt. Seit Washington Irving, einem der ersten und liebenswürdigsten Spanien-Liebhaber, dessen Alhambra-Tales von 1832 Weltruhm erlangten, begibt sich der Andalusien-Reisende auch immer auf die Suche nach einer Traum- und Märchenwelt, in der Almanzor, Boabdil und Carmen nach anderen Gesetzen leben, lieben und leiden. »Andalusien«, das Wort bedeutet für den Nordeuropäer einen Orient, der die Zauber des islamischen Orients besitzt ohne dessen Fährnisse; seine auch heute gelegentlich noch mittelalterlich anmutenden Sitten und Gebräuche, seine Landschaften und Städte erinnern ihn an Nordafrika und Vorderasien, aber seine Modernisierung bewahrt ihn am Ende doch vor unangenehmen Überraschungen.

Andalusien ist ein Land, in dem Islam und Christentum sich mit letzter Konsequenz bekämpften, ein Kreuzzugland, in dem der Großinquisitor auf den Imam folgte, in dem Büßerprozessionen die Straßen einstiger Suqs durchqueren und in dem trotz aller Intoleranz, allen Hasses zwischen den beiden Religionen und Kulturen sich doch gemeinsame Lebensformen entwickelt haben, die die Phantasie beflügeln.

In der zweiten Hälfte des 19. Jahrhunderts ist die romantische Sichtweise einer wissenschaftlichen gewichen. Und in der ersten Hälfte des 20. Jahrhunderts gelangen großartige und immer noch gültige Zusammenfassungen auf den Gebieten der andalusischen Sprache, Geschichte, Literatur und Kunst, die zwar immer wieder erweitert und bereichert, aber noch keineswegs umgestoßen worden sind. Heute ist das einst islamische Spanien Gegenstand intensiver Forschungen; es ist noch zu früh, umfassende Neudarstellungen zu formulieren, aber es stellt sich immer wieder die Aufgabe, die Forschungsergebnisse der letzten Jahrzehnte in das von den Altmeistern umrissene und immer noch gültige Panorama einzugliedern.

Geographisch und administrativ bezeichnet der Name Andalusien (Andalucía) heute die südwestliche Region Spaniens und schließt die Provinzen von Almería, Málaga, Cádiz, Huelva, Sevilla, Córdoba, Jaén und Granada ein. Drei geomorphologische Einheiten sind klar unterschieden: in der Mitte das Mergel- und Sandtal des Guadalquivir, das von Hügeln begrenzt wird und monoton in Sand und Morast am Atlantik ausläuft; im Norden die

11

Sierra Morena, der südliche Abhang der iberischen Meseta, eine dünn bevölkerte Berglandschaft, deren einzige Reichtümer aus einigen Kupfer-, Kohle-, Merkur- und Bleibergwerken stammen; und im Süden das mächtige Betische Gebirge, das sich von Gibraltar im Westen bis zum Kap Nao im Osten erstreckt. Die Unterbetischen Ketten trennen das Guadalquivirtal von einer Reihe innerer paralleler Täler, die im Osten bei Guadix und Baza trocken, aber um Granada bewässert und somit außerordentlich fruchtbar sind (die Vega). Hohe Bergketten im Süden (Sierra de Ronda, Sierra Nevada, Sierra de los Filabres) lassen an der Küste Platz für kleine bewässerte Ebenen. Das wirtschaftlich und historisch wichtigste Gebiet ist das reiche Guadalquivirtal, in dem die Großstädte Córdoba, Sevilla und Cádiz entstanden sind.

Ursprünglich umfaßte al-Andalus das ganze islamische Spanien, das vom 8. bis zum 10. Jahrhundert den weitaus größten Teil der Iberischen Halbinsel einnahm. Seine Nordgrenze folgte in etwa dem Duerolauf, seine Ostgrenze den Pyrenäen. Das bedeutet, daß materielle Zeugen der islamischen Kultur zumindest theoretisch in diesem ganzen Gebiet zu finden sein müßten. »Andalusisch« steht deshalb in diesem Text synonym für »islamisch-iberisch« und »islamisch-spanisch«, und »Andalusien« bezeichnet hier das islamische Iberien.

Die Herkunft des Namens al-Andalus war bis vor kurzem noch rätselhaft. Er erscheint zum ersten Mal fünf Jahre nach der islamischen Eroberung auf einer zweisprachigen Münze mit der lateinischen Aufschrift »Span(ia)« und der arabischen »al-Andalus«.[1] Spätere arabische Historiker und Geographen führten ihn auf ein »vorsintflutliches« Ureinwohnervolk zurück, europäische Gelehrte hatten ihn »irgendwie« mit den Vandalen in Verbindung gebracht: Aus Wandal sei al-Andalus geworden. Phonetisch ist diese Ableitung nicht möglich, aber auch aus historischen Gründen ist sie nie als überzeugend akzeptiert worden, da die Vandalen nur für kurze Zeit (411–429), und zwar zusammen mit den Alanen und Sueben, in Andalusien gewohnt hatten, bevor sie sich nach Nordafrika einschifften. Heinz Halm[2] hat kürzlich gezeigt, daß »al-Andalus« einfach eine Arabisierung der west-

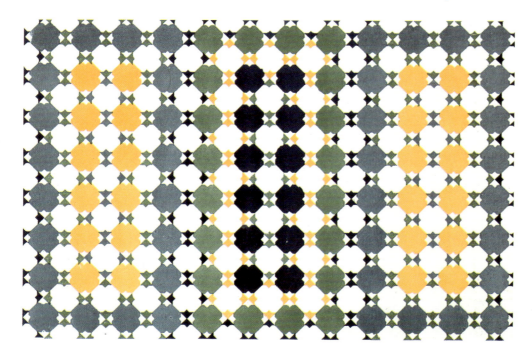

Granada, Alhambra, kolorierte Zeichnung eines Fayencemosaiks

Granada, Alhambra, Löwenhof
Der Löwenhof war einst ein Garten, und die dichte, wenn auch ungeordnete Vegetation auf diesem romantischen Stich aus dem 19. Jahrhundert entspricht dem ursprünglichen Zustand besser als der heutige Kiesbelag.

gotischen Bezeichnung für die frühere römische Provinz Baetica ist: Die Westgoten hatten das Land von 468 bis zur islamischen Eroberung 711 beherrscht. Wie ihre germanischen Vorgänger hatten auch sie das eroberte Land durch Verlosung verteilt. »Sortes Gothica« hießen die den einzelnen Herren zufallenden Lose und die ihnen damit zukommenden Ländereien; »Gothica sors« (Singular) taucht in den schriftlichen Quellen, die alle lateinisch verfaßt sind, als Bezeichnung für das Gotenreich schlechthin auf, seine gotische Entsprechung, »Landahlauts« (»landlos«), wurde schnell und wie von selbst zu »al-Andalus« (womit sich auch der hier auffällige arabische Artikel al- erklärt).

Die Muslime übernahmen mit dem Land nicht nur den Namen, sondern auch Elemente der Kunst ihrer direkten Vorgänger. Die Herausbildung der spanisch-islamischen Kunst war zunächst ein Schmelzprozeß, in dem westgotische, römisch-iberische, römisch-syrische, byzantinische und arabische Elemente sich zu einem neuen und eigenständigen Stil verbanden, der seinerseits anderen Kunstrichtungen befruchtende Impulse gab. Die christliche und jüdische Kunst Spaniens seit dem 8. Jahrhundert bleibt unverständlich, wenn man in ihrem Formengut den islamischen Anteil übersieht. Schon bei

den mozarabischen Kirchen (das sind die unter islamischer Herrschaft errichteten christlichen Kirchen) kann man den Entstehungszusammenhang mit der gleichzeitigen islamischen Baukunst nicht unberücksichtigt lassen, aber noch viel prägnanter zeigt sich die andalusische Architektur in den nach der Reconquista erbauten Kirchen und Palästen. Von den rein islamischen Stuckornamenten des Klosters Las Huelgas bei Burgos (das in keinem Moment seiner Existenz in islamischem Besitz war), von der Kapelle des heiligen Ferdinand in der Großen Moschee von Córdoba – beide aus dem 13. Jahrhundert – über den Alcázar Pedros des Grausamen in Sevilla aus dem 14. Jahrhundert und die aragonesischen Kirchtürme des 15. Jahrhunderts bis zu den südspanischen Bahnhöfen vom Ende des 19. und Anfang des 20. Jahrhunderts durchziehen verkreuzte Vielpaßbögen, dekorative Backsteinversetzungen und buntglasierte Ziegel die spanische Architektur.

Man spricht vom Mudéjarstil, wenn man islamische Formen kennzeichnen will, die unter christlicher Herrschaft entstanden sind. Es kann sich dabei sowohl um prunkvolle Palastkapellen und Kathedralen als auch um bescheidene Dorfkirchen handeln. Mudéjar (von arabisch »mudajjan«, »domestiziert«) war ursprünglich ein abfälliges Wort, mit dem die geflohenen Muslims die nach der Reconquista in Spanien Verbliebenen bezeichneten. Die Mudéjarkunst ist unendlich vielgestaltig, jede Landschaft hat ihr eigenes Gepräge, das von den lokalen Traditionen, vom Geschmack und nicht zuletzt auch von den finanziellen Möglichkeiten des Auftraggebers beeinflußt wurde. Der einzige gemeinsame Nenner der gesamten Mudéjarkunst ist die Prägnanz des islamischen Formengutes. Das Wiederaufleben mittelalterlicher Kunstformen in Südspanien am Ende des 19. Jahrhunderts gehört allerdings nicht zum Mudéjarphänomen, sondern in den Kontext desselben Historizismus, der zum Beispiel das Hamburger Rathaus hervorbrachte.

Die andalusische Kunst ganz allgemein – und die Architektur im besonderen – hat nicht nur im christlichen Spanien und in der von diesem beeinflußten Weltkunst bleibende Zeugnisse hinterlassen, sondern auch in der

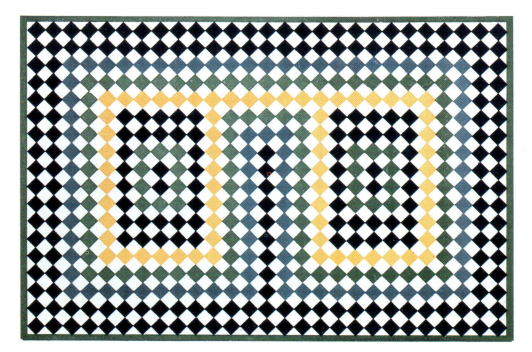

Granada, Alhambra, kolorierte Zeichnung eines Fayencemosaiks

Tarifa, Schul- und Freizeitkomplex in »alten« Gemäuern
Bezinnte Mauern, Wasserbecken in längsrechteckigen Innenhöfen, einstöckige Bauten mit schattigen Galerien, Fayence, die farbige Akzente setzt, Hufeisenbögen, Palmen: dies alles gehört auch heute noch zu den Elementen der Wohnarchitektur Südspaniens.

15

Arcos de la Frontera, Gesamtansicht der alten Bergstadt
Die von den Wandalen zerstörte alte Siedlung gelangte unter den Mauren zu neuer Blüte. 1250 wurde Arcos von Alfons X. erobert.

UNTEN:
Burgruine bei Arcos de la Frontera

islamischen Welt andauernd gewirkt. Dem Austausch und Wechselspiel der Kräfte zwischen Andalusien und Nordafrika, welche die Zeit islamischer Herrschaft zu beiden Seiten des Mittelmeeres charakterisierten, folgten auf der nordafrikanischen Seite Jahrhunderte epigonalen Schaffens. Fast die gesamte marokkanische Kunst der letzten Jahrhunderte treibt im Fahrwasser Granadas. Während Tunesien und Algerien nach der türkischen Eroberung zu Provinzen der osmanischen Kunst wurden, blieb Marokko in unbeirrbarer Beständigkeit dem andalusischen Erbe treu.

Die spanisch-islamische Architektur hat also die nichtislamische iberische wie auch die islamische nordafrikanische noch Jahrhunderte nach ihrem Ableben entscheidend geprägt. Welche Faktoren in ihrer eigenen Entwicklung können wohl diese posthume Dynamik erklären? Bevor wir zum eigentlichen Thema kommen, noch einige Bemerkungen zum Problem der Sonderstellung des spanischen Islams:

Aus einer rein spanischen Perspektive ist seit dem 19. Jahrhundert oft behauptet worden, die andalusische Kultur sei eine spezifisch iberische Schöpfung. Die Theorie einer gewissermaßen grundsätzlichen Hispanität der auf spanischem Boden erwachsenen Kulturen hat die spanische Geschichtsschreibung lange dominiert. Indes steht völlig außer Zweifel, daß die spanischen Muslime sich selbst zunächst als auf der Iberischen Halbinsel lebende Muslime und keineswegs als islamische Spanier betrachteten. Der Name Ishbâniya galt nur für den christlichen Teil des Landes, der Name al-Andalus indes bezeichnete den islamischen Teil und bezog sich geographisch auf wechselnde Gebiete: anfänglich auf den größten Teil der Halbinsel, im 15. Jahrhundert jedoch nur noch auf das kleine Königreich Granada. Man kann den spanischen Muslimen mit einiger Sicherheit das Vorhandensein eines territorial bedingten Nationalgefühls absprechen, ihre tieferen Identifizierungen beruhen auf Religions- und Stammeszugehörigkeit. Auch die zahllosen Bündnisse, die in Zeiten der Bedrohung regelmäßig durch die Jahrhunderte mit Christen geschlossen wurden – wie übrigens auch zur Zeit

Górmaz, Zitadelle
Die Anlage erstreckt sich über eine Länge von etwa 380 Metern, bei einer maximalen Breite von 50 Metern auf einem Felsrücken über dem Duerotal. Ihr Grundriß paßt sich dem natürlichen Relief an. Sie überwachte eine weite Ebene des nördlichen Grenzgebietes des islamischen Spanien zur Zeit seiner größten Ausdehnung.

Teruel, Gesamt- und Detailansichten der Torre del Salvador
Der berühmteste unter den Mudéjartürmen der Stadt stammt aus dem 13. Jahrhundert. In maurischer Zeit gehörte Teruel zeitweilig zu dem Kleinkönigreich Albarracín, bis es 1171 von Alfonso II. von Aragonien zurückerobert wurde. Mit dem Mudéjarstil kennzeichnet man islamische Formen, die unter christlicher Herrschaft entstanden sind.

der Kreuzzüge im Vorderen Orient –, ändern nichts daran, daß der »andere« grundsätzlich der Nichtmuslim, ob nun Spanier oder nicht, war.

Dennoch wurde al-Andalus als deutlich individualisierte Einheit innerhalb der islamischen Welt wahrgenommen, und seine Bewohner verherrlichten die Schönheit ihrer Heimat mit Stolz in ihrer Dichtung, die übrigens durchaus spezifische Formen entwickelt hat. Wie die spanisch-islamische Literatur, so hat auch die Architektur eine eigene Gestalt gefunden; aber weder kann man diese Literatur ohne die Kenntnis der arabischen Sprache verstehen, noch kann man die Baukunst aus ihrem Zusammenhang mit der islamischen Architektur isolieren. Funktionen und Formen der Bauwerke sind an erster Stelle vom Islam determiniert, ihre Hispanität ist dagegen sekundär. Überdies ist der Formenschatz der andalusischen Architektur vom 11. bis zum Anfang des 13. Jahrhunderts von Nordafrika mitbestimmt, so daß der Begriff der spanisch-maghrebinischen oder der spanisch-maurischen Kunst sich allgemein durchgesetzt hat.

Als Mauren (griechisch »mauros«, »dunkel«) bezeichnete schon Lukian die Urbevölkerung des westlichen Weißafrikas. Heutzutage gilt das Wort schlechthin für die nordafrikanische Bevölkerung, die sich im wesentlichen aus berberischen Ureinwohnern und arabischen Einwanderern zusammensetzt. »Maghreb« (arabisch »Westen«) ist in der arabischen Welt der Name für Marokko und Algerien, im Französischen ist es zum Oberbegriff für die Staaten Nordafrikas (ohne Ägypten) geworden.

Man kann lange diskutieren über die zutreffendste Einordnung dieser Architektur: Ob maurisch, spanisch-islamisch oder hispano-maghrebinisch – klar ist, daß keine dieser Zuschreibungen einer Wirklichkeit gerecht werden kann, in der arabische, spanische und berberische Elemente sich auf dem Boden des Islams wechselseitig und mit unterschiedlicher Intensität beeinflußten und zu einmaligen Höhepunkten führten.

710-912

Die Ereignisse bis zum Ende des 9. Jahrhunderts

Das Westgotenreich am Anfang des 8. Jahrhunderts

Zu Beginn des 8. Jahrhunderts war die Schwäche des einst mächtigen Westgotenreiches augenscheinlich. Einer kleinen, unendlich reichen Oberschicht, die sich aus der germanischen Aristokratie und den Nachkommen des iberorömischen Verwaltungsadels zusammensetzte, standen eine verarmte Landbevölkerung und eine wachsende Masse von Unfreien gegenüber. Die sich verschärfenden wirtschaftlichen und sozialen Spannungen äußerten sich unter anderem in zunehmend gnadenloseren Gesetzen gegen landflüchtige Sklaven, welche dennoch der Sklavenflucht keinen Einhalt gebieten konnten, und in regelrechten Judenverfolgungen. Die Städte waren verarmt, sie hatten ihre früheren Privilegien und ihre einstige Macht verloren. Der Monarch verfügte zwar über bemerkenswerte Reichtümer, aber er war alles andere als mächtig. Hofintrigen und Verwandtenmorde hatten zu einer chaotischen Situation geführt, deren Ursachen zum Teil in dem alten gotischen Wahlkönigtum begründet lagen, das keine eigene dynastische Thronfolge kannte; einziges Kriterium war die Zugehörigkeit zum gotischen Adel. Jeder der rivalisierenden Clans hatte seine eigenen Gefolgsleute, die beim Sieg des Gegners möglichst vollzählig umgebracht wurden. Indes scheint die Monarchie nicht über eine reguläre, zuverlässige Armee verfügt zu haben. Theoretisch schuldete jeder Freie dem Herrscher Wehrfolge, aber gegen Ende des 7. Jahrhunderts hatte dieser nicht mehr die Mittel, eine solche Forderung durchzusetzen. Deshalb wandten sich die Thronprätendenten an auswärtige Mächte, um ihre Ambitionen zu realisieren. Athanagild hatte die Byzantiner zu Hilfe gerufen, Sisenand die Franken, Froia die Basken, und schließlich, im Jahre 711, appellierten Akhila und seine Brüder, die Söhne Wittizas, des letzten Königs, an die nordafrikanischen Muslime, ihnen gegen den Usurpator Roderich zu Hilfe zu kommen.[3]

Obwohl die Gotenzeit in Blut und Elend endete, wäre es falsch, sie ausschließlich negativ zu bewerten: Immerhin war sie die Zeit der ersten administrativen Einigung Spaniens, die Zeit der Christianisierung und der tiefer greifenden sprachlichen und juristischen Romanisierung der Iberischen Halbinsel. Die germanischen Westgoten spielten dabei wohl hauptsächlich die Rolle eines Katalysators. Die spätere Geschichtsschreibung hat diese Zeit verherrlicht als die des Beginns eines spanischen Nationalgefühls.[4]

Einige wenige, meist bescheidene Kirchen – sowohl Basiliken und Zentralbauten als auch ganz einfache rechteckige Säle – zeugen heute noch von der westgotischen Sakralarchitektur.[5] Sie sind in schönem Haustein errichtet, nach edlem »more gothico«, wie der heilige Isidor von Sevilla es nannte (um sie von dem »more gallicano« im Ziegelverband mit Mörtel und Holz zu unterscheiden). Während Plan und Aufriß der Sakralbauten auf orientalischen Einfluß hinweisen, tritt in der Bautechnik deutlich das römische Erbe zutage; manche Bauformen allerdings sind eigenständig, so insbesondere der immer wiederkehrende Hufeisenbogen. Der Baudekor repräsentiert einen der verschiedenen Zweige der Spätformen römischer Provinzkunst, die trotz ihrer unzweifelhaften Eintönigkeit, die bei oberflächlicher Betrachtung zunächst auffällt, doch stark ausgeprägte lokale Varianten kennt. So hat der westgotische geometrische Bauschmuck etwas ausgesprochen Volkstümliches. In diesem wie auch im vegetabilischen und im figurativen Dekor finden sich eine Neigung zur Flächenfüllung und eine recht nachlässige Behandlung der Volumen. Das vegetabilische Formenrepertoire mit seinen Akanthen, dem Wein- und Lorbeerlaub ist mit Sicherheit römischer Herkunft, auch wenn die technische Qualität längst nicht mehr der früherer Zeiten entspricht.

Andere berühmte materielle Zeugen dieser Kultur sind in liturgischem Gerät – mit deutlich byzantinischem und koptischem Einschlag – und in den goldenen, mit Edelsteinen überladenen Votivkronen erhalten geblieben. Die »germanische« Tradition mit ihrer Neigung zu Farbenfreudigkeit und Abstraktion tritt deutlicher in diesen letzteren und auch in den bescheideneren Metallobjekten des täglichen Gebrauchs (wie Fibeln, Spangen, Nadeln, Schlaufen, Ringen) zutage als in Architektur und Skulptur, die mehr römisch geprägt sind.

Die westgotische Kunst hatte die verschiedensten Einflüsse rezipiert: Germanische Volks- und byzantinische Hofkultur, ravennatische, iberisch-römische und sogar nordafrikanisch-römische Elemente sind hier verschmolzen zu einer insgesamt recht schlichten, aber doch eigenständigen Kunstsprache, die ihrerseits wieder die spanisch-islamische entscheidend mitformen sollte.

Die islamische Eroberung

Die religiöse Botschaft

Muhammad trat am Anfang des 7. Jahrhunderts in Mekka zunächst als ein Prophet unter anderen auf. Seine monotheistische, egalitäre Botschaft des ewigen Heils durch den Islam, die »Ergebung« in den Willen Gottes, fand indes schnell einen Widerhall, der ihren Verkünder in eine einzigartige Stellung emporhob. Der Koran (Qur'ân), der heilige Text dieser neuen Religion, ist Gottes Wort und wie Gott selbst ewig; er ist Muhammad durch den Erzengel Gabriel mitgeteilt worden, auf daß er ihn den Menschen verkünde (»Iqra'!« »Rezitiere!« lautete das Gebot des Engels an den Propheten). Die neue Botschaft verspricht jedem Menschen die ewige Seligkeit, vorausgesetzt, er glaubt an den einen barmherzigen Gott, Allah, und erfüllt dessen Gebote. Diese beruhen im wesentlichen auf den »Fünf Pfeilern der Religion«: dem Glaubensbekenntnis (»Es gibt keinen anderen Gott als Gott, und Muhammad ist sein Prophet«), dem fünfmaligen täglichen Gebet (Salât), der religiösen Steuer (Zakât), dem Einhalten des Fastenmonats

(Ramadân) und der Pilgerfahrt nach Mekka einmal im Leben (Hadj). Im Vergleich zu dem Polytheismus, der damals in Arabien vorherrschte, schienen die Forderungen Allahs nicht erdrückend. Muhammad versprach darüber hinaus den im Heiligen Krieg gegen die Ungläubigen Gefallenen den direkten Zugang zum Paradies, das im Koran ausführlich und sinnenfreudig beschrieben wird und auf das die anderen Sterblichen bis zum Jüngsten Gericht warten müssen. Der wachsende Erfolg seiner Predigten zwang Muhammad im September 622 dazu, vor dem feindseligen Establishment in Mekka zu fliehen und sich in der Oase Yathrib, etwa 360 Kilometer im Norden, niederzulassen; die Oase erhielt später den Namen Madîna.[6] Mit dieser Niederlassung war der erste islamische Staat gegründet, an dessen Spitze der Prophet stand, der somit die geistliche und die weltliche Macht zugleich innehatte.

Die Botschaft Muhammads hatte sich zunächst an die Mekkaner, dann an die Araber insgesamt gerichtet. Es ist wahrscheinlich, daß der Prophet selbst noch gegen Ende seines Lebens die ganze Menschheit in sein Heilsprogramm einbezog. Der Koran, Gottes Wort, ist der Menschheit indes auf arabisch kundgeworden, und somit war die Vorrangstellung der Araber in der neuen Religion trotz ihres universalen Charakters gesichert.

Mekka, Geburtsstadt des Propheten und Heiligtum des Islam

Die Stadt war schon vor dem Islam ein Handels- und Wallfahrtsort. Die Kaaba, der mit einem schwarzen Tuch bedeckte würfelförmige Bau in der Mitte des weiten Hofes, ist seit dem Beginn des Islam sein religiöses Zentrum; laut Koran ist der heilige schwarze Stein von Abraham und Ismail selbst in die Mauern des Tempels eingefügt worden. Mekka liegt in einer Wüstenlandschaft und lebt von den Pilgerscharen; seine heutige Architektur hat nichts mehr mit der des frühen Islam zu tun. Nur für die Kaaba selbst ist die ursprüngliche Form bei allen Restaurierungen respektiert worden.

Gibraltar, Jabal Târiq (der Berg Târiqs)
Târiq ibn Ziyâd, ein Neusmuslim wahrscheinlich berberischer Herkunft, war Statthalter der syrischen Kalifen in Tanger und leitete die islamische Eroberung Spaniens. Wenn es ihm auch nicht vergönnt war, die Früchte seiner militärischen Heldentaten zu genießen, so wurde sein Name doch unsterblich. Gibraltar, in der Antike als eine der »Säulen des Herkules« berühmt, blieb durch Jahrhunderte hindurch – und bis in die jüngste Vergangenheit – ein wesentlicher Stützpunkt an der spanischen Küste, da er den Ausgang vom Mittelmeer in den Atlantik zu kontrollieren erlaubt.

Die islamische Expansion

Das Echo der neuen Religion wurde durch das schnell sich einstellende Waffenglück um ein Vielfaches gesteigert. Man hat sicher nicht zu Unrecht im Heiligen Krieg eine Konzeptualisierung der auf der arabischen Halbinsel üblichen Razzias sehen wollen; auf alle Fälle trafen religiöse Motivationen mit wirtschaftlichen und politischen zusammen und verliehen der Bewegung eine Dynamik, die in kurzer Frist zur Eroberung weiter Teile Asiens und Nordafrikas führte.

Der Heilige Krieg zielte keineswegs einfach auf die Wahl zwischen »Schwert oder Tod«. Der Koran billigt den »Leuten des Buches« (Ahl al-kitâb) eine Sonderstellung als »Beschützte« (Dhimmî) zu, das heißt, Monotheisten, die heilige Offenbarungstexte besitzen, dürfen im islamischen Reich gegen eine besondere Kopfsteuer ihre Religion weiterhin ungehindert ausüben. Die besiegten polytheistischen Stämme Arabiens hatten somit zwar keine andere Wahl als die der Bekehrung, aber in den eroberten byzantinischen Gebieten sah das anders aus. Da war es einfacher und auch einträglicher, die bestehenden sozialen und administrativen Strukturen zu erhalten und Steuern einzuziehen. Im Falle der Bekehrung, die sich schon allein aus wirtschaftlichen Gründen immer mehr durchsetzte, begaben sich die neuen Muslime (Mawlâ, Plural: Mawâlî) unter den Schutz und in die Abhängigkeit eines bereits islamisierten arabischen Stammes; dieses Mawlâverhältnis schuf enge Bindungen zwischen den Herren und den Neumuslimen, die noch Generationen später wirksam waren – und dies sollte ganz besonders in Spanien nach 750 weittragende Folgen zeitigen.

Die islamische Expansion, die sich nicht nach den Regeln einer zentral geplanten Kriegsführung im modernen Sinn vollzog, sondern eher sprunghaft vorwärtsging, wurde häufig von den jüngst besiegten und islamisierten Stämmen weitergetragen; sie richtete ihre Energien zunächst nach Norden und Osten, das heißt auf Syrien und den Irak-Iran. Zwischen 640 und 642 wurde Ägypten eingenommen; verschiedene darauffolgende Expeditionen nach Westen blieben erst einmal ohne anhaltenden Erfolg. Erst 670 wurde Kairuan gegründet als Stützpunkt im Kampf gegen die dortigen, mit aller Kraft widerstehenden Berberstämme, 698 wurde das byzantinische Karthago eingenommen, und seit Anfang des 8. Jahrhunderts drangen arabische und berberische Armeen gemeinsam über Algerien nach Marokko vor. Die Oberhoheit über diese gemischten Heere blieb in arabischer Hand. Die neu eroberten Gebiete im Maghreb unterstanden ab 708 der Autorität des Gouverneurs von Ifrîqiya (Tunesien), Mûsâ ibn Nusayr, eines Syrers, der dem Kalifen in Damaskus direkt verantwortlich war.

Von Marokko aus wandten sich die islamischen Armeen nicht nach Süden, wo sie auf landschaftlich vertraute Gegenden gestoßen wären, sondern nach dem Norden, der erheblich mehr Reichtümer versprach, aber nur durch die zunächst als sehr schwierig empfundene Überquerung eines Meeresarms zu erreichen war.

Die Eroberung Spaniens

Im Sommer 710 landete eine kleine Truppe unter der Leitung des Tarîf ibn Mâlik, eines Berbers, im Westen von Gibraltar, beim späteren Tarifa. Diese erste Erkundung erwies sich als vielversprechend, und im Frühjahr 711 überquerte eine Armee von 7000 Kämpfern die Meerenge auf Schiffen, die von der westgotischen Faktion Akhilas gestellt worden waren. Dieses überwiegend berberische Heer wurde von Târiq ibn Ziyâd geführt, einem wahrscheinlich berberischen (nach einer anderen Quelle persischen) Freigelassenen von Mûsâ ibn Nusayr. Sein Name ist in dem Wort Gibraltar (»Jabal

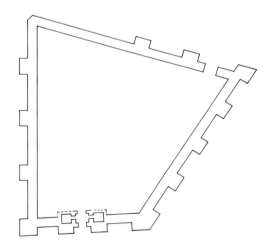

NEBENSTEHEND UND OBEN:
Tarifa, Alcazaba mit Grundriß
Tarifa, eine Festung aus dem 10. Jahrhundert, spielte im Verteidigungssystem der Südküste eine wesentliche Rolle.

LINKS:
Blick von Tarifa auf die afrikanische Küste

Târiq«, der »Berg Târiqs«) erhalten geblieben. Târiq war zuvor von Mûsâ als Statthalter in Tanger eingesetzt worden und sicherlich gut unterrichtet über die inneren Probleme des zerfallenden Gotenreiches. Roderich, der zur Zeit der Landung Târiqs im Norden gegen die Basken kämpfte, eilte unverzüglich nach Süden und wurde von der islamischen Armee, auf deren Seite auch seine westgotischen Gegner standen, ohne große Schwierigkeiten am 19. Juli 711 in der Nähe von Algeciras (am Rio Barbate) geschlagen. Nach diesem Sieg traf Târiq nicht mehr auf organisierten Widerstand: Córdoba und Toledo, die westgotische Hauptstadt, konnten noch im selben Sommer erobert werden. Im Sommer 712 überquerte Mûsâ ibn Nusayr selbst die Meerenge mit einem 18 000 Mann starken Heer, das weitgehend aus Arabern bestand. Er nahm zunächst Sevilla und seine Umgebung ein, später auch Mérida. Erst im Sommer 713 traf er wieder mit Târiq zusammen, während sein Sohn Niebla und Beja eroberte. Die arabischen Quellen heben Mûsâs Eifersucht auf Târiqs Erfolge hervor. Jedenfalls zog Mûsâ nun fürstlich in Toledo ein und ließ sich im westgotischen Palast nieder, der berühmt für seine Reichtümer war. Die Eroberung Spaniens ging im folgenden Sommer weiter mit Mûsâs Vorstoß über Soria, das obere Duerotal bis nach Oviedo und mit Târiqs Feldzug ins obere Ebrotal bis nach Galizien. Mûsâ und Târiq waren inzwischen aufgrund von Hofintrigen in Damaskus vom Kalifen nach Syrien abberufen worden, um sich zu rechtfertigen. Spanien blieb unter der Autorität des 'Abd al-'Azîz, eines Sohnes Mûsâs. Mûsâ selbst beendete sein Leben wahrscheinlich in einem syrischen Gefängnis, und auch Târiq verschwand im Orient von der Bildfläche.

Unter 'Abd al-'Azîz wurden das heutige Portugal im Westen und Katalonien und Narbonne im Osten eingenommen. Málaga, Elvira (das spätere Granada) und Murcia unterwarfen sich. Der Vertrag mit dem gotischen Fürsten von Murcia ist erhalten geblieben; er garantierte den Goten Souveränität, Glaubensfreiheit und wirtschaftliche Autonomie gegen einen jährlichen Tribut. 'Abd al-'Azîz hatte vermutlich die Witwe Roderichs geehelicht, er residierte in Sevilla, wo er 716 auf Befehl des Kalifen ermordet wurde. Um diese Zeit war die islamische Eroberung Spaniens in etwa abgeschlossen.

Die Ereignisse der folgenden vierzig Jahre erscheinen recht verwirrend. Die arabischen Quellen berichten von unzähligen Streitereien, Gefechten und Revolten zwischen den verschiedenen Gruppen der Eroberer. Diese waren in geschlossenen Verbänden ins Land gekommen und hatten sich auch als solche niedergelassen, das heißt ihren Stammeszusammenhalt als Gruppe bewahrt. Folglich war die Bevölkerung Andalusiens außerordentlich heterogen, seine Gesellschaft zersplittert, und die Zentralregierung konnte ihre Machtansprüche nicht durchsetzen. Südaraber standen gegen Nordaraber (der berühmte Konflikt zwischen den Stämmen der Kalb und der Qays), Medinenser gegen Damaszener, Berber gegen Araber. Die Gouverneure wechselten in rasantem Tempo, die meisten blieben kaum mehr als sechs Monate im Amt. Die Entfernung und die Isolation Andalusiens, das keine gemeinsame Landesgrenze mit einem anderen islamischen Staat hatte, machten ein wirksames Eingreifen von Damaskus aus unmöglich. Trotzdem wurden auch in dieser Zeit noch Feldzüge nach Osten unternommen: von Narbonne nach Avignon und ins Rhônetal bis nach Lyon, und von Pamplona über Bordeaux nach Poitiers. Die Schlacht von Tours und Poitiers

(732), in der Karl Martell die Muslime entscheidend schlug, nimmt einen Platz in den französischen Geschichtsbüchern ein, der ihrer Bedeutung aus christlicher Sicht möglicherweise entspricht, der jedoch aus arabischer Perspektive überbewertet erscheint, denn es war weder der erste noch der letzte arabische Feldzug ins Frankenreich. Immerhin wurde 751 auch Narbonne von Pippin zurückerobert, und die arabischen Vorstöße über die Pyrenäen fanden nun ein Ende.

Die christliche Gegenbewegung konnte sich in Asturien unter Alfonso I. (739–757) formieren und von dort aus bald Galizien und auch Teile Altkastiliens bis etwa zum Duero zurückgewinnen. Indes verfügte Alfonso I. nicht über die nötige Macht, die entvölkerten Gebiete im Süden Asturiens zu halten; es entstand eine Art Niemandsland zwischen den südlichen Festungen des asturischen Königreichs und den nörlichen von al-Andalus. Der Duero war ungefähr die Hauptachse dieser unscharfen Grenze, und durch die Jahrhunderte hindurch blieben diese Gebiete Opfer ständiger Einfälle von Norden wie von Süden.

Islamisches Einflußgebiet auf der iberischen Halbinsel

SEITEN 28/29

Buitrago, Nordfassade der Zitadelle
Buitrago, eine malerische Festungsstadt auf der Straße von Madrid nach Burgos, überwachte einen der wichtigsten Pässe der Sierra de Guadarrama. Die Muslime erbauten dort eine befestigte Stadt als Riegel gegen die christlichen Invasionen von der anderen Seite des Passes her. Nach der christlichen Wiedereroberung, am Ende des 11. Jahrhunderts, wurden Buitragos Mauern erneuert, doch sind die islamischen Armeen nie mehr so weit nach Norden vorgestoßen. Von der Zitadelle ist nur noch die Außenmauer mit ihren fünf Türmen übrig, von denen mehrere hier sichtbar sind.

Die christliche Geschichtsschreibung zieht eine gerade Linie von Alfonso I. bis zum Fall Granadas 1492; für sie liegt der Keim der Vernichtung von al-Andalus schon in diesem asturisch-galizischen Königreich, das für die islamische Historiographie nur ein Grenzproblem unter vielen darstellt.

Das Emirat

Die Familie der Umayyaden

Muhammad hatte bei seinem Tod (632) weder einen Sohn noch klare Bestimmungen über seine Nachfolge hinterlassen; die ersten Kalifen (Khâlifa, Stellvertreter [des Propheten]) wurden noch mehr oder weniger reibungslos unter seinen Begleitern ausgewählt. Im Jahre 760 gelang es Mu'âwiya, dem Mitglied einer der reichsten Familien Mekkas, die sich relativ spät zum Islam bekehrt hatte, die Macht zu ergreifen und die dynastische Erbfolge durchzusetzen. Diese erste islamische Dynastie der Umayyaden regierte nicht mehr von Medina, sondern von Damaskus aus über das islamische Weltreich, das sich gegen 740 von Spanien bis Sind (Pakistan) erstreckte.

Religiöse Schismen, innerarabische Streitigkeiten, soziale Unzufriedenheit, wirtschaftliche Probleme, blutige Familienzwistigkeiten und Inkompetenz kamen zu der Tatsache hinzu, daß das Reich zu groß für eine wirksame zentralistische Verwaltung geworden war. Gerade die spanische Entwicklung von 711 bis 755 zeugt von dem Unverständnis in Damaskus für die peripheren Entwicklungen.

'Abd al-Rahmân I.

Die Umayyaden wurden 750 von den Abbasiden gestürzt und fast alle umgebracht. Nur einer ihrer Abkömmlinge, Abû'l-Mutarrif 'Abd al-Rahmân b. Mu'âwiya, der damals knapp 20 Jahre alt war, konnte entkommen. Seine Mutter war eine Nafza-Berberin aus Nordmarokko, was erklärt, warum 'Abd al-Rahmân sich sofort nach Nordafrika wandte. Nach vierjähriger Irrfahrt entschloß er sich, sein Glück in Spanien zu versuchen. In Jaén und Elvira hatten sich viele Klienten (Mawâlî) der Umayyaden niedergelassen, die mit der syrischen Reiterei ins Land gekommen waren. An diese wandte sich der Flüchtling, und es gelang ihm, ihren Beistand zu gewinnen. Andere arabische Gruppen und auch andalusische Berber schlossen sich an. Das Prestige der alten Herrscherfamilie war eine wirksame Waffe 'Abd al-Rahmâns und steigerte die Wertschätzung seiner persönlichen – zweifellos hervorragenden – Eigenschaften erheblich. Die Bewohner der entfernten Provinz al-Andalus hatten an den vorhergehenden Umwälzungen im Vorderen Orient ja nicht teilgenommen und fühlten sich weitgehend noch der gestürzten Dynastie verpflichtet. Jedenfalls konnte 'Abd al-Rahmân seinen Herrschaftsanspruch gegenüber dem Statthalter und dessen Anhängern durchsetzen, und im Mai 756 wurde er in der Großen Moschee von Córdoba zum Amîr al-Andalus proklamiert.

Unter der Regierung 'Abd al-Rahmâns avancierte Córdoba zur Hauptstadt von al-Andalus; die Stadtmauern wurden ausgebessert und verschiedene kleinere Moscheen errichtet. 784/85 ließ 'Abd al-Rahmân einen neuen Emirspalast (Dâr al-Imâra) am Ufer des Guadalquivir und kurz darauf (785/86) eine neue Große Moschee dicht daneben erbauen. 'Abd al-Rahmân, der »Einwanderer« (al-Dâkhil), blieb sein Leben lang der syrischen Heimat verbunden; so ließ er sich im Nordwesten von Córdoba einen Sommerpalast inmitten von Gärten errichten, den er al-Rusâfa benannte, nach der berühmten umayyadischen Residenz in der Palmyrene. Aus den von 'Abd al-Rahmân überlieferten Gedichten geht das Heimweh nach Syrien hervor:

> »Ich sah auf einmal in Rusâfa eine Palme;
> im Westland war sie weit vom Land der Palmen fort.
> Ich sprach: ›Du stehst allein wie ich in fremder Ferne,
> vermißt wie ich die Kinder und die Lieben dort.
> Gewachsen bist du nicht in deiner Heimaterde,
> wie du so bin auch ich fremd und von Hause fort.‹«[7]

Trotzdem versuchten weder er noch irgendeiner seiner Nachfolger je, die syrische Heimat zurückzuerobern.

Die andalusische Literatur ist unerschöpflich im Lob 'Abd al-Rahmâns, des »Falken der Umayyaden«. Sie legt Abû Dja'far al-Mansûr, dem abbasidischen Kalifen von Bagdad, folgenden Ausspruch in den Mund: »Der Falke der Quraysch ist 'Abd al-Rahmân b. Mu'âwiya: Er fuhr übers Meer, durchquerte die Wüste und kam in nichtarabisches Land; ganz auf sich gestellt, gründete er Städte, sammelte Truppen und organisierte Verwaltungsdienste; hier des Thrones verlustig, erwarb er dort ein Reich, nur durch seinen klugen Verstand und sein tapferes Herz . . . 'Abd al-Rahmân gründete ganz allein – er hatte nur seine Sache zum Helfer, seinen Willen zum Freund – das Emirat al-Andalus, eroberte Grenzfesten, brachte Ketzern den Tod und zwang widerspenstige Tyrannen unter sein Gebot.«[8]

Eine lange Regierungszeit ermöglichte es ihm, einen mächtigen, gut organisierten und wohlhabenden Staat aufzubauen, mit dem er eine über 200 Jahre während kulturelle Glanzzeit einleitete, die später einhellig als unerreichbar vorbildhaft verherrlicht wurde.

Der neue umayyadische Staat

'Abd al-Rahmâns Stellung war im islamischen Weltreich insofern neu, als er zwar keinen Anspruch auf den Kalifentitel erhob und auch keine eigentliche Herrschaftsideologie entwickelte, aber dennoch als unabhängiger, niemandem Rechenschaft schuldiger Herrscher regierte.

Die Probleme, die den neuen Amîr al-Andalus seine ganze Regierungszeit hindurch beschäftigen sollten, waren in erster Linie die eines Landes, das sich schon durch seine physische Beschaffenheit, das heißt durch seine stark variierten, kleinflächigen Landschaften, einer zentralisierten Herrschaft entzog. Die ständigen Revolten der verschiedenen Bevölkerungsgruppen machten die Organisation der Armee und die Errichtung eines verläßlichen Verwaltungsapparates zu unumgänglichen Voraussetzungen des inneren Friedens.

Die Heterogenität der andalusischen Bevölkerung brachte unvermeidlich Konflikte mit sich. Schon innerhalb der arabischen Oberschicht waren sich die Araber der ersten Welle (die »Baldiyyûn«) und die später Gekommenen, die »Syrer« (die »Schâmiyyûn«), feindlich gesinnt, wobei letztere wirtschaftlich bevorzugt worden waren; dazu kamen noch die überlebenden Familienmitglieder der Umayyaden, die 'Abd al-Rahmân aus dem Orient nach Spanien gerufen hatte. Darüber hinaus waren die uralten Fehden zwischen Nord- und Südarabern keineswegs beigelegt. Die Feindschaft zwischen diesen verschiedenen arabischen Gruppen beruhte demnach sowohl auf Stammesfehden als auch auf wirtschaftlichen und sozialen Gegensätzen. Die islamisierten Berber hatten Spanien zusammen mit den Arabern erobert, wurden aber von den letzteren mit Herablassung behandelt und waren von der arabischen Oberschicht in die ärmeren und peripheren Gebiete von al-Andalus abgedrängt worden; sie hatten sich also hauptsächlich im Ebrobekken, im Gebiet von Valencia, in der südlichen Meseta und der Extremadura niedergelassen oder niederlassen müssen,[9] wohingegen die Araber sich die großen Städte und die fruchtbaren Täler – die Vegas und die Huertas – vorbehalten hatten. Auch die Berber bildeten keine homogene Volksgruppe, da sie sich durch Stammeszugehörigkeiten und traditionelle Lebensweisen in der nordafrikanischen Heimat (Nomaden, Halbnomaden und Bauern) unterschieden.

Die christliche Bevölkerung hatte sich offenbar weitgehend freiwillig zur Religion der Eroberer bekehrt,[10] die arabische Sprache erlernt, arabische Sitten angenommen und auch teilweise ihre Namen arabisiert. – Sarah die Gotin ist ein berühmtes Beispiel für die schnelle Anpassung der christlichen Oberschicht: Diese Enkelin Wittizas unternahm die Reise von Sevilla nach Damaskus an den Hof des umayyadischen Kalifen Hischâm, der sie mit allen Ehren empfing; sie lernte dort den jungen 'Abd al-Rahmân kennen und ehelichte einen Muslim, mit dem sie nach Andalusien zurückkehrte und dem sie zwei Söhne gebar; nach dessen Tod heiratete sie einen Würdenträger 'Abd al-Rahmâns, der inzwischen in Córdoba die Macht ergriffen hatte; auch von diesem hatte sie einen Sohn, dessen Nachkommen zu der vornehmsten arabischen Aristokratie gehörten.[11]

Die Gruppe der Neumuslime tritt in den Quellen als »Musâlimûn« oder als »Muwalladûn« hervor (das erste Wort wird meist für die Neumuslime, das zweite für deren Nachkommen gebraucht). Die christlich gebliebene Minderheit, die »Musta'ribûn« (die »Arabisierten«), die als Mozaraber in die europäische Geschichtsschreibung eingegangen sind, genossen ebenso wie die jüdische Minderheit als »Dhimmîs« den Schutz der staatlichen Autorität und bildeten in den großen Städten wie Toledo, Córdoba, Sevilla und Mérida relativ zahlreiche Gemeinschaften. Im Vergleich zu diesen sind wir über die ländlichen Mozarabergemeinden weit weniger gut unterrichtet.[12] Die jüdischen Gruppen hatten die arabische Invasion aktiv unterstützt, sie lebten lange ungestört unter offiziellem Schutz in den Städten und spielten als Händler eine wirtschaftlich wichtige Rolle. Arabisch scheint zwar ihre Umgangssprache gewesen zu sein, Konversionen zum Islam sind jedoch kaum überliefert.

Aufgrund dieser Disparität bekämpften sich die Bevölkerungsgruppen zwar oft untereinander, waren aber auch genauso oft bereit, Bündnisse miteinander gegen die umayyadische Oberhoheit einzugehen. Das frühere Armeesystem, das auf allgemeinem Wehrdienst der Muslime beruhte, hatte sich längst als unzureichend erwiesen, und 'Abd al-Rahmân begann, nach dem Vorbild seiner syrischen Vorgänger eine Sklavenarmee zu schaffen, die aus nordafrikanischen und europäischen »Ungläubigen« bestand.

Mérida, Alcazaba »el Conventual«
Die umayyadische Festung hat Flankierungstürme, die durch eine Arkade mit der Hauptmauer verbunden sind. Sie sind wahrscheinlich erst später, aber noch in islamischer Zeit, an die Ringmauer angebaut worden. Das Mauerwerk der letzteren ist mit seinen Binderbündeln charakteristisch für die umayyadische Bautechnik.

Das Fundament des Verwaltungssystems war vom Beginn der islamischen Eroberung an gelegt worden, und 'Abd al-Rahmân hat es wahrscheinlich nicht weiter verändert: Um das Kernland herum lag ein breiter Gürtel, der nur unzureichend von der Zentralregierung in Córdoba kontrolliert werden konnte und der nicht in Provinzen, sondern in drei große »Marken« unterteilt war: die »Obere Mark« mit der Hauptstadt Zaragoza, die von den Banû Qâsî, die gotischer Abstammung waren, beherrscht wurde; die »Mittlere Mark« mit der Hauptstadt Toledo und schließlich die »Untere Mark« mit dem Zentrum Mérida, die Portugal und Extremadura einbegriff. Diese Marken wurden nicht von einem zivilen Statthalter, einem Wâlî, sondern von einem Qâ'id, einem »Markgrafen« regiert. Das Kernland war in Verwaltungsbezirke (Kuwar, Singular: Kûra) aufgeteilt, an deren Spitze der von der Zentralregierung ernannte Statthalter (Wâlî oder 'Âmil) stand, der in der Bezirkshauptstadt (Qâ'ida) residierte. 'Abd al-Rahmân regierte in Córdoba mit Hilfe einer Beamtenschicht, die in den arabischen Quellen für diese Zeit kaum besondere Erwähnung findet. Der oberste Richter (Qâdî) und der Hâjib, der oberster Kämmerer und erster Minister zugleich war, spielten wichtige Rollen; das im Orient gebräuchliche Wort Wesír (Wazîr) für den ersten Minister war in al-Andalus eher ein Ehrentitel und bezeichnete kein Regierungsamt.[13] Der Herrscher umgab sich mit Ratgebern, die ein geehrtes und privilegiertes Gremium bildeten, das der Fürst befragen konnte, dem er aber in keiner Weise Rechenschaft schuldig war. Immerhin erlangte diese

Sâmarrâ, Spiralminarett aus dem 9. Jahrhundert
Sâmarrâ, die Residenz der abbasidischen Kalifen am Ufer des Tigris, 125 Kilometer nördlich von Bagdad, wurde 836 gegründet. Die Herrscherstadt beherbergte nicht nur das administrative Zentrum des abbasidischen Weltreiches, sondern war gleichzeitig ein immenses Heerlager. Durch die Errichtung immer neuer Bauten dehnte sie sich in kurzer Zeit weit aus, aber schon 892 zogen die Kalifen zurück nach Bagdad, und Sâmarrâ verfiel sehr schnell.

Gruppe zweifellos Bedeutung beim Herrschaftswechsel, denn der erste und weitaus wichtigste Treueid an den Thronprätendenten wurde von den Familienmitgliedern und den Höflingen geleistet.

Insgesamt scheinen die Hofämter in Córdoba auswechselbar und relativ wenig definiert gewesen zu sein. Militärische, juristische, polizeiliche, fiskalische und andere administrative Funktionen erforderten keine spezifische Ausbildung und konnten von einer Hand in die andere übergehen. Die Hofbeamten kamen aus arabischen Aristokratenfamilien und waren dem Emir direkt verantwortlich. Dieser regierte als Alleinherrscher und delegierte seine Macht keineswegs an eine besondere Beamtenkaste, wie sie sich im abbasidischen Reich herausbildete. In dieser Hinsicht war der andalusische Staat dem früheren umayyadischen Syrien verwandter als dem gleichzeitigen abbasidischen Kalifat in Bagdad.[14]

Die Nachfolger 'Abd al-Rahmâns I.

Die Regierungszeit des frommen Hischâm I. verlief trotz der regelmäßigen Sommerfeldzüge gegen die Christen friedlich. In seine Zeit fiel die Einführung der malikistischen Rechtsschule in al-Andalus. Damit wurde das Heranwachsen einer sehr konservativen religiös-juristischen Oberschicht begünstigt, die immer mehr politischen Einfluß gewann und das Eindringen fremder religiöser Strömungen in al-Andalus eifersüchtig verhütete.

Unter al-Hakam I., der Mühe hatte, seinen Herrschaftsanspruch geltend zu machen, brachen Revolten in den verschiedensten Gegenden des Reiches aus, in Zaragoza, Huesca, Mérida, Lissabon und vor allem in Toledo, wo der Aufstand der Muwalladûn ganz besonders blutig und heimtückisch niedergeschlagen wurde und als »Tag des Grabens« schlimmen Gedenkens in die Geschichte eingegangen ist: Al-Hakam soll im Jahre 797 angeblich 5000 Toledaner Edle zum Versöhnungsmahl in den Alcázar eingeladen haben, um sie dort ermorden und ihre Leichen in den Burggraben werfen zu lassen.

In Córdoba selbst kam es zu dem berühmt gewordenen »Aufstand der Vorstadt«: Unruheherd war das dicht bevölkerte Stadtviertel auf der Südseite der römischen Brücke, gegenüber der Moschee; zwischen 805 und 818 entbrannte er immer wieder und erlosch am Ende im Blut der Bürger. Viele der damals Vertriebenen gingen nach Marokko, wo sie sich aktiv und verdienstvoll an der Erbauung der Stadt Fes beteiligten und wo das »Viertel der Andalusier« (»Madînat al-Andalusiyyîn«) heute noch von diesem Beitrag zeugt.

Die Schwierigkeiten im eigenen Land ließen al-Hakam kaum Zeit für Kriegszüge gegen die christlichen Nachbarn. In seiner Regierungszeit wurde Barcelona von den Franken erobert, die ihre Züge bis nach Huesca, Lérida und Tortosa ausdehnten.

In der Geschichtsschreibung gilt al-Hakam als frommer, pflichtbewußter Herrscher, der sich dem Urteil des Qâdîs unterwarf, auch wenn es gegen seine eigenen Interessen ging. Alles in allem scheint er jedoch ein recht unpopulärer Herrscher gewesen zu sein. Immerhin verdankte sein Sohn und Nachfolger 'Abd al-Rahmân II. es der brutalen Energie seines Vaters, daß er beim Regierungsantritt ein geeintes Land vorfand.

Die Zeit 'Abd al-Rahmâns II. war geprägt von relativer Ruhe und Wohlergehen. Einige periphere Revolten (in Toledo und Mérida) brachten seine

Córdoba, Wasserrad im Guadalquivir
Diese großen, in Flüssen angebrachten Schöpfräder mit beweglichen Schaufeln und Tongefäßen zum Heben des Wassers waren schon im Mittelalter in weiten Regionen der islamischen Welt üblich und werden an manchen Stellen auch heute noch gebraucht.

Herrschaft ebensowenig ernsthaft in Gefahr wie die Normanneneinfälle über den Tajo und den Guadalquivir. Der Sieg über die Normannen, die als kollektive Gefahr empfunden wurden, steigerte das Prestige des Emirs; darüber hinaus führte er nicht nur zur Befestigung Sevillas, sondern auch zur Errichtung von Arsenalen und zu einem gewissen Interesse für den Seekrieg, der ja traditionell von den Arabern mit Mißtrauen betrachtet wurde. Übrigens spielten andalusische Piraten – ganz unabhängig von der Zentralregierung – schon lange eine Rolle im Mittelmeerraum, zum Beispiel bei der aghlabidischen Eroberung Siziliens (831 Eroberung Palermos) oder bei der Islamisierung Kretas (825/26–960/61).

Gegenüber den Kleinfürstentümern in Nordafrika trat 'Abd al-Rahmân II. gewissermaßen als Beschützer gegen deren mächtige Nachbarn auf; so sind freundschaftliche Beziehungen zu den Rustumiden von Tahert und den Salihiden an der Rifküste (mit der Hauptstadt Nakur) belegt. Daß eine byzantinische Gesandtschaft nach Córdoba al-Andalus zum Eingreifen gegen die Abbasiden im Irak gewinnen wollte, zeigt, daß das Land in die Weltpolitik eingetreten war. Die negative Antwort des Emirs bekundet zwar den unerschütterlichen Haß der Umayyaden auf die Dynastie der Abbasiden, aber zugleich auch die weise Einsicht in das ihm Mögliche.

Trotz der politischen Feindschaft zwischen al-Andalus und dem abbasidischen Kalifat waren die kulturellen Beziehungen zwischen islamischem Orient und Okzident intensiv, und in Córdoba bewunderte man den Hof in Bagdad und Sâmarrâ sehr. Der vielzitierte irakische Sänger Ziryâb, ein persischer Freigelassener des abbasidischen Kalifen al-Mahdî, der vom Bagdader Hof nach Córdoba gekommen war, agierte als regelrechter »Arbiter elegantiarum« am Hof 'Abd al-Rahmâns II. Er führte nicht nur eine neue Art der Notenschreibung und neue Musikinstrumente ein, sondern auch neue Kochrezepte, Tischmanieren, Haartrachten, Bekleidungsmoden, Stoffarten und das Schachspiel.[15] Noch andere persische Gebräuche verbreiteten sich damals in Andalusien: das Feiern des Neujahrsfestes und der Sommersonnenwende (dieses persische Fest ging in Spanien später im Johannesfest auf) und vor allem das Polospiel.

Man schreibt 'Abd al-Rahmân II. die Errichtung des fürstlichen Münzmonopols zu und, nach byzantinischem und abbasidischem Vorbild, auch die der fürstlichen Luxusstoffmanufakturen sowie darüber hinaus die Straffung des gesamten Verwaltungsapparates.[16] Das Hofprotokoll orientalisierte sich in dieser Zeit ebenfalls, es wurde steifer, starrer und prächtiger und der Kontakt zwischen Fürst und Volk seltener. Die Sklaven, unter ihnen viele Eunuchen, spielten eine immer wichtigere Rolle am Hofe.

Krisenzeiten (852–912)

Die folgenden sechzig Jahre bescherten dem umayyadischen Emirat mehrere gefährliche Krisen: Die dauernd zu Aufständen bereiten Mozaraber und Muwalladûn revoltierten bei der Thronbesteigung von Muhammad I. In den Oberen Marken (Tudela und Zaragoza) nahmen die Unabhängigkeitsbestrebungen des Mûsâ ibn Mûsâ ibn al-Qâsî bedrohliche Ausmaße an, in den Unteren Marken (Mérida, Badajoz) war es Ibn Marwân ibn al-Jillîqî (ebenfalls ein Muwallad), der sich von der Oberherrschaft Córdobas befreite. In Sevilla, Elvira und Almería versuchten führende Familien, sich der Autorität Córdobas zu widersetzen. Am gefährlichsten und auch bei weitem am berühmtesten wurde der Aufstand des 'Umar ibn Hafsûn im Herzen von Andalusien. Die unzugänglichen Bergländer im Süden von Granada und Córdoba, zwischen Ronda und Antequera, waren von Berbern und Muwalladûn bewohnt, also von sozial und ökonomisch unterdrückten Gruppen, welche die Ereignisse in den Marken mit Aufmerksamkeit verfolgten und daraus Mut zu eigenen Unabhängigkeitsbestrebungen schöpften. In 'Umar ibn Hafsûn war ihnen ein zugleich tüchtiger, mutiger und ehrgeiziger Führer herangewachsen.

'Umar ibn Hafsûn stammte aus einer wohlhabenden Muwalladfamilie aus der Nähe von Ronda. Er machte sich in seiner Jugend des Totschlags schuldig und mußte das Land verlassen. Er ging nach Tâhert (im heutigen Algerien), wo er in einer andalusischen Schneiderwerkstatt arbeitete. Ein anderer Andalusier erkannte ihn und prophezeite ihm eine blendende Zukunft. Daraufhin (gegen 850) kehrte 'Umar zurück und begann, Anhänger (zunächst wohl hauptsächlich Raufbolde) um sich zu sammeln und die Gegend unsicher zu machen. Die Aufständischen machten Bobastro – auf einer unzugänglichen Bergkuppe – zu ihrer Operationsbasis.[17] Im Jahre 883 sandte Muhammad I. den Oberbefehlshaber der Armee gegen Bobastro; diesem gelang es, Ibn Hafsûn zu besiegen und nach Córdoba mitzunehmen, wo er zunächst als Offizier in der königlichen Armee diente und auch an einem Sommerfeldzug in den Norden teilnahm. Bald floh er jedoch wieder zurück in die Berge und begann seine Razzien von neuem. Die Muwalladûn, Mozaraber und Berber, kurz, die Unzufriedenen ganz allgemein, hielten zu ihm. Das Glück war ihm zunächst hold, seine Macht wuchs, und Bobastro gedieh zu einer richtigen Stadt mit Palast, Moschee und Kirche. Sein Erfolg machte ihn ehrgeiziger, und er entwickelte sich zu einer Art Alleinherrscher in dem Gebiet zwischen Córdoba und dem Mittelmeer. Er nahm sogar direkte Verhandlungen mit den nordafrikanischen Feinden der Umayyaden auf. Er verband sich, aber immer nur für kurze Zeit, mit den verschiedenen aufständischen Führern von Andalusien und gelegentlich sogar mit dem Herrscher in Córdoba; insgesamt scheint seine Politik mehr von der aktuellen Lage als von einem langfristigen politischen Ziel oder einer zusammenhängenden Ideologie diktiert worden zu sein. Aus unbekannten Gründen bekehrte er sich 899 mit seiner Frau und seinen Kindern zum Christentum; politisch war dies fraglos ein Fehler, denn viele Muslime verließen ihn daraufhin, und seine Position schwächte sich erheblich. Trotzdem konnte er Bobastro bis an sein Ende (917) halten, und erst unter 'Abd al-Rahmân III. wurde der Aufstand endgültig niedergeschlagen und Bobastro vom Herrscher eingenommen (927/29).

Für alle diese Unabhängigkeitsbestrebungen war der Zusammenhalt von Muslimen und Christen kennzeichnend. Die führenden Familien in den Marken, die alle durch Bluts- und Familienbande enge Beziehungen zu den christlichen Nachbarn hatten, führten je nach den Umständen Krieg mit oder gegen Christen, mit oder gegen Muslime. Ibn Hafsûns Geschichte weist ebenfalls ständig wechselnde Allianzen auf, in denen die Religion nur selten ausschlaggebend gewesen sein kann. Daraus läßt sich nur schließen, daß die Hauptmotivationen zum Handeln im Andalusien des 9. Jahrhunderts nicht aus der Religion erwuchsen, sondern daß wirtschaftliche, soziale, politische oder familiäre Interessen zumindest ebenso wichtig waren.

Die Baukunst des 8. und 9. Jahrhunderts

Der Gründungsbau der Hauptmoschee von Córdoba

Man kann der Zeit der Eroberung schwerlich irgendwelche konkreten Bauwerke zuschreiben; die ersten Araber- und Berberstämme werden sich wohl mit dem Bestehenden begnügt haben und verbrachten zweifellos mehr Zeit auf Feldzügen als beim Bauen. Jedoch in Zaragoza und in Elvira sollen noch vor 720 die ältesten spanischen Moscheen entstanden sein;[18] Sevilla, die erste Hauptstadt der arabischen Eroberer, besaß eine Moschee, deren Mihrâb durch schriftliche Quellen belegt ist;[19] ebenso hatte Córdoba eine Freitagsmoschee, denn die Quellen berichten ausdrücklich, daß 'Abd al-Rahmân I. sich 756 hier zum Amîr al-Andalus habe proklamieren lassen. Auch Festungen sollen errichtet worden sein, doch was heute noch auf den Anfang des 8. Jahrhunderts zurückgeht, ist kaum zu bestimmen. In Córdoba sind die gewaltige römische Brücke über den Guadalquivir und die Stadtmauer schon um 719/20 ausgebessert worden; aber beide wurden später noch so oft restauriert, daß man auch hier keine präzisen Aussagen machen kann. Die Freitagsmoschee in Algeciras, die Erneuerung und Umgestaltung des westgotischen Palastes in Córdoba, die Ausbesserung der Stadtmauern Córdobas, die Errichtung verschiedener kleiner Moscheen in der Hauptstadt und die Erbauung eines Gartenschlosses (einer Munya) in ihrer Umgebung – alle diese Baumaßnahmen werden 'Abd al-Rahmân I. von schriftlichen Quellen zugeschrieben, aber nichts ist davon heute noch identifizierbar.[20]

Das älteste Bauwerk, das wir wirklich einigermaßen kennen, ist gleich ein Meisterwerk, ein Höhepunkt der Baukunst überhaupt: Es ist die Große Moschee von Córdoba, die zum Maßstab für die gesamte andalusische Sakralkunst wurde. Sie hat im Laufe der Jahrhunderte noch viele Veränderungen erfahren, aber jede islamische Erweiterung respektierte den ersten Bau und nahm dessen Formen wieder auf, so daß man ohne Übertreibung behaupten kann, daß 'Abd al-Rahmâns I. persönlicher Geschmack die hispano-maurische Baukunst insgesamt geprägt hat.

'Abd al-Rahmân I. begnügte sich lange Zeit mit der alten Freitagsmoschee, die möglicherweise ursprünglich eine christliche Kirche gewesen war und im westlichen Bereich der späteren Hauptmoschee lag. Erst nachdem er den erneuerten Palast am Ufer des Guadalquivir bezogen hatte, ließ er einen neuen Bau errichten. Er soll der christlichen Gemeinde zu diesem Zweck den Rest des kirchlichen Komplexes abgekauft haben[21], der direkt neben

Córdoba, Südseite der Großen Moschee
Im Vordergrund der Guadalquivir mit der (ständig erneuerten) Römerbrücke und den Resten einer Wassermühle. Von außen wird die flache Moschee völlig von der im 16. Jahrhundert errichteten Kathedrale erdrückt, die in die Moschee hineingebaut wurde.

dem Palast lag und teilweise ja schon als Moschee diente, und an dessen Stelle nun die neue Hauptmoschee entstand. Künstlerische Schöpfungskraft und der Wunsch nach monumentaler Selbstdarstellung der neuen Dynastie gehörten sicher zu den Motivationen 'Abd al-Rahmâns I.; darüber hinaus bedingte auch der rasche Bevölkerungszuwachs Córdobas den Bau einer neuen Freitagsmoschee.

Die Freitagsmoschee ist der wichtigste Bau der islamischen Stadt; alle männlichen erwachsenen Gläubigen haben sich dort freitags zum Mittagsgottesdienst einzufinden, und der Herrscher oder sein Stellvertreter hält die Predigt, die neben ihrer religiösen auch eine politische Funktion hat. Der Name des Herrschers wird im Freitagsgebet genannt, das dadurch zur politischen Proklamation wird. Die Freitagsmoschee ist recht eigentlich das Aushängeschild einer Dynastie, monumentale Selbstdarstellung des zugleich geistlichen und weltlichen Herrschers, der durch den Freitagsgottesdienst den direkten Kontakt mit dem Volk aufrechterhält. Das gewaltige bauliche Ensemble Freitagsmoschee und Herrscherpalast bildet eine Konstante der islamischen Stadt von ihren vorderorientalischen Anfängen an; bemerkenswert ist hier nur, daß anscheinend schon in westgotischer Zeit ein analoges architektonisches Paar an derselben Stelle in Córdoba gestanden hat.

Die Moschee 'Abd al-Rahmâns I. ist in einem Jahr – zwischen 785/86 und 786/87 – entstanden; die kurze Bauzeit war nur möglich, weil viele römische und westgotische Spolien zur Verfügung standen und weil die christliche Beute des siegreichen Narbonnefeldzugs erhebliche Mittel erbracht hatte.[22] Das nicht sehr große, in etwa quadratische Bauwerk von ungefähr 74 Metern Seitenlänge bestand aus einem offenen Hof und einem Gebetssaal. Die Ost- und Westmauern des knapp 37 Meter tiefen Gebetssaals waren durch vier mächtige Strebepfeiler befestigt, deren beide südliche an der Überleitung zur Qiblawand regelrechte Ecktürme bildeten. Die Strebepfeiler der ursprünglichen Südmauer sind heute nicht mehr rekonstruierbar. Von den vier Eingängen der Moschee befand einer sich in der Mihrâbachse in der Nordmauer des Hofes, je einer an der Ost- und der Westseite des Hofes und der vierte in der Mitte der Westfassade des Gebetssaals; dieser letzte hieß »Bâb al-Wuzâra'«, »Tor der Minister«, da er den Hofbeamten den direkten Zugang vom gegenüberliegenden Regierungspalast zum Gebetssaal erlaubte.

Der Gebetssaal bestand aus elf senkrecht zur Qiblawand stehenden Schiffen mit je zwölf Jochen. Die beiden äußeren Schiffe waren enger, und man nimmt an, daß sie durch Gitter abgetrennt und als Frauenbetraum gedacht waren. Das Mittelschiff hingegen war breiter als die je fünf Seitenschiffe, und somit gab der Mihrâb dem ganzen Bau bis zum Tor in der Nordmauer des Hofes Richtung und Hauptachse. Dieser basilikale Bautyp steht sicher in keiner direkten Beziehung zu den an Ort und Stelle gefundenen Kirchen, sondern ist vielmehr ein Zitat einer der wichtigsten Heiligtümer der islamischen Welt: der Moschee al-Aqsâ in Jerusalem.

Mit den zweigeschossigen Bogenstellungen im Gebetssaal ist eine einmalige und geniale Lösung gefunden worden, um trotz der begrenzten Ausmaße des vorhandenen Stützenmaterials – römische und westgotische Spolien – einen hohen Innenraum zu schaffen. Über dem Kapitell jeder Säule befindet sich eine gewichtige Kämpferplatte, auf der ein relativ massiver Pfeiler ruht, der die darunterliegende Säule verlängert und die dachtragende

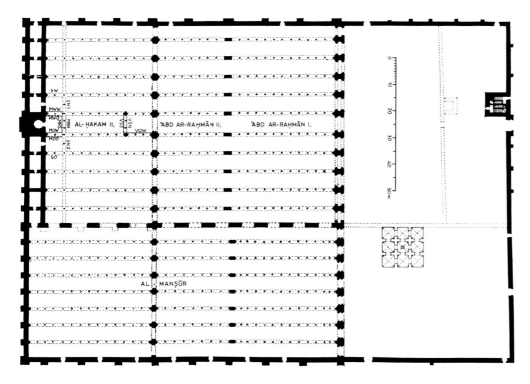

Córdoba, Große Moschee, Gesamtansicht von Nordosten nach Südwesten
Der Kontrast zwischen der großzügigen, weiten Moscheeanlage und den kleinteiligen Wohnbauten ringsherum ist charakteristisch für die mittelalterliche islamische Stadt, deren wichtigstes öffentliches Gebäude die Freitagsmoschee war und die weder ausgebaute Plätze noch eine säkulare Monumentalarchitektur kannte.

Córdoba, Rekonstruktion des Grundrisses der Moschee (Ch. Ewert)

Córdoba, Große Moschee, Stefanstor
Das ehemalige Tor der Wesire ist das älteste erhaltene Tor der ganzen Anlage; es geht auf die Zeit ihrer Gründung zurück und die Gliederung seines Dekors ist für alle späteren Tore maßgebend geworden.

obere Arkade abstützt. Auf der Kämpferplatte liegen auch die unteren Arkadenbögen auf, die die Funktion von Zugbändern erfüllen, welche statisch notwendig und in allen größeren Arkadenmoscheen vorhanden sind. Diese unteren Bögen sind hufeisenförmig, die oberen, massiveren dagegen sind in Halbkreisform gemauert. Beide Arkaden bestehen aus hellen Keilsteinen im Wechsel mit roten Ziegelsteinen. Dieser Schichtwechsel ist eine sowohl im umayyadischen Syrien als auch im vorislamischen Spanien übliche Technik und nicht unbedingt – wie oft angenommen wird – ein umayyadischer Import aus dem Vorderen Orient. Die zweigeschossige Bogenstellung findet sich in sehr viel einfacherer Form auch schon in der syrischen Umayyadenbaukunst, so in der Großen Moschee von Damaskus, in der al-Aqsâ-Moschee und in einem der Paläste von 'Anjar. Vielleicht wurde sie dort wie auch in Córdoba einfach von den römischen Aquädukten abgeleitet; allerdings hat der Baumeister von Córdoba das römische Modell wahrhaft schöpferisch umgestaltet. Über den Ursprung der Hufeisenbögen, der Hauptbogenform der andalusischen Architektur, ist oft diskutiert worden:

Sie waren im vorumayyadischen Vorderen Orient zwar ungewöhnlich, aber nicht unbekannt; in der umayyadischen Moschee von Damaskus tauchen sie sehr diskret auf, durchaus häufig hingegen in der westgotischen Architektur Spaniens. Obwohl ihre germanische Form lange nicht so ausgefeilt ist wie die arabische – sie ist flacher und weniger eingezogen –, so kann man doch behaupten, daß hier lokales Formengut weiterverarbeitet wurde, anstatt einen syrischen Import anzunehmen.[23]

Der Mihrâb dieser ersten Moschee ist nicht erhalten, dafür stammt das heutige Stefanstor (das »Bâb al-Wuzârâ'«) zum guten Teil aus der ersten Bauetappe; da der spätere Mihrâb wie auch alle späteren Tore dessen Formensprache übernehmen und weiterentwickeln, kann man davon ausgehen, daß auch der erste Mihrâb demselben Schema folgte. Die vertikale Dreiteilung in eine eigentliche Torzone und zwei flankierende Fassadenpartien sowie die Gliederung in zwei Etagen geben das Grundthema an. Der oben gerade abschließende Eingang wird von einem Hufeisenbogen in einem Alfiz umfangen; die den Bogen des Tympanons begleitende Schriftzeile durchschneidet diesen quer mit ihrer Basis und betont so die Horizontalität des gemauerten Türsturzes. Die Bogenkeilsteine sind auch hier wieder im Schichtwechsel gefügt; ihr vegetabilischer Dekor stammt wahrscheinlich erst von einer Restaurierung aus dem Jahre 855/56, denn die Inschrift des Tympanons nennt den Namen Muhammads I.

Die Blendbogennischen des oberen Geschosses der Mittelzone, die dazwischenliegenden vegetabilisch geschmückten Felder, das hervorspringende Gesims darüber, das auf neun Kragsteinen mit einer Art eingerolltem Blätterdekor ruht, die vierstufigen Mauerzinnen – dies alles sind Motive, die hier zum ersten Mal auftauchen und von nun an zum Bestand des spanisch-umayyadischen Formenvokabulars gehören. Auch die Motive der Seitenteile sollten aus dem Standardformenschatz nicht mehr fortzudenken sein: So weisen die runden, knaufähnlichen Medaillons in den oberen Zwickelfeldern schon auf den späteren andalusischen Zwickeldekor hin; das Stufenzinnenmotiv der beiden eingeschnittenen rechteckigen Felder und vor allem das alles überspannende vegetabilische Rankenwerk – beides Importe aus dem

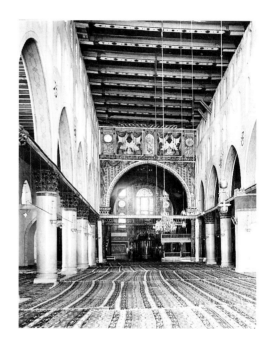

Jerusalem, al-Aqsâ-Moschee, Anfang des 8. Jahrhunderts
Die al-Aqsâ-Moschee ist eine der wichtigsten umayyadischen Moscheen im Vorderen Orient, die vorbildhaft für die Große Moschee von Córdoba wurde.

OBEN:
Ansicht von Nord nach Süd ins Mittelschiff

NEBENSTEHEND:
Die Fassade und der Narthex sind sehr viel später angebaut worden, aber man erkennt das überhöhte Mittelschiff und die Kuppel über dem Vormihrâbjoch, die auf den umayyadischen Bau zurückgehen.

umayyadischen und vorumayyadischen Vorderen Orient – gehören fortan zu den Elementen des andalusischen Baudekorstils.

Bei dem vegetabilischen Dekor handelt es sich indes keineswegs um eine einfache Übernahme aus dem Vorderen Orient. Spanien hatte gerade auf diesem Gebiet eigene römisch-iberische und westgotische Traditionen. Die hier nun entstandene vegetabilische Ornamentik ist durchaus spezifisch und nicht verwechselbar mit der des Vorderen Orients; in manchem ist sie zunächst der westgotischen Ornamentik noch recht ähnlich, in ihrer handwerklichen Qualität aber meist überlegen.

Die Mauern bestehen aus hellem Haustein; die Westwand des heutigen Gebetssaals – mittelgroße Quader in regelmäßigen Lagen mit gelegentlichen Bindern – gibt Aufschluß über die damalige Bauweise. Ziegelsteine hatte man nur für die roten Schichten der Arkadenbögen verwendet. Holz spielte eine wichtige Rolle, denn die Schiffe waren ursprünglich mit bemalten Holzplatten abgedeckt, von denen man einige wiedergefunden hat. Jedes Schiff hat ein eigenes Schrägdach, dessen leichter Dachstuhl mit Ziegeln gedeckt ist. Wie alle anderen Moscheen dieser Zeit besaß auch die 'Abd al-Rahmâns I. ganz bestimmt noch kein Minarett.

Der Geschmack 'Abd al-Rahmâns I., des »Einwanderers«, war ganz offensichtlich von vorderorientalischen Bautraditionen geprägt. War er selbst der Architekt seiner Moschee, oder hatte er einen syrischen Baumeister kommen lassen? Diese Frage ist schwer zu beantworten; den schriftlichen Quellen und auch den islamischen Herrschertraditionen zufolge kann man seine persönliche Teilnahme recht hoch veranschlagen. Unter den Handwerkern, die den Bau ausführten, waren sicher auch Syrer, nicht nur Iberer. Zwar wurde der syrische Formenanteil mit Recht immer wieder betont, aber auch die westgotischen und spätrömischen lokalen Einflüsse sollten nicht unterschätzt werden. Das Einbeziehen vorislamischer spanischer Säulen und Kapitelle im aufwendigsten und repräsentativsten Bau der Dynastie zeigt deutlich die Bewunderung der spanischen Umayyaden für dieses Erbe. Ihre berühmtesten Herrscher haben diese Bewunderung 'Abd al-Rahmâns I. für antikes Formengut geteilt.

Damaskus, Große Moschee der Umayyaden, um 715

OBEN:
Marmorgitter
NEBENSTEHEND:
Ansicht der Moschee von Südwest

Die Erweiterung der Freitagsmoschee

Aus der unmittelbaren Folgezeit sind kaum Bauten bekannt. Hischâm I. ließ die Brücke Córdobas ausbessern sowie einen durch eine Treppe erreichbaren Unterstand für den fünfmal täglich zum Gebet rufenden Muezzin auf dem Dach der Großen Moschee einrichten.[24] Erst 'Abd al-Rahmân II. erwies sich wieder als engagierter Bauherr, und seine Regierungszeit stand im Zeichen von Wohlstand und emsiger Bautätigkeit: Murcia wurde gegründet, der Alcázar von Mérida erbaut, in Sevilla und vor allem in Córdoba ließ er Stadtmauern, Aquädukte und Paläste erneuern oder errichten, in Jaén eine neue Freitagsmoschee bauen, in Córdoba und Sevilla die alten Freitagsmoscheen erweitern; auch das Minarett einer Moschee in Córdoba, der späteren Johanneskirche, scheint aus dieser Zeit zu stammen. Nicht erhalten blieb die Moschee in Pechina. Aus der zweiten Hälfte des 9. Jahrhunderts stammen die Moschee von Tudela und die Bergfestung Bobastro, die erstere von einem Rivalen der Umayyaden, Mûsâ ibn Mûsâ al-Qâsî, errichtet, die zweite von dem Hauptfeind der Dynastie, Ibn Hafsûn.

Die Erweiterung der Freitagsmoschee von Córdoba unter 'Abd al-Rahmân II. zeugt vom Wohlstand der Hauptstadt der Umayyaden, deren Bevölkerung seit der Zeit 'Abd al-Rahmâns I. beträchtlich angewachsen war. Die Qiblawand wurde jetzt um acht Joche nach Süden verschoben; aus dem Mauerverband der alten Qibla hat man Stützpfeiler bestehen lassen, um den Schub der überlang gewordenen Arkaden aufzufangen. Der Betsaal war nun etwa 64 Meter tief und somit fast quadratisch. 'Abd al-Rahmân II. änderte grundsätzlich nichts an dem Bauprogramm seines Urgroßvaters; auch er benutzte weiterhin Spolien und führte das Leitmotiv der Betonung des Mittelschiffs und der quer dazu stehenden Qiblawand durch den Baudekor – und insbesondere durch die Kapitelle – ganz im Sinne 'Abd al-Rahmâns I. fort. Patrice Cressier[25] und Christian Ewert[26] haben zeigen können, daß schon von der ersten Bauetappe an den Kapitellen eine bedeutende Rolle bei der Hierarchisierung der einzelnen Elemente des Gebetssaals zukam. So bildete das Mittelschiff eindeutig von Anfang an die Symmetrieachse für die Verteilung der Kapitelltypen im ganzen Bau, wobei längs des Mittelschiffs und längs der Qiblawand bevorzugt nicht etwa römische Spolien, sondern zunächst westgotische und später, unter 'Abd al-Rahmân II., islamische Kopien römischer und korinthischer Modelle angebracht wurden, deren Faktur und Aufbau allerdings nicht streng klassisch waren.

Die stilistischen und handwerklichen Besonderheiten der Bauskulptur des Emirats von Córdoba sind am besten aus deren Kapitellen zu erschließen, und zwar aus denen, die heute noch in den älteren Teilen der Großen Moschee existieren, sowie aus einer ganzen Reihe anderer, verstreuter Kapitelle, deren Provenienz nicht immer klar ist. Viele von ihnen bestechen durch ihre technische Qualität und ihre beflissene Treue zu den klassischen Modellen, die in der westgotischen Zeit ganz in den Hintergrund getreten waren. Andere Kapitelle aus der Zeit des Emirats behalten zwar den Aufbau der römischen Vorbilder bei, übernehmen jedoch in der Oberflächenbehandlung die westgotischen, sehr viel flüchtigeren Techniken. Wieder eine andere, technisch recht inhomogene Gruppe kopiert ein bestimmtes, relativ seltenes römisches Modell mit drei Akanthuskronen. Insgesamt zeichnen sich die »emiralen« Kapitelle durch ihre ungebrochene Vitalität, ihren

Córdoba, Große Moschee, Fenstergitter
Das Fenstergitter mit kreisförmigen Motiven befindet sich am Stefanstor.

Mérida, Flußmauer des Conventuals
Im Vordergrund der Guadiana.

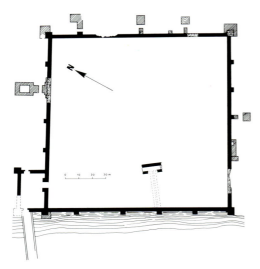

Grundriß (Torres Balbás)
Die arabische Festung ist auf römischen Resten erbaut.

Reichtum und ihre Phantasie aus; in ihrer technischen Qualität und ihrer Formenfülle überragen sie weit die westgotische Produktion. Angesichts dieser der Antike so stark verpflichteten Kapitelle hat man sich wiederholt nach möglichen syrisch-umayyadischen Traditionen umgesehen. Zwar ist auch im Vorderen Orient des 8. Jahrhunderts der Rückgriff auf ältere klassische Formen zu beobachten, die in den unmittelbar vorhergehenden Jahrhunderten vergessen schienen,[27] doch gibt es gerade auf dem Gebiet der Kapitellkunst dort nichts eigentlich Vergleichbares.

Sevilla und Mérida

Die umayyadische Große Moschee von Sevilla war möglicherweise von 'Abd al-Rahmân II. errichtet (so eine Bauinschrift von 830, heute im Museum von Sevilla) oder zumindest erweitert worden. An ihrer Stelle steht heute die Salvatorkirche. Aus schriftlichen Quellen geht hervor, daß sie sich wie die Freitagsmoschee von Córdoba aus elf senkrecht zur Qibla verlaufenden Schiffen zusammensetzte und daß ihr Mittelschiff überhöht war – auch dies wieder ein durchaus syrisch-umayyadischer Zug. Die Schiffe waren durch Arkaden über Säulenspolien voneinander getrennt. Das Gebäude soll

knapp 50 Meter breit und erheblich länger gewesen sein. Im heutigen Kirchturm ist nur der untere Teil des Minaretts erhalten, das sich auf der Nordseite des Hofes gegenüber dem Mittelschiff befand und dessen quadratischer Grundriß eine Seitenlänge von 5,88 Metern hatte.[28] Es war in mehrere Geschosse gegliedert und besaß Zwillingsfenster. Eine Wendeltreppe führte zur oberen Galerie. Die Moschee wurde 844 von den Normannen stark beschädigt und daraufhin wieder restauriert, doch im 12. Jahrhundert entstand weiter im Südosten der Stadt eine neue Große Moschee (an deren Stelle sich heute die Kathedrale erhebt).

Die alte, wohlhabende Stadt Mérida war schon allein durch ihre grenznahe Lage ein ständiger Unruheherd. 828 brach eine von einem Muwallad (Sulaymân ibn Martín) und einem Berber (Mahmûd ibn 'Abd al-Jabbâr) angeführte Revolte aus, die von Asturien aktiv unterstützt wurde und die nur mühsam nach jahrelangen Kämpfen niedergeschlagen werden konnte. Als Antwort ließ 'Abd al-Rahmân II. die Stadtmauern schleifen und eine Festung (laut der Bauinschrift ein »Hisn«) am Kopf der mächtigen römischen Brücke über den Guadiana erbauen, mit der er die Stadt regelrecht verriegelte.

Der Grundriß dieser Festung – seit der christlichen Eroberung als »el Conventual« bekannt, da die Ritter des Ordens von Santiago sich darin niederließen – hat die Form eines regelmäßigen Vierecks von 132 beziehungsweise 137 Metern Seitenlänge. Die Flußmauer mit ihren Strebepfeilern wurde auf den Resten der römischen Stadtmauer erbaut, und generell sind in dem Mauerwerk römische Hausteine wiederbenutzt worden. Die viereckigen Türme sind in regelmäßigen Abständen von außen an die Mauer gebaut und ragen kaum aus dieser hervor; die quadratischen Ecktürme sind entschieden massiver. Das Tor öffnet sich nicht in der Mitte einer der Fassaden, sondern am Westende der Nordseite in einem Vorhof, einer Art Barbakane, die den Brückenkopf mit dem Festungseingang und das Stadttor umschließt. Insgesamt folgt dieses Bauwerk dem Typ der üblichen byzantinischen Festungen Nordafrikas mit seinem regelmäßigen Grundriß, den rechteckigen äußeren Türmen, den verstärkten Eckbastionen und dem geraden Eingang zwischen zwei Türmen.[29] Vom Inneren des arabischen Palastes ist kaum etwas erhalten, schon im 12. Jahrhundert befand er sich zeitgenössischen Berichten[30] zufolge in einem arg verfallenen Zustand. Innerhalb der Festung befindet sich eine geräumige Zisterne, die vom Guadiana gespeist wird; sie stammt aus der Römerzeit, ist aber wahrscheinlich auch unter den Westgoten benutzt und in umayyadischer Zeit mit westgotischen Marmorspolien als Türpfosten geschmückt worden. Neuere Grabungen haben innerhalb der Festungsmauern eine von Reichtum zeugende römische Villa zutage gebracht, und man kann annehmen, daß die Umayyaden ihre Überreste zu nutzen wußten.

Mérida war in römischer und westgotischer Zeit eine außerordentlich wohlhabende und bedeutende Stadt; noch heute sind ihre römischen Monumente – Tempel, Theater, Amphitheater, Circus, Brücke, Aquädukt – überaus eindrucksvoll. Dagegen ist die islamische Hinterlassenschaft in Mérida wenig spektakulär, sie zeugt jedoch von dem festen Willen der umayyadischen Herrscher, sich gegenüber den alten, traditionsreichen Städten durchzusetzen und deren Monumente soweit wie möglich für die eigenen Zwecke zu verwerten.

Römische Zisterne des Alcázars von Mérida
Die Anlage wurde von den Westgoten und den Muslimen instandgehalten und benutzt.

Bobastro

Bobastro erhebt sich stolz auf einer einsamen Bergkuppe, hoch über dem Flußbett des Guadalhorce, in geradezu uneinnehmbarer Lage.[31] 'Umar ibn Hafsûns Bautätigkeit hat dort wohl in den achtziger Jahren eingesetzt, und möglicherweise stammen die wenigen Quaderreste, die von der Zitadelle übrig sind, aus dieser Zeit.[32] Die Außenmauern der rechteckigen Festung scheinen zum Teil aus dem Fels selbst herauszuwachsen. Einige Befestigungstürme mit quadratischem Grundriß sind erkennbar, und im Inneren bestehen noch die Grundrißreste verschiedener Gebäude, die von einer stattlichen Anlage auf der höchsten Stelle des Plateaus dominiert wurden. Die Quaderlagen sind häufig, aber unregelmäßig mit Bindern gefügt, so daß sie an das spezifische Mauerwerk erinnern, das schlechthin als Hauptmerkmal der Baukunst der Kalifatszeit gilt. Aber diese »kalifale« Technik, die im 10. Jahrhundert allgemein üblich war, ist auch schon vor der Kalifatszeit bezeugt und also kein genaues Datierungskriterium. Unterhalb der Umfassungsmauern sind undatierbare Höhlenwohnungen in den Fels gemeißelt. Noch weiter unten und ebenfalls außerhalb des Festungsbereichs befindet sich eine aus dem Fels gehauene Kirche, die mit einiger Wahrscheinlichkeit auf die Jahre zwischen der Bekehrung (899) und dem Tod Ibn Hafsûns (917) zu datieren ist. Mit ihren drei durch Arkaden und Pfeiler getrennten Schiffen, ihrem Transept, der tiefen Apsidialkapelle und den beiden Seitenkapellen entspricht sie einem durchaus üblichen mozarabischen Kirchentyp;[33] überraschend wirken natürlich die Bauweise und die unterschiedliche Bodenhöhe der einzelnen Bauteile. Die ausgeprägten Hufeisenbögen sowie die Mauertechnik der Festung selbst zeugen vom Einfluß und von der Verbreitung der Córdobenser Bautechniken und -formen bis in die entlegensten Winkel Andalusiens.

Vitalität und Formenreichtum

Eine zusammenfassende Beurteilung der Baukunst während des Emirats müßte ihre Vitalität und ihren Formenreichtum hervorheben. Das klassisch-

Bobastro
Die Stadt lag eindrucksvoll auf einer einsamen Bergkuppe. Auf dem Plateau bestehen noch die Grundrißreste von verschiedenen Gebäuden, unter denen man eine Moschee und einen Palast vermuten kann. Unterhalb der Umfassungsmauer sind Troglodytenbehausungen in den Fels gemeißelt.

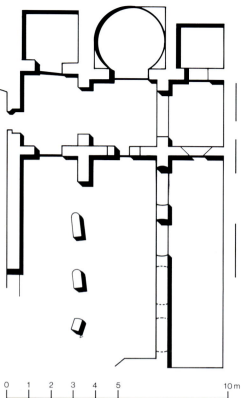

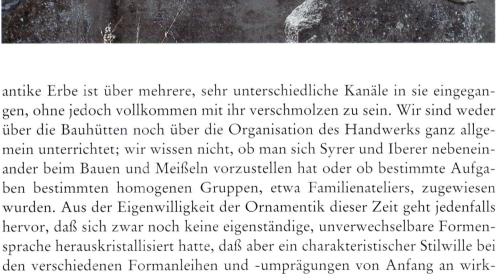

Bobastro, Kirche (Grundriß von C. de Mergelina)

Außerhalb des Festungsbereiches befindet sich eine Kirche, die Ibn Hafsûn wahrscheinlich nach seiner Bekehrung zum Christentum aus dem Felsen heraushauen ließ. Mit ihren drei durch Arkaden auf Pfeilern getrennten Schiffen, ihrem Transept, der tiefen Apsidialkapelle und den beiden Seitenkapellen entspricht sie einem durchaus üblichen mozarabischen Kirchentyp; die Bauweise ist allerdings einmalig. Die sehr ausgeprägten Hufeisenbögen zeugen von der Verbreitung der cordobenser Bauformen bis in die entlegendsten Winkel Andalusiens.

antike Erbe ist über mehrere, sehr unterschiedliche Kanäle in sie eingegangen, ohne jedoch vollkommen mit ihr verschmolzen zu sein. Wir sind weder über die Bauhütten noch über die Organisation des Handwerks ganz allgemein unterrichtet; wir wissen nicht, ob man sich Syrer und Iberer nebeneinander beim Bauen und Meißeln vorzustellen hat oder ob bestimmte Aufgaben bestimmten homogenen Gruppen, etwa Familienateliers, zugewiesen wurden. Aus der Eigenwilligkeit der Ornamentik dieser Zeit geht jedenfalls hervor, daß sich zwar noch keine eigenständige, unverwechselbare Formensprache herauskristallisiert hatte, daß aber ein charakteristischer Stilwille bei den verschiedenen Formanleihen und -umprägungen von Anfang an wirksam war. Dieser Stilwille, der an sich nur der einer Dynastie – der spanischen Umayyaden – und der einer Stadt – Córdoba – war, erreichte mit seiner Ausstrahlung indes sogar die Feinde seiner Schöpfer und Träger.

912-1031

Die Nachfolger 'Abd al-Rahmâns III. (961–1031)

Der älteste Sohn 'Abd al-Rahmâns III., al Hakam II., wurde früh zum Thronfolger bestimmt, kam aber erst im Alter von 46 Jahren an die Macht – und dies nur für fünfzehn Jahre. Er wird geschildert als gebildet und friedfertig, als großzügiger Kunstliebhaber (der sich ganz besonders für antike Werke interessierte), als bemerkenswerter Bauherr und dabei als zutiefst religiös und in den theologisch-juristischen Wissenschaften bewandert. »Mit seinem Namen verbinden sich Glanz und Kraft,* Adel und Wissenschaft,* unvergängliche Werke,* hohe Leistungen seiner Stärke.*«[35] Er führte die Innen- und Außenpolitik seines Vaters fort, allerdings ohne dessen Energie und mit der unbestrittenen Neigung, sich auf seine Beamten zu verlassen. Immerhin konnte er einen Normannenangriff bei Almería zurückschlagen und vergrößerte daraufhin seine Flotte. Schon die arabischen Historiker hoben vor allem seine Bautätigkeit hervor, und auch heute verbinden sich mit seinem Namen vor allem die Errichtung der neuen Herrscherstadt Madînat al-Zahrâ' und die Erweiterung und Ausschmückung der Hauptmoschee von Córdoba.

Hischâm, der einzige, dem schon hochbetagten al-Hakam von einer Baskin geborene Sohn, nahm als elfjähriges Kind den Treueid kurz vor dem Tode seines Vaters entgegen. Die Investitur eines Kindes stieß auf Widerstand, und ihre Anerkennung konnte nur mühsam von seiner Mutter und deren Vertrauten durchgesetzt werden. Eine andere umayyadische Faktion wollte einen Bruder al-Hakams, al-Mughîra, auf den Thron bringen; dieser wurde allerdings schleunigst von seinen Gegnern ins Gefängnis geworfen und bald darauf umgebracht. Die Glanzzeit der Dynastie war zu Ende und mit ihr auch die der Stadt Córdoba.

Die 'Âmiriden

Hischâm war unfähig, verweichlicht und ein Spielzeug in den Händen seiner Mutter und seines Vermögensverwalters, Ibn Abî 'Âmir, der bald zum Hâjib aufstieg und damit das höchste Amt im Staate innehatte. Ibn Abî 'Âmir stammte aus einer alten arabischen Grundbesitzerfamilie aus der Gegend von Algeciras, hatte eine gründliche juristische Ausbildung genossen und besaß weitreichende Ambitionen. Er erscheint in den Quellen als außerordentlich intelligent und energisch, dabei völlig skrupellos. Seine guten Beziehungen zur Mutter Hischâms (man spricht von einer Liebschaft) und zur konservativen Juristenschicht von Córdoba begründeten seinen schnellen Machtzuwachs. Um sich die Gunst dieser einflußreichen Gruppe zu sichern, ging Ibn Abî 'Âmir so weit, die von ihr als heterodox verurteilten Bücher der Bibliothek al-Hakams II. (darunter vor allem die wissenschaftlichen) öffentlich verbrennen zu lassen.

Im Jahre 981 verlegte der Hâjib die Staatsverwaltung aus dem umayyadischen Alcázar in seine eigene, neu erbaute Palaststadt al-Madîna al-Zâhira, um unmißverständlich zu demonstrieren, wer das Land regierte. Von allen Prärogativen des Kalifats blieb Hischâm nur die Nennung seines Namens im Freitagsgebet und auf den Münzen. Auch Ibn Abî 'Âmir legte sich einen Ehrennamen zu: al-Mansûr billâh, »der durch Gott Siegreiche«; unter dem Namen »Almanzor« ist er in die christlichen Legenden eingegangen. Trotz

Córdoba, Große Moschee, Puerta St. Catalina, Detailansicht
Das Reliefwappen aus dem 16. Jahrhundert stellt das Minarett 'Abd al-Rahmâns III. vor seiner Ummantelung durch einen Kirchturm dar.

Córdoba, Große Moschee, Detail eines Seitenportals aus der Zeit al-Hakams II.

seines Machtstrebens hat Ibn Abî 'Âmir indes nie den Kalifentitel usurpiert. Er konnte seine Würde 1002 seinem Sohn 'Abd al-Malik vererben, der nur sechs Jahre regierte. Unter den ersten beiden 'Âmiriden wurden mehrere siegreiche Feldzüge gegen die Christen und in Nordafrika geführt, und das Prestige des umayyadischen Spanien erschien, jedenfalls von weitem betrachtet, ungebrochen. Auf 'Abd al-Malik folgte sein unfähiger jüngerer Bruder 'Abd al-Rahmân, dem jeglicher Sinn für die Realität fehlte und der seine ebenfalls kurze Karriere damit begann, daß er die Kalifennachfolge forderte. Dieser dritte 'Âmiride wurde 1008 nach einem mißglückten Winterfeldzug ermordet.

Danach begann eine lange Zeit der Wirren und Bruderkriege. Hischâm, der sich in keiner Weise durchsetzen konnte, wurde 1009 zum Abdanken gezwungen; zahllose Thronprätendenten bekämpften sich von da an und überzogen das umayyadische Reich mit blutigen Kriegen. Gleichzeitig erwachten überall in Andalusien von neuem die lokalen Unabhängigkeitsbestrebungen, die ja niemals wirklich aufgegeben worden waren. In jeder größeren Stadt trat auf einmal mindestens eine Herrscherfamilie in Erscheinung, die die Oberherrschaft der Scheinkalifen beseitigen oder ihren eigenen Kalifenkandidaten auf den Thron bringen wollte. Im Jahre 1031 beschloß in Córdoba eine Gruppe von Bürgern kurzerhand das Ende des Kalifats und setzte eine Art Stadtratsregierung ein, die natürlich nur in Córdoba und dessen nächster Umgebung etwas zu sagen hatte.

Damit begann für die Geschichtsschreibung die »Herrschaft der Kleinkönige« (Mulûk al-tawâ'if), die bis zur Machtübernahme der nordafrikanischen Dynastie der Almoraviden dauerte.

Andalusien im Zenit

Das islamische Spanien war im 10. Jahrhundert dem übrigen Europa wirtschaftlich und intellektuell weit voraus. Sein Reichtum beruhte auf einer Landwirtschaft, die mit Hilfe künstlicher Bewässerungssysteme alle Möglichkeiten des Landes ausnutzte, auf den erschlossenen Bodenschätzen und auf einer nie zuvor erlebten Prosperität der Städte, wo Handwerk und Handel sich entfalten konnten, solange Sicherheit und Ordnung im Lande herrschten.

Die verschiedenen Bevölkerungsgruppen waren einigermaßen zu einer Einheit verschmolzen; die arabische Oberschicht war führend; ihre Sprache, Religion und Kultur hatten sich durchgesetzt und waren bestimmend geworden. Die Muwalladûn waren an sich Iberer, die sich oft (aber keineswegs immer) arabische Phantasiegenealogien zugelegt hatten. Da die Araber jedoch oft iberische Frauen heirateten, war es zu einer Angleichung der beiden Schichten gekommen. Die Muwalladûn hatten dem arabischen »Nationalstolz« keinerlei entsprechende iberische Werte entgegenzusetzen, sondern strebten nach Anerkennung und Integration durch Angleichung. Die antiarabischen Muwallad-Aufstände waren nicht national, sondern wirtschaftlich und sozial motiviert.

Die Christen, die Mozaraber, sprachen jedenfalls in den Städten nicht nur Romanisch, sondern meist auch Arabisch, oft wohl besser als Lateinisch, und waren von arabischen Denk- und Lebensweisen nachhaltig beeinflußt. So beklagte der überzeugte Christ Alvaro von Córdoba schon im 9. Jahr-

Córdoba, Große Moschee, Betsaal
Der »Säulenwald«

hundert, daß seine Religionsgenossen lieber die Gedichte und Romane der Araber als die Kirchenväter läsen und daß sie die muslimischen Theologen und Philosophen studierten, nicht etwa um sie zu widerlegen, sondern um einen gepflegten arabischen Stil zu erlernen: »Welch Schmerz! Die Christen haben sogar ihre Sprache vergessen, und unter Tausend mögt ihr kaum einen finden, der einen ordentlichen lateinischen Brief an einen Freund zu schreiben weiß, aber sobald es sich darum handelt, arabisch zu schreiben, findet ihr eine Menge Leute, die sich in dieser Sprache mit höchster Eleganz ausdrücken...«[36]. Um die Mitte des 10. Jahrhunderts scheint es zu massiven Konversionen von Christen gekommen zu sein,[37] was das Fehlen jeglicher Spuren christlicher intellektueller Aktivität im 11. Jahrhundert erklärt. Die ländlichen Mozarabergemeinschaften tauchen in der Geschichtsschreibung kaum auf.[38] Die Juden blieben als homogene und relativ unabhängige Gruppe bestehen, nahmen regen Anteil am geistig-kulturellen Leben und spielten vor allem im Handel eine wichtige Rolle, unter anderem auch in dem als anrüchig geltenden Handel mit Eunuchen.

Die Saqâliba, die »Slawen«, waren zu einer eigenen Schicht in der Gesellschaft geworden: Sie waren durch Kriegszüge erbeutete Europäer, von denen viele, bevor sie in den Hofdienst kamen, kastriert wurden; die Mehrheit der Saqâliba war jedoch für den Kriegsdienst bestimmt und wurde nicht kastriert. Saqâliba (Singular: Siqlabî oder Saqlabî) ist das mittelalterliche arabische Wort für die Bevölkerung Osteuropas, die »Slawen«; die Saqâliba Córdobas kamen indes auch aus anderen Gegenden Europas, zum Beispiel aus Deutschland, Frankreich und Italien; sie sind nicht zu verwechseln mit den schwarzen Sklaven, den 'Abîd.[39] Die Importierung der Saqâliba hatte schon früh begonnen, man sagt, Ende des 10. Jahrhunderts seien es 3750 in Córdoba gewesen.[40] Sie waren meist jung an den Hof gekommen, hatten keinerlei Wurzeln im Land und fühlten sich in erster Linie dem Herrscher verbunden. Diesem standen sie oft näher als dessen eigene Verwandte, und die Schlüsselstellungen in Armee und Verwaltung wurden bald ausschließlich von ihnen eingenommen. Die meisten dieser Mamluken (»Unfreien«)[41] wurden nach einiger Zeit freigelassen, bekannten sich zum Islam und ließen sich in den Städten nieder. Dank ihrer Vertrautheit mit dem Hof war ihr Einfluß, auch wenn sie außerhalb von Córdoba lebten, unverhältnismäßig groß, und im 11. Jahrhundert spielten sie eine wichtige Rolle im Kampf um die verbliebenen Reste des Kalifats.

Der umayyadische Staat war von Anfang an ein autokratischer, in dem der Herrscher über die Innen- und Außenpolitik ebenso wie über die Armee bestimmte und auch über die letzte richterliche Entscheidung verfügte. Insofern hatte sich wenig geändert seit 'Abd al-Rahmân I., allein die Hofetikette war erdrückender und die Distanz zwischen Herrscher und Volk größer geworden. Mit dem Kalifen waren Mitte des 10. Jahrhunderts auch die Behörden, die ja zum Hofstaat gehörten, nach Madînat al-Zahrâ' umgezogen, wo sie unter al-Hakam II. blieben; sie kehrten für kurze Zeit nach Córdoba zurück, bis sie von Ibn Abî 'Âmir nach al-Madîna al-Zâhira verlegt wurden.

Al-Andalus bestand nunmehr nur noch aus zwei Marken, der »mittleren« und der »oberen« – die »untere« war inzwischen ins Kernland miteinbezogen worden – und aus etwa 21 Provinzen. Am Verwaltungssystem hatte sich nichts Wesentliches geändert. Die Nichtmuslime lebten immer noch in eigenen, relativ unabhängigen Gemeinden mit eigener Gerichtsbarkeit, deren Leiter (Qûmis, von comes, Graf) für die Steuern verantwortlich war. Unter 'Abd al-Rahmân III. wurden erstmals Goldmünzen in al-Andalus geprägt.[42]

Schon 'Abd al-Rahmân III. und mehr noch al-Mansûr ersetzten das Heer der freien Muslime durch eine Söldnerarmee aus Nichtmuslimen, das heißt aus Unfreien, Saqâliba oder 'Abîd. Auch ganze Berbergruppen kamen um die Mitte des 10. Jahrhunderts als Söldner von Nordafrika nach Andalusien. Die traditionelle arabische Stammesarmee, die in Junds aufgeteilt war, hatte sich als Unruhefaktor erwiesen, denn von den relativ homogenen, geschlossen angesiedelten und auch gemeinsam in der Armee organisierten Gruppen ging eine latente Rebellionsgefahr aus. Al-Mansûr mischte die Soldaten der verschiedenen Junds während ihres Heeresdienstes und sprengte somit ihre tribalistische Einheit. Später führte er sogar die Möglichkeit ein, sich von diesem Dienst freizukaufen; das hatte zur Folge, daß die Söldner- und Sklavenarmee nunmehr endgültig das Heer der freien Muslime ersetzte. – Kalifentitel, Hofetikette, Herrschaftsnamen, Sklavenarmee, Goldwährung: alle diese »Orientalismen« folgten dem Beispiel der Abbasiden.

Córdoba, Puerta de Sevilla
Die Form und das Mauerwerk dieses Tores auf der alten Straße nach Sevilla lassen vermuten, daß es aus der umayyadischen Zeit stammt.

Die Baukunst des 10. Jahrhunderts

Madînat al-Zahrâ'

Monumentales Bauen gehörte zur Selbstdarstellung der Macht des Kalifen. 'Abd al-Rahmân III. hatte zunächst den Alcázar von Córdoba erweitern und einen neuen Palast darin erbauen lassen. Im Sommer residierte er oft in einem der Landsitze in der Nähe Córdobas, die er von seinen Vorgängern übernommen hatte. Ob ihm nun der Alcázar zu eng und diese Munyas zu unbequem geworden waren, oder ob er fand, daß sie seiner Würde als Kalif nicht entsprachen – wie auch immer: 936 beschloß er die Gründung einer neuen Herrscherstadt, Madînat al-Zahrâ', etwa fünf Kilometer Luftlinie nordwestlich von Córdoba. Der Kronprinz, der spätere al-Hakam II., wurde mit der Leitung der Baustelle betraut, 941 konnte die Moschee eingeweiht werden, und schon für 945 ist ein grandioser Empfang bezeugt. 947 wurden die Behörden und die Münze von Córdoba in die neue Stadt verlegt, und auch nach 'Abd al-Rahmâns Tod, 961, wurden die Bauarbeiten noch weitergeführt. Die Bauzeit muß insgesamt etwa 40 Jahre betragen haben. Aber schon Anfang des 11. Jahrhunderts ist Madînat al-Zahrâ' von aufständischen Berbertruppen in ein Trümmerfeld verwandelt worden. Die tragisch kurze Lebenszeit hat zweifellos die Phantasie der späteren Berichterstatter beflügelt und sie zu den schillernden Ausmalungen dieser zerstörten Traumwelt angeregt.

Nach den schriftlichen Quellen hatte 'Abd al-Rahmân III. der neuen Schöpfung den Namen seiner Lieblingsfrau, einer gewissen Zahrâ', gegeben. Eine Statue dieser Favoritin soll – so al-Maqqarî, ein arabischer Kompilator des 16./17. Jahrhunderts[43] – das Hauptportal der Stadt geschmückt haben; erst der almohadische Kalif Ya'qûb al-Mansûr soll sie zerstört haben. Leider sind al-Maqqarîs Quellen nicht immer zuverlässig, und eine Statue der Geliebten über dem Stadttor ist wenig wahrscheinlich. Im westlichen islamischen Bereich ist nichts Vergleichbares überliefert, der islamische Vordere Orient des 8. Jahrhunderts hingegen kannte durchaus Statuen über Palasteingängen, aber nie handelte es sich dabei um Frauenporträts.[44]

Auf alle Fälle war die Stadt von 'Abd al-Rahmân III. als Residenz, Regierungssitz und Wohnstätte des unendlich zahlreich sich um ihn scharenden Personals (man spricht von 20 000 Menschen) aus dem Nichts geschaffen worden; der spanisch-umayyadische Kalif folgte auch hier wieder dem abbasidischen Beispiel, das mit Bagdad und Sâmarrâ berühmte und bewunderte Vorbilder geliefert hatte. Wie die abbasidischen Kalifen im Vorderen

Madînat al Zahrâ', Blick in das Mittelschiff des Großen westlichen Saales

61

Madînat al Zahrâ', Gesamtansicht
Vom Palast des Kalifen aus blickt man nach Süden auf die mittlere Terrasse und auf die noch wenig ausgegrabene untere Terrasse (siehe Seiten 64, 65).

Orient, so stellte auch der andalusische Kalif auf diese Weise einen gebührenden Abstand zwischen dem Hof und der turbulenten Bevölkerung der alten und eigentlichen Hauptstadt her.

Die Baukosten sollen jährlich ein Drittel des gesamten Staatseinkommens verschlungen haben. 10 000 Arbeiter sollen am Bau beschäftigt gewesen sein; täglich sollen außer den Fundament- und Pflastersteinen 6000 Blöcke gemeißelt und insgesamt 4324 Marmorsäulen – zumeist aus Tunesien – importiert worden sein sowie Marmorbecken aus Byzanz und Syrien, dazu zwölf goldene, mit Perlen besetzte Skulpturen für das Schlafgemach des Kalifen, ebenfalls aus Syrien.[45]

Einige Namen sind überliefert, darunter der eines gewissen Maslama b. 'Abd Allâh, des leitenden Architekten, eines 'Alî b. Jafar aus Alexandrien, der hauptsächlich für den Transport des Baumaterials verantwortlich war, eines 'Abd Allâh b. Yûnus und eines Hasan b. Muhammad aus Córdoba, die beide als Baumeister erwähnt werden; diese Namen verbinden sich jedoch nicht mit klar profilierten Künstlerpersönlichkeiten. Al-Hakam war wohl nicht nur der Geldgeber, sondern auch der leitende Architekt der ganzen Baustätte.

Heute ist von der einstigen Pracht nur ein Ruinenfeld erhalten, das sich über einen ausgedörrten Hang der Sierra de Córdoba erstreckt. Die Ausgrabungen haben 1910 im Norden begonnen, haben lange Unterbrechungen erlitten und sind heute noch nicht abgeschlossen.[46] In den letzten Jahren ist Madînat al-Zahrâ' zu einem bedeutenden Forschungs- und Restaurierungszentrum geworden.[47] Trotz der vielen Erkenntnisse der archäologischen Forschungen ist es immer noch schwierig, die schriftlichen Quellen mit der materiellen Wirklichkeit in Einklang zu bringen.

Die Stadt dehnte sich über ein mauerbefestigtes Terrain von etwa 1500 mal 750 Metern aus. Aufgrund ihrer Hanglage wurde sie auf drei übereinanderliegenden Terrassen ausgebaut, die für drei durch Mauern voneinander getrennte Stadtteile bestimmt waren. Die Residenz des Kalifen beherrschte von der obersten Terrasse im Norden aus das ganze Areal. Die mittlere Esplanade beherbergte die Verwaltung und Wohnungen wichtiger Hofbeamter, die unterste diente dem einfachen Volk und den Soldaten; dort befanden sich die Moschee, Märkte, Bäder und auch Gartenanlagen. Diese drei Terrassen mit ihren deutlich voneinander getrennten Stadtteilen werden in allen alten Berichten erwähnt, und noch al-Idrîsî beschrieb 150 Jahre nach der Zerstörung »eine bedeutende Stadt, die in Etagen, eine über der anderen, erbaut war, so daß der Boden der oberen Stadt sich auf der Dachhöhe der mittleren Stadt befand, und der Boden dieser war auf der Dachhöhe der unteren Stadt. Alle drei waren von Mauern umringt. Im oberen Teil erhob sich der Palast, ... im mittleren Teil waren Obsthaine und Gärten, die Freitagsmoschee und die Privatwohnungen befanden sich im unteren Teil.«[48]

In Wirklichkeit ist die Abgrenzung der verschiedenen Teile keineswegs so eindeutig, da auch innerhalb der einzelnen Terrassen bedeutende Höhenunterschiede bestehen: So befindet sich im Nordwesten der mittleren Esplanade ein Wohnkomplex (2), der nur 1,70 Meter tiefer als der benachbarte Palast des Kalifen auf der oberen Esplanade (1) liegt, aber dafür die anderen Gebäude derselben Terrasse um 7–11 Meter überragt. An diesen Komplex schließen sich östlich zwei von einer Rampe getrennte Innenhofhäuser an, die »Zwillingsesplanade«[49] (3, 4), im Süden folgen der »Pfeilerhof« (10) und das »Haus des Fürsten« (11); südlich der »Zwillingsesplanade« liegen ein »Wachenkomplex« (8) und das »Wohnhaus des Wesirs Ja'far« (9). Fast in der Nordtorachse verläuft eine starke Nord-Süd-Mauer, die das östliche Wohnhaus der »Zwillingsesplanade« (4) anschneidet und die Hauptachse für die weiter östlich liegenden Bauten bildet: das »Haus der Armee« (Dâr al-jund), auch unter dem Namen »Großer westlicher Saal« bekannt (5a), mit seinem weiten, tief liegenden Vorhof (5b) und das nordöstlich folgende kleinere Wohnhaus (6a), von dem aus eine Rampe und eine Arkadenreihe nach Süden verlaufen (7). Weiter östlich folgt ein großer, noch nicht ausgegrabener Hof (21), auf dessen Gelände man zwei Gebäude bestimmen konnte: die »Goldene Halle« (22), einen Zentralbau, und den »Östlichen Saal«, eine fünfschiffige Basilika (23). Südlich der zentralen, recht gedrängten Baugruppe, aber im Vergleich zum »Haus der Armee« etwas nach Westen verschoben, ebenfalls in Nord-Süd-Richtung erbaut, befindet sich der wichtigste Empfangssaal der ganzen Herrscherstadt (12), der von den Archäologen »Salón Rico«, »Reicher Saal« genannt wurde. Er liegt reichlich 11 Meter tiefer als die anderen Gebäude dieser Terrasse. Auf seiner Ostseite schließen sich die fürstlichen Bäder an (13), auf seiner Westseite zieht sich der »Untere Wehrgang« (14) entlang. Weiter westlich auf dieser mittleren Terrasse befanden sich die bisher noch nicht ausgegrabenen Wohnhäuser des Hofstaates. Unmittelbar vor dem »Salón Rico« erstreckt sich der »Hohe Garten«, in dessen Mitte, das heißt in der Zentralachse der Empfangshalle, ein von Wasserbecken umgebener Pavillon stand. Dieser

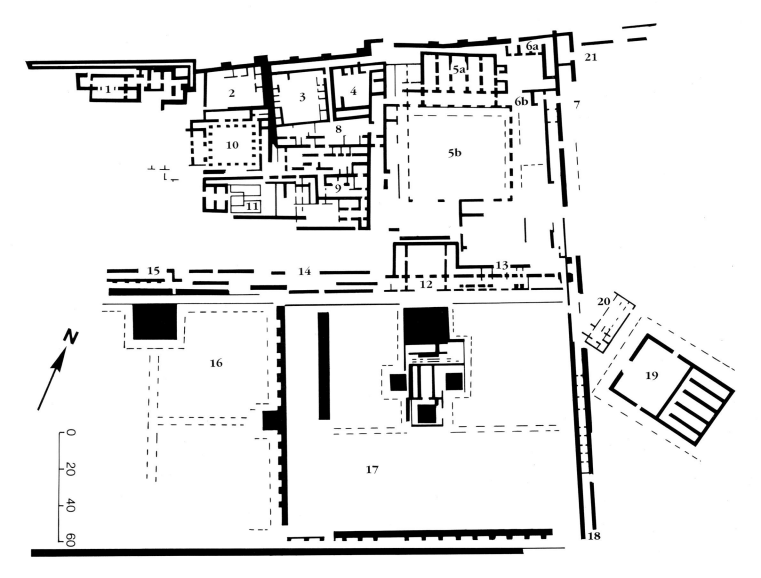

Madînat al Zahrâ, Grundriß einiger Gebäudekomplexe im nordwestlichen Bereich der Anlage (nach López Cuervo)

»Hohe Garten« wird von einer soliden Mauer umringt, die die mittlere von der unteren Terrasse trennt. Unterhalb im Südwesten, also auf der unteren Esplanade, liegt der »Tiefe Garten«, der wie der »Hohe Garten« durch Alleen in Form eines Achsenkreuzes in Viertel aufgeteilt wird. An die Ostmauer des »Hohen Gartens« schließt ein gedeckter Gang (18) an, der zu der erheblich tiefer gelegenen Moschee führt (19), die, obwohl sie zum Areal der unteren Terrasse gehört, diese durch ihre Lage deutlich dominiert. Dicht bei der Moschee befindet sich noch ein kleineres Wohnhaus (20).

Die Richtungsänderung, die mit der auf das Nordtor zulaufenden Mauer, welche in den Komplex der »Zwillingsesplanade« einschneidet, die östlich von ihr gelegenen Empfangssäle einbezieht, läßt auf Bauänderungen nach neuen Plänen schließen, während die Moschee und die Residenz der ersten Esplanade aus einer ersten Bauphase stammen. Die Residenz ist noch nicht vollständig ausgegraben; es handelt sich um ein Bauwerk mit mehreren Höfen, einer dreischiffigen Anlage, einem Bad und einer aufwendig in rotem Marmor gekachelten Toilette.

Die Moschee war gewissermaßen eine kleine Schwester der Freitagsmoschee von Córdoba (vor ihrem Umbau durch al-Hakam II.): Fünf Schiffe verlaufen quer zur Qibla, das Mittelschiff ist breiter als die beiden nächsten, die wiederum weiter sind als die beiden Außenschiffe, welche sich in der Galerie des Hofes fortsetzen. Parallel zur Qibla ist ein etwa 7 Meter breiter

Bodenstreifen durch seinen Belag aus Lehmfliesen hervorgehoben, während der Rest des Gebetssaales nur nackten Erdboden hat, womit deutlich wird, daß das hierarchisierende T-Schema, welches Mittelschiff und Qiblamauer hervorhebt, den Plan bestimmte. Hinter der Qibla erlaubte ein gedeckter Gang dem Kalifen, den Gebetsraum zu betreten, ohne durch die Gruppe der Betenden gehen zu müssen. Das Minarett steht direkt neben dem Haupteingang, und dieser liegt dem Mihrâb genau gegenüber. Die Moschee gehört zu demselben basilikalen Bautyp wie die Empfangsräume.

Mit Ausnahme der Moschee ist die untere Terrasse noch nicht archäologisch erfaßt, indes lassen Luftaufnahmen Schlüsse über ihre Anlagen zu: Etwa in der Mitte im Süden war das Haupttor (»Bâb al-qubba«, »Tor der Kuppel«, 26), ein zweites Tor, von dem nur noch die Türpfosten bestehen, befand sich weiter im Norden (wahrscheinlich das aus den Texten bekannte »Tor der Schwelle«, »Bâb al-Sudda«). Im Osten, in Moscheenähe, lagen das Marktviertel (24) und die Wohnquartiere der Infanterie (25), im Westen Gärten, ein Tierpark (27) und die Wohnungen der Kavallerie (28).

Die Wasserversorgung von Madînat al-Zahrâ' erfolgte durch eine meist unterirdisch verlaufende Leitung, die jedoch an manchen Stellen als Aquädukt mit Hufeisenbögen zutage tritt und das Wasser von den Bergen der Sierra im Norden rechtwinklig auf die Stadtmauer zuführte, um es dort in einen Wasserturm (im Norden der Stadt) zu leiten; von dort aus strömte das Wasser in ein Marmorbecken und über eine Rampe in bleierne Rohre, die es hinunter in die Stadt verteilten. Zahlreiche Sammelbecken dienten zum Auffangen und Bewahren des Regenwassers, denn offensichtlich genügte das Wasser der Sierra nicht für den Bedarf der Herrscherstadt, der erheblich gewesen sein muß, da die ausgegrabenen vornehmen Häuser alle eine gute Wasserversorgung (auch Wassertoiletten) besaßen und es darüber hinaus zahllose Teiche in der Stadt gab. Mehrere Chronisten wiederholen eine Angabe, die sie sichtlich beeindruckt hat: »Als Fischfutter für die Schloßteiche wurden täglich 12 000 Brote benötigt.«[50] Schon allein die »Schloßteiche« müssen demnach eindrucksvolle Ausmaße gehabt haben, dabei stellten sie nur einen Teil der vorhandenen Wasserflächen dar.

Die Stadt war gut befestigt; ihre Umfassungsmauer – aus relativ kleinen Quadern – stammt wohl vom Beginn der Bauzeit (denn später wurden größere Steine benutzt); sie ist lediglich im Norden ausgegraben worden. Dort ist sie 2,50 Meter dick und weist alle 13 bis 14 Meter einen rechteckigen

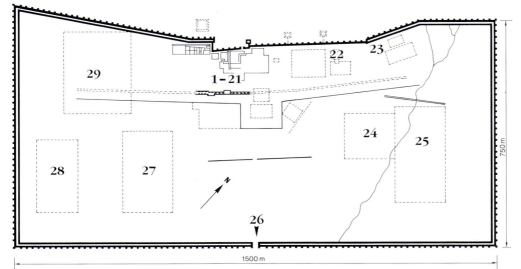

Madînat al Zahrâ'

OBEN:
Blick in den Großen westlichen Saal
Die Arkadenreihe im Hintergrund bildet die östliche Begrenzung der mittleren Terrasse.

UNTEN:
Schematischer Plan der Gesamtanlage (nach R. Castejón y Martinez de Arizala)

Befestigungsturm an ihrer Außenseite auf; an ihrer Innenseite schließt sich ein über 4 Meter breiter Wehrgang an. Auf den übrigen drei Seiten der Stadt scheint es sich um eine doppelte Mauer mit einem Wehrgang in der Mitte gehandelt zu haben, die insgesamt 15 Meter breit gewesen sein muß.[51]

Mindestens vier Tore sind überliefert: das Hauptstadttor in der Mitte der Südmauer (»Bâb al-Qubba«), im Osten das »Tor der Sonne« (»Bâb al-Schams«) und in der Nordmauer das »Tor der Berge« (»Bâb al-Jibâl«), dazu »Bâb al-Sudda«, was soviel bedeutet wie »Verbotenes Tor« bzw. »Tor der Schwelle«, das sich innerhalb des Stadtgeländes, im Norden von »Bâb al-Qubba«, befand und zum Kalifenpalast führte; dort mußten die Eingelassenen vom Pferd steigen und zu Fuß weitergehen zu den Regierungsgebäuden, die den Hang hinauf gebaut waren. Nur das Nordtor ist bisher ausgegraben worden. Es liegt dem Kalifenpalast am nächsten und ist sichtlich mehrfach umgebaut worden, um seine Wehrfähigkeit zu steigern: So hatte man nachträglich eine Vorhalle und eine rechtwinklig abknickende Vormauer sowie einen Schutzturm gegenüber dem Eingang hinzugefügt.

Datierungshinweise liefern die mehr oder weniger zeitgenössischen Berichte, die dank der Kompilation des al-Maqqarî erhalten sind, und einige Bauinschriften: In der Moschee hat man Reste einer Inschrift gefunden, die 941/42 datiert; den schriftlichen Quellen zufolge ist sie im Jahre 941 von 1000 Arbeitern in 48 Tagen erbaut worden. Drei Daten sind im Bauschmuck des »Salón Rico« gefunden worden, die auf die Jahre 953 bis 957 als seine Erbauungszeit schließen lassen.

Die arabischen Berichterstatter beschreiben eine ganze Reihe von prachtvollen Festen und von Empfängen ausländischer Botschaften; 949 wurde eine byzantinische Botschaft mit reichen Geschenken (darunter eine griechische Kopie des Botaniktraktats von Dioskorides) noch in Córdoba empfangen, später aber fanden alle diese großartigen Audienzen in Madînat al-Zahrâ' statt. Von manchen dieser Botschaften gibt es ausführliche Berichte, so von der Ottos des Großen, der im Jahre 956 Johann von Gorze als Gesandten nach Andalusien schickte[52]; 958 kam Sancho el Craso, der um den Thron von León gebracht worden war und nun die Hilfe des Kalifen,

Madînat al Zahrâ', Salon Rico, Blick vom Westen ins Mittelschiff
Vor der Rückwand stand wahrscheinlich der Thron des Kalifen.

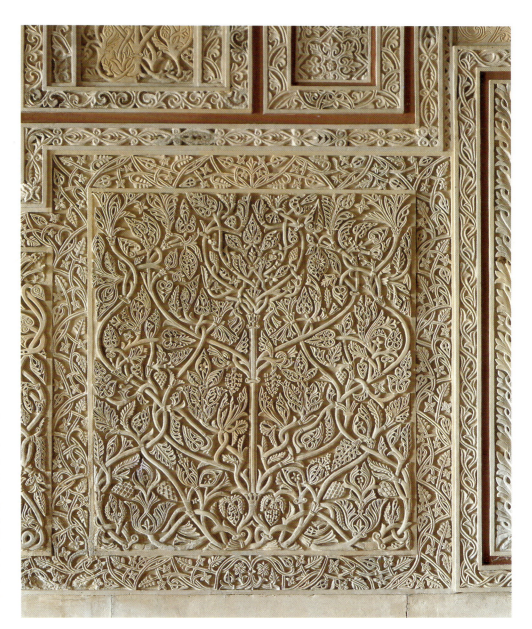

Madînat al Zahrâ', Marmorpaneel im Salon Rico
Die beiden Paneele sind sehr ähnlich und kommen vermutlich, mit etwa zehn Jahren Abstand, aus derselben Werkstatt. In beiden erscheint das altorientalische Lebensbaummotiv in achsensymmetrischem Aufbau und die durchgehende – ursprünglich antike – Ranke im Rahmen. Das senkrecht geschnittene Relief gibt dem Dekor eine graphisch-abstrakte Qualität. Die ebenfalls hart geschnittenen Binnenmuster des Stammes, der Blattflächen, Blütenblätter und Kelchblumen sind typisch spanisch-umayyadisch.

seines entfernten Verwandten, erbat; 962 erschien Ordoño IV. von León aus demselben Grund; 971 wurde der Gesandte Borrells, der gleichzeitig Graf von Barcelona und Bischof von Gerona war, in Madînat al-Zahrâ' empfangen.[53] Kurz darauf kamen mehrere Botschaften aus Kastilien, aus León, aus Salamanca und Pamplona, auch aus der Provence und der Toscana; und sogar der Sâhib Rûma, der Herrscher Roms, soll, so Ibn Khaldûn, eine Botschaft gesandt haben.[54] 972 kam abermals eine byzantinische Delegation. Häufiger erschienen Berberfürsten und andere nordafrikanische Botschaften; für 973 wird sogar eine Botschaft aus Arabien genannt.

Ibn Hayyân, dessen Vater Sekretär al-Mansûrs gewesen war und der selbst im 11. Jahrhundert die Würde eines Kanzleichefs in Córdoba innehatte, gilt als der zuverlässigste mittelalterliche Historiker von Córdoba; er schildert den Empfang Ordoños IV. von 962: Der christliche König war mit seinem Gefolge in einem umayyadischen Sommerpalast in der Nähe Córdobas untergebracht worden. Am Tag der Audienz wurde er von islamischen wie christlichen Würdenträgern begleitet; zwischen doppelten Soldatenreihen ritt die Gruppe nach Madînat al-Zahrâ'; die Gesandtschaft betrat die Stadt von Süden her durch das Hauptportal, durchquerte dann die untere Esplanade bis zum »Bâb al-Sudda«, wo sie von dem Sâhib al-Madîna, einem hohen Hofbeamten, empfangen wurde und wo alle außer Ordoño vom Pferd steigen mußten. Die Gruppe ging nun das Gelände hinauf bis zur mittleren Terrasse mit ihren Empfangssälen, den ganzen Weg entlang durch ein Ehrenspalier. Am »Haus der Armee« ruhte man aus und ging dann zu Fuß weiter bis zu dem höher gelegenen »Östlichen Saal«, wo der Kalif sie erwartete. Der Thron war wohl nur ein niederer Sitz am Ende des Mittelschiffs, auf dem der wahrscheinlich einfach gekleidete Kalif mit untergeschlagenen Beinen saß. Reichgekleidete Würdenträger standen um den Thron herum und bildeten eine doppelte Reihe bis zum Eingang des Saales. Nach der Audienz ließ Ordoño sich zum Haus des Hâjib Ja'far führen; dort wurde er bewirtet und erhielt ein Ehrenkleid, das traditionelle fürstliche Geschenk, dazu Schmuckstücke und Stoffe für seine Begleiter. Auf dem Rückweg fand er am »Haus der Armee« anstelle seines Pferdes ein erlesen schönes Rassetier mit wertvollem Zaumzeug vor.

Madînat al-Zahrâs kunsthistorische Bedeutung ist außerordentlich groß. Bei der Stadt handelt es sich zunächst einmal um eine andalusische Sonderform der vorderorientalischen islamischen Herrscherstadt, die im selben Jahrhundert auch in Tunesien (Sabra al-Mansûriyya) und in Ägypten (al-Qâhira, welches Kairo seinen Namen gegeben hat) rezipiert wurde. Die baulich klar definierte Hierarchisierung der Stadtteile und der Wohngebäude, die Größe der gesamten Anlage und die kunstvolle Ausgestaltung der Gärten mit ihren sich in der Mitte kreuzenden, überhöhten Alleen, die enge Verbindung zwischen offiziellem Empfangssaal, Wasserspielen und Gärten, der Tierpark und das Vogelgehege, das komplizierte und zum Teil gut geschützte Wegesystem – dies alles sind Elemente, die man auch in den abbasidischen Herrscherstädten findet. Die rein basilikalen, mehrschiffigen Empfangssäle (»Haus der Armee«, »Salón Rico«, »Östlicher Salon«) sind wohl eine Besonderheit der andalusischen Herrscherarchitektur, denn im Orient spielten schon vom 8. Jahrhundert an Iwan- und Kuppelbauten in diesem Zusammenhang eine bedeutende Rolle. Zwar tauchen in der Literatur Hinweise auf Kuppelsäle in Madînat al-Zahrâ' auf, jedoch ergibt die archäologische Evidenz, daß ihre Rolle hier weit weniger bedeutend war als die der basilikalen Empfangssäle. Es ist bemerkenswert, daß die Empfangsarchitektur sich hier strikt an die Sakralarchitektur anschließt, viel mehr, als das im abbasidischen Orient der Fall ist.

Die Zimmerfluchten der Wohnhäuser von Madînat al-Zahrâ' sind um einen zentralen Hof errichtet, bei den reichen Häusern ist dieser meist quadratisch, bei den bescheideneren trapezförmig oder rechteckig. Im »Haus des Fürsten« befindet sich an seiner Stelle ein kleiner Garten mit einem Wasserbecken; Vorhallen mit einer zentralen Dreierarkade öffnen sich auf diesen »Hortus conclusus«, der von einer Allee in der Längsrichtung durchquert wird. Ein vergleichbares, allerdings viel großartigeres Schema präsentiert sich vor dem »Salón Rico«.

Für den überaus reichen Bauschmuck der Empfangssäle wurden Marmor, Sandstein und Glasmosaiken verwendet; epigraphische, geometrische und vegetabilische Formen sind deutlich voneinander unterschieden, ein ausgesprochener Teppichcharakter ist diesem Dekor zu eigen.

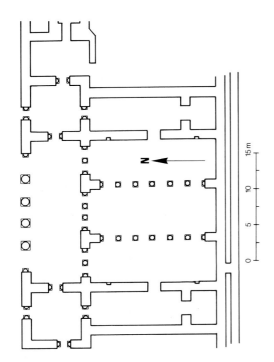

Madînat al Zahrâ', Salon Rico, Grundriß (nach R. Castejón y Martinez de Arizala)

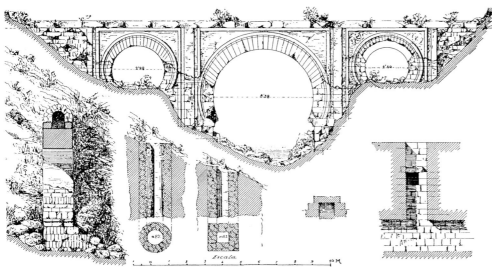

Madînat al Zahrâ', Aquädukt (Zeichnung von M. Gómez-Moreno)

Die Wasserleitung war der Lebensnerv von Madînat al Zahrâ'; die Vernachlässigung der Wasserzufuhr hat die Gegend hoffnungslos ausgetrocknet. Einst wurde das Wasser vom Norden, von der Sierra de Córdoba, durch eine meist unterirdisch durch Rohre und Untertunnelungen verlaufende, an manchen Stellen auch über die Hufeisenbögen eines Aquädukts geführte Leitung bis zur Stadtmauer gebracht. Man hatte Schäfte zum Druckausgleich in die unterirdischen Leitungen eingebaut.

Die Große Moschee von Córdoba

Da Madînat al-Zahrâ' zerstört ist, findet man heute die eindrucksvollsten Zeugnisse der Baukunst des Kalifats in der Großen Moschee von Córdoba. Seit ihrer Vergrößerung durch 'Abd al-Rahmân II. und der Vollendung dessen Arbeiten durch seinen Nachfolger Muhammad I. (das Schriftband des Stefanstores nennt seinen Namen und das Jahr 855/56) war die Moschee nicht weiter verändert worden; nur der Emir 'Abd Allâh hatte einen gedeckten Gang vom Palast zu dem gegenüberliegenden Westeingang in den Gebetssaal (wohl dem heutigen Michaelstor) hinzufügen lassen. Die im Zuge der Vergrößerung durch 'Abd al-Rahmân II. entstandenen überlangen Arkaden hatten die Nordwand des Gebetsraumes durch ihren Horizontal-

Detailansichten aus einem der zwölf späteren Tore des Betsaales

Córdoba, Große Moschee, Seitenportal (Ostseite) aus der Zeit al-Mansûrs

schub nach außen gedrückt; 'Abd al-Rahmân III. ließ diese Wand also erneuern, indem er einfach auf der Hofseite eine neue Fassade vor die alte setzen ließ. Erhalten ist eine Inschrift mit den Namen des Herrschers, des Intendanten und des Baumeisters und der Datierung 958.[55] Schon vorher, den schriftlichen Quellen nach im Jahre 951/52, hatte er auf der Nordseite der Moschee, neben dem Mitteleingang, ein 100 Ellen[56] hohes Minarett mit zwei parallel ansteigenden Treppenhäusern errichten lassen. Dieser Turm wurde im 16. Jahrhundert als Kern des heutigen Glockenturms benutzt, dessen Name »Alminar« noch auf den ursprünglichen Bau hinweist; archäologische Untersuchungen unserer Zeit (Félix Hernández Giménez) haben das alte Mauerwerk mit seinen großen, regelmäßigen Quadern und die zwei durch eine Nord-Süd-Mauer voneinander getrennten Treppenhäuser mit ihren Wölbungen wiederentdeckt.[57] Der Grundriß des Turmes ist ein Quadrat von 8,48 Metern Seitenlänge. Zwei Reliefwappen aus der Mitte des 16. Jahrhunderts, die an der »Puerta de Santa Catalina« angebracht sind, zeigen das Minarett und das Nordportal der Moschee vor dem Umbau: Unten auf jeder Seite befand sich ein in eine Ecke gerückter Eingang zu jeweils einem der beiden Treppenhäuser, darüber mehrere Etagen mit je zwei Zwillingsfenstern, dann eine Zwerggalerie und das zinnenbekrönte

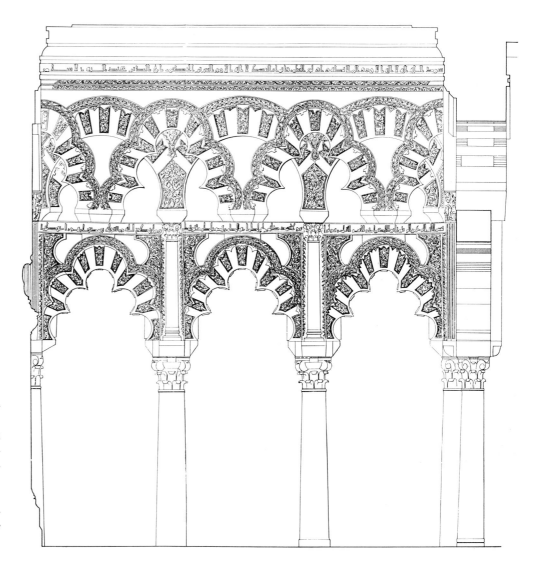

Córdoba, Große Moschee, Capilla de la Villaviciosa
Dieser Bereich mit seinem beeindruckenden System einfacher und sich kreuzender Vielpaßbögen gehört zur Erweiterungsanlage al-Hakams. Im Hintergrund glänzt der Mihrâb.

Córdoba, Große Moschee, Capilla de la Villaviciosa, Aufriß der Ostfassade der Westarkade (Ch. Ewert)

Schutzmäuerchen der Plattform des Muezzin, darüber ein zweiter, schmalerer Turmaufsatz und oben ein Pavillon mit vier Bogenöffnungen. Der auf dem Wappen sichtbare Dreiecksgiebel ist wahrscheinlich eine christliche Zutat. Laut al-Maqqarî befand sich ganz oben ein Aufsatz von zwei goldenen und einem silbernen Apfel an einer Metallstange, die einen kleinen, goldenen Granatapfel als Bekrönung hatte. Dieses Minarett war nicht nur für den Ruf zum Gebet erbaut worden, sondern zugleich als stolzes Wahrzeichen der Umayyaden und ihrer Hauptstadt. Es ist das bedeutendste umayyadische Minarett, das wir kennen, und sein Einfluß machte sich bei allen späteren Minaretten des westlichen Islams bemerkbar. Ein sehr viel bescheideneres Minarett, aus dem Jahr 930, ist in dem Kirchturm von San Juan de los Caballeros in Córdoba erhalten geblieben. Auch dieses besitzt schon die Doppelarkaden mit Hufeisenbögen in zweifarbigen Keilsteinen und darüber eine Zwerggalerie.

'Abd al-Rahmân III. hatte in derselben Bauetappe den Hof, der seit den Arbeiten 'Abd al-Rahmâns II. zu eng im Vergleich zum Gebetssaal geworden war, nach Norden hin auf insgesamt gut 60 Meter Tiefe erweitern und mit einer um drei Seiten herumführenden, 6 Meter tiefen Galerie versehen lassen. Für diese Galerie wurde, vielleicht nach byzantinischem Vorbild, Stützenwechsel zwischen Pfeilern und Säulen eingeführt.

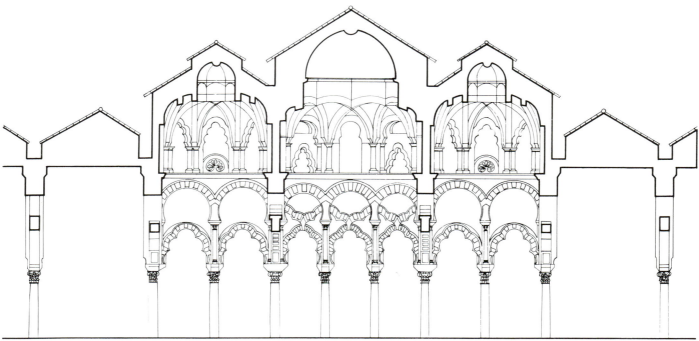

Al-Hakams Meisterwerk war seine Erweiterung des Gebetssaals. Gewiß, die Bevölkerung Córdobas war angewachsen und die Vergrößerung der Moschee eine Notwendigkeit geworden, doch läßt die Tatsache, daß der entsprechende Befehl – vom 4. Ramadân 340 (17. Oktober 961), dem Tag nach al-Hakams Krönung – eine seiner ersten Regierungshandlungen war, vermuten, daß er sich schon lange davor mit dem Plan getragen und ihm wesentliche Bedeutung beigemessen hatte. Ein hoher Würdenträger wurde mit der Baumaterialbeschaffung beauftragt, die Arbeiten begannen im Juli 962 und waren laut Ibn 'Idhârî im Sommer 966 beendet. Zunächst wollte der neue Herrscher die Richtung der Qibla, die sich als falsch erwiesen hatte, ändern, ließ aber dann von diesem Wunsch aus Respekt vor dem Bau seiner Vorgänger ab.

Wie 'Abd al-Rahmân II. ließ auch al-Hakam die Qiblawand einfach abbrechen und um 12 Joche nach Süden verschieben, der Betsaal wurde somit nun fast 104 Meter tief. Von der einstigen Qiblamauer blieben kreuzförmige Pfeiler stehen, die durch Arkaden miteinander verbunden wurden und so eine Art Eingangsfassade zu der neuen »Moschee in der Moschee« (Félix Hernández Giménez) darstellten. Der neue Mihrâb, eine tiefe Nische mit siebeneckigem Grundriß und muschelförmiger Kuppel, wird im Osten und Westen von je fünf quadratischen Räumen flankiert, deren östliche als Schatzkammern dienten und deren westliche zu dem gedeckten Gang in den Palast gehörten; den Gang des Emirs 'Abd Allâh hatte al-Hakam II. vorher entfernen lassen. Dieser Südtrakt, der sehr ungewöhnlich ist und hier möglicherweise hauptsächlich die bautechnische Funktion hat, den Druck der Kuppeln aufzufangen, besitzt ein Obergeschoß mit elf Zimmern, deren Bestimmung nicht klar ist. Die Maqsûra umfaßte wahrscheinlich die beiden Südjoche der fünf mittleren Schiffe.[58]

Einen großartigen Auftakt zum Gebetsraum al-Hakams II. bilden die ersten drei Joche des Mittelschiffes: Ein interessantes System einfacher und sich kreuzender Vielpaßbögen sondert sie von dem umgebenden Raum ab; dies und ihre mächtige Rippenkuppel tragen zu dem unabhängigen und

Blick auf den Raum vor dem Mihrâb
Das auf den Mihrâb führende Schiff (bis zur Erweiterung al-Mansûrs das Mittelschiff) war vom Gründungsbau an weiter gewesen als die normalen Schiffe. Al-Hakam II. änderte in dem Sinne nichts am Bauprogramm seiner Vorgänger. Der Betsaal war von jeher in ein dämmeriges Dunkel gehüllt, das durch die schimmernden Goldmosaiken al-Hakams einen mystischen Klang erhielt.

LINKS:
Capilla de la Villaviciosa, Längsschnitt (Ch. Ewert)

Maqsûra-Bereich der al-Hakam-Erweiterung, ursprünglicher Grundriß (Ch. Ewert)

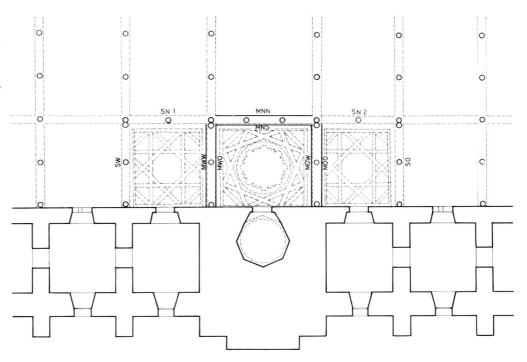

eindrucksvollen Raumvolumen bei, das heute unter dem Namen »Capilla de Villaviciosa« bekannt ist. Von dort aus wird der Blick durch neue Verschränkungen sich kreuzender Vielpaßbögen zum Höhepunkt der Moschee geleitet, dem Mihrâb. Die letzten zwei Joche vor der Qiblawand sind durch Arkaden miteinander verbunden, die transversal zu den Schiffen stehen (und parallel zur Qibla verlaufen) und die vor den drei zentralen Jochen, ganz besonders vor dem Mihrâbjoch, durch eingestellte Säulen ein sehr raffiniertes Bogengeflecht schaffen, das an ein monumentales Spitzengewebe erinnert. Diese drei Joche haben dieselben Rippenkuppeln wie die Capilla de Villaviciosa, nur daß sie hier auf quadratischem Grundriß errichtet sind.

Alle vier Kuppeln[59] erscheinen von außen als bescheidene, von kleinen Fenstern durchbrochene Baukörper mit ziegelgedecktem Zeltdach. Sie sind mit Hilfe eines Skeletts aus vier Paaren parallellaufender Bogenrippen errichtet, welche in Keilsteinen von hochrechteckigem Querschnitt gefügt sind. Diese Rippen überspannen den Raum in der Art eines Lehrgerüstes, indem sie ihn unterteilen in möglichst kleine und leicht einzuwölbende Segmente. Die Rippen schneiden sich nie im Zenit; die Architekten Córdobas waren weit entfernt vom technischen Können der Baumeister gotischer Kuppeln, deren Rippen den Gewölbedruck aufnehmen und weiterleiten, um die Mauern zu entlasten. Die Baumeister von Córdoba hatten die Möglichkeiten dieser Technik nicht erkannt (so sind die Ausfachungen zwischen den Rippen hier mit dickem Bruchsteinmauerwerk angefüllt, obwohl ganz leichtes technisch sehr viel sinnvoller gewesen wäre): Man kann ihr Werk, trotz seiner Schönheit, nicht als Vorläufer der Gotik sehen.

Es besteht Uneinigkeit darüber, woher die Idee zu den Rippenkuppeln in Córdoba gekommen ist; mit gotischen Kuppeln haben sie, wie gesagt, nicht viel zu tun und sind außerdem älter. Man hat als möglichen Ursprung die römischen Kassettenkuppeln in Betracht gezogen, allerdings führt von da aus noch ein weiter Weg bis zur Lösung des Baumeisters von Córdoba. Oft wurden auch die armenischen Rippenkuppeln als Vorbild angeführt, aber soweit diese datierbar und früher als die von Córdoba sind, handelt es sich dabei um radiale Rippensysteme. Erst später findet man armenische Kuppeln mit Rippenstützkonstruktionen, die denen von Córdoba in der Tat recht ähnlich sind.[60] Häufig werden auch die iranischen Kuppeln in diesem Zusammenhang zitiert: Der iranische Kuppel- und Wölbungsbau aus leichten Ziegeln weist formal vergleichbare Rippensysteme auf, allerdings werden dort ganz leichte Gipsbögen über dem Leerraum errichtet, mal radial, mal anderweitig verschränkt. Die entstehenden Kappen werden mit gebrannten Ziegeln und mit Hilfe eines ausgezeichneten, schnell trocknenden Gipsmörtels ausgefüllt. Die iranischen Rippen haben recht eigentlich nur eine Lehrgerüstfunktion,[61] was man von denen in Córdoba nicht behaupten kann, denn dort übernehmen sie darüber hinaus auch eine tragende Funktion. Außerdem kann man kaum von gleicher Technik sprechen, da so unterschiedliche Materialien wie Ziegel und Gips im Iran, Werkstein und Bruchstein in Córdoba Verwendung fanden. Hinzu kommt, daß die datierbaren vergleichbaren Rippenkuppeln im Iran erst frühestens vom Ende des 11. Jahrhunderts stammen, so daß, chronologisch gesehen, ein Einfluß überhaupt nur von Córdoba ausgegangen sein könnte. Diese Folgerung wäre allerdings absurd, denn die iranischen Rippenkuppeln der Seldschukenzeit, die denen von Córdoba ähneln, stehen in einer geschlossenen,

Vormihrâbraum, Blick von Osten nach Westen
Die verschiedene optische Lesbarkeit der verschränkten Vielpaßbögen zeugt von einer dekorativen, mehrdeutigen Auffassung der architekturalen Formen; sie entspricht einem ästhetischen Empfinden, das dem Gründungsbau fremd war.

SEITE 78
Córdoba, Große Moschee, Kuppel des Vormihrâbjoches
Alle vier Kuppeln des umayyadischen Baues erscheinen von außen als bescheidene, von kleinen Fenstern durchbrochene Baukörper mit einem ziegelgedecktem Zeltdach. Alle vier sind mit Hilfe eines Skeletts aus vier Paaren parallellaufender Bogenrippen errichtet, welche in Keilsteinen von hochrechteckigem Querschnitt gefügt sind. Diese Rippen überspannen den Raum in der Art eines Lehrgerüstes, indem sie ihn in möglichst kleine und leicht einzuwölbende Segmente unterteilen.

SEITE 79
Mihrâbfassade
Der Höhepunkt des Bauwerks nimmt die Themen des Stefanstores wieder auf und steigert sie dabei durch den Reichtum des Materials, die Erneuerung der Detailformen und die Qualität der Ausführung. Die Inschrift, goldenes Mosaik auf blauem Grund, enthält Koranzitate und nennt den Namen al-Hakams II.

Mosaikdetails aus der Mihrâbfassade und aus der Kuppel des Vormihrâbjoches

viel älteren Tradition, deren Anfänge für uns weitgehend im dunkeln liegen. Dagegen lassen die Kuppeln von Córdoba keinen direkten Zusammenhang mit älteren Bauwerken in Spanien erkennen, und man kann vielleicht sowohl für die iranischen als auch für die andalusischen Rippenkuppeln einen gemeinsamen, uns unbekannten vorderorientalischen Ursprung annehmen.[62] Auf alle Fälle war der Baumeister al-Hakams II. hochschöpferisch tätig und in dieser Hinsicht dem ersten Architekten, dem vom Ende des 8. Jahrhunderts, durchaus ebenbürtig.

Die kuppeltragenden Arkaden bestehen aus vormals bemaltem, stuckverkleidetem Werkstein. Wie die Arkaden des Anfangsbaues sind sie zweigeschossig, eine untere Säule trägt einen rechteckigen Pfeiler mit einer vorgeblendeten Halbsäule. Die oberen Bögen sind hier hufeisenförmig, die unteren aussteifende Fünfpaßbögen; an manchen besonders wichtigen Stellen überlagern noch andere Glieder dieses Grundsystem. Die Bögen haben wechselnd glatte und verzierte Stirnfelder, womit ihre frühere Zweifarbigkeit aufgenommen und umgedeutet wurde. Charakteristisch für die konsequente Loslösung von der antiken Bautradition sind die Einführung stützenloser Bogenreihen (die mittleren aussteifenden Bögen liegen auf den Schlußsteinen der unteren Arkade auf), die Abstützung durch Säulen ohne Basis und die nach oben zunehmende Tiefe der Bauelemente.[63] Auch die unterschiedliche optische Lesbarkeit der verschränkten Vielpaßbögen ist auffallend und neu: Die Nordarkade des Mihrâbjochs hat eindeutig drei untere Fünfpaßbögen, obere Hufeisenbögen und ein Zwischengeschoß von Dreipaßbögen, die Westarkade des westlichen Südjochs hingegen stellt sich durch die Stirnverkleidung der Keilsteine als eine Verschränkung von Elfpaßbögen dar, die den dreigeschossigen Aufbau verwischt. Diese dekorative, mehrdeutige Auffassung der architektonischen Formen entspricht einer zutiefst islamischen Ästhetik, die eine entscheidende Weiterentwicklung gegenüber dem Gründungsbau bedeutet.

Der Höhepunkt des Bauwerks ist der Mihrâb, auf den die Hauptachse der Moschee hinführt und dessen überwältigende Wirkung durch die Vielpaß-Querarkaden raffiniert vorbereitet und gesteigert wird. Die hufeisenförmige Nische ist in eine regelrechte Fassade eingeschrieben, die die Themen des Stefanstores aufnimmt und variiert, hier allerdings in sehr viel reicherer Ausführung. Wie bei dem Tor sind auch hier Sockelzone, Bogenfeld mit rahmendem Alfiz und darüber liegende Blendbogenarkade klar unterschieden. Die Sockelzone ist mit Marmorplatten verkleidet; in die Mihrâböffnung sind zwei Paare dunkler Marmorsäulen eingestellt, die von dem Mihrâb 'Abd al-Rahmâns II. stammen. Die Keilsteine des Hufeisenbogens tragen an der Stirnseite Goldmosaiken mit Rankendekor auf verschiedenfarbigem Grund; die vergoldeten Bogenzwickel zeigen ein Kreismotiv, das man in abgewandelter Form immer wieder in der andalusisch-maghrebinischen Kunst finden wird. Ein breites Schriftfeld – goldener kufischer Duktus auf blauem Grund – zwischen skulptierten Marmorleisten umrahmt das Bogenfeld. Die Blendarkade mit ihren Dreipaßbögen über Marmorsäulen spielt mit dem Kontrast zwischen dem weißen Marmor und dem Glanz der vielfarbigen Goldgrundmosaiken. Im Innenraum des Mihrâbs befindet sich unten eine glatte Marmortäfelung, darüber ein Schriftband, dann in jedem seiner Felder eine Dreipaßarkade über schwarzen Marmorsäulchen, die mit den abwechselnd glatten und skulptierten weißen Bogenkeilsteinen kontra-

Rippenkuppel der Capilla de la Villaviciosa

83

stieren. Ein breiter Schriftfries, ein Weinlaub- und ein Eierstabfries ziehen sich unter der Muschelkuppel hin. Die Inschriften geben den Namen des Bauherrn, Namen und Titel des Bauleiters, das Datum der Vollendung (November–Dezember 965) und die Namen von vier Handwerkern an, die man auch in Madînat al-Zahrâ' im »Salón Rico« gefunden hat.

Die weithin leuchtende Goldmosaikverkleidung der Fassade des Mihrâbs und der beiden ihn flankierenden hufeisenbogengekrönten Türen sowie jene der Zentralkuppel vor dem Mihrâb hat einen auffallend byzantinischen Charakter. Die schriftlichen Quellen bestätigen den Augenschein: Ibn 'Idhârî berichtet, daß die Kuppel im Juni 965 fertiggestellt worden sei und man daraufhin mit den Mosaiken begonnen habe; al-Hakam habe zuvor den byzantinischen Kaiser Nikephoros II. Phokas gebeten, er möge ihm einen Mosaisten schicken, der fähig sei, die Mosaikarbeiten an der umayyadischen Großen Moschee von Damaskus nachzuahmen. Die Botschafter des Kalifen hätten den erbetenen Mosaisten und dazu mehrere Säcke (etwa 1600 Kilogramm) mit Glasmosaikkuben als Geschenk des Kaisers aus Konstantinopel mitgebracht. Der Kalif habe dem Mosaisten mehrere Unfreie als Lehrlinge und Gehilfen zugeteilt, die die Mosaikkunst nach einiger Zeit so gut beherrscht hätten, daß sie ihren Meister übertroffen und nach seiner Abreise allein weitergearbeitet hätten. Auch bei anderen frühen Autoren findet man den Bericht von der byzantinischen Sendung, und die Arbeiten von Henri Stern und Dorothea Duda[64] haben deutlich gemacht, daß es sich ohne jeden Zweifel um einen byzantinischen Import handelt.

Die Mosaiken sollen erst Ende 970 oder Anfang 971 – also gut fünf Jahre später – vollendet worden sein. Dieser Zeitraum erscheint recht lang für die insgesamt nur etwa 200 Quadratmeter große Fläche; allerdings kann die Schulung der einheimischen Kräfte und deren spätere Übernahme der Arbeit das Unternehmen verzögert haben. Henri Stern hat festgestellt, daß die in Córdoba angewandte Technik zwar jener der etwa gleichzeitig entstandenen Mosaiken der Sophienkirche in Konstantinopel vergleichbar, aber doch von deutlich geringerer Qualität ist. So sind die Mosaikwürfel in Córdoba immer platt gelegt, während der Konstantinopeler Meister die Goldkuben an bestimmten Stellen schräg setzte, um eindrucksvollere Lichteffekte zu erzielen;[65] zum Beispiel ist der Grund des Marienmosaiks vom Südtor des Narthex an manchen Stellen (im Nimbus) konvex, an anderen wieder wird die Lichtvibration durch Silberwürfel verstärkt; die Vorzeichnung ist in Konstantinopel ein vollständiges Bild, während man in Córdoba wohl nur ein Schema vorgegeben hatte; hingegen ist die Polychromie in Córdoba reicher.[66] Die Mosaiken der westlichen Tür sind wahrscheinlich von einheimischen Arbeitern gefertigt worden. Wenn Material und Technik somit eindeutig byzantinischen Ursprungs sind, so finden sich im Formenvokabular dagegen Züge einer spanisch-islamischen Ornamentik, die seit Madînat al-Zahrâ' deutlich eine eigene Sprache entwickelt hat.

Trotz aller Prachtentfaltung war al-Hakam II. in seiner »Moschee in der Moschee« den Bauprinzipien des Gründungsbaus treu geblieben. Dieser Respekt gegenüber dem Vorgängerbau war auch ein Leitmotiv der letzten großen Bauperiode der islamischen Zeit: Al-Mansûr, der allmächtige Minister, der für Hischâm regierte, ließ die Moschee um 978/79[67] noch einmal wesentlich erweitern, da die Bevölkerung Córdobas durch die herbeigerufenen Berbersöldner und ihre Familien erheblich angewachsen war. Im Süden

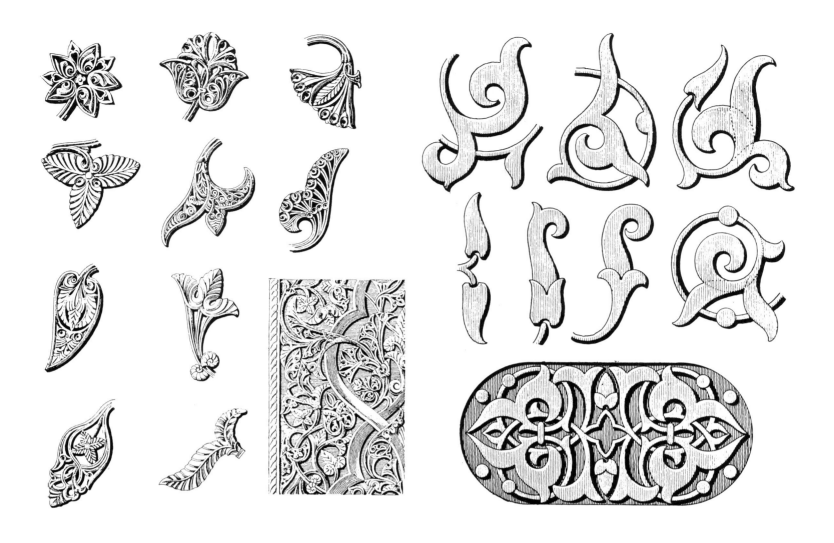

Dekorelemente aus der Großen Moschee in Córdoba (gegenüber und oben links) und aus der Alhambra in Granada (oben rechts), (C. Uhde)

war der Bau durch das Ufer des Guadalquivir begrenzt, im Westen lag der Palast (an der Stelle des heutigen erzbischöflichen Palais), so daß nur die Ostseite übrigblieb, an die acht neue Schiffe über die ganze Länge gelegt wurden; der Hof wurde ebenfalls entsprechend vergrößert. Das breite Mihrâbschiff lag nun nicht mehr in der Mittelachse; der Anbau bewahrt allerdings einen Charakter der Zweitrangigkeit und scheint in keiner Weise mit dem Glanz und Prestige des al-Hakam-Baus konkurrieren zu wollen. So ließ man große Teile der früheren Ostmauer bestehen, um die Grenze zwischen Haupt- und Nebensaal deutlich zu markieren; die südliche Querarkade al-Hakams und die südliche Kammerzone wurden nicht weitergeführt. Der Betsaal von al-Mansûr war also viel einfacher und zwei Joche tiefer als der von al-Hakam. Die Moschee war nun auf die stattlichen Ausmaße von etwa 178 mal 128 Metern angewachsen und damit die drittgrößte in der islamischen Welt, übertroffen nur von den beiden abbasidischen Hauptmoscheen von Sâmarrâ.

Jeder der drei großen Herrscher der Kalifatszeit hatte die Hauptmoschee von Córdoba wesentlich geprägt. Für ʾAbd al-Rahmâns III. Phase ist das Minarett charakteristisch, für die al-Hakams II. sind es die Kuppeln, die sich kreuzenden Vielpaßbögen und die byzantinischen Mosaiken, für al-Mansûr ist es die Weite des Anbaus. Jeder Beitrag eines Herrschers kann als Sinnbild für seine Persönlichkeit und seine Herrschaftsauffassung stehen: Der Turm ist an erster Stelle Wahrzeichen und Herrschaftssymbol und dann erst der

Blatt- und Kelchformen, Blütenrosetten, Halbpalmetten, Kleeblätter, auch Pinienzapfen und Weintrauben gehören zur reichen spanisch-umayyadischen dekorativen Flora, deren einzelne Elemente immer einen dichten Binnendekor und oft gefiederte oder gelochte Ränder haben. Ausschwingende Zweige geben die geometrische Grundordnung an. Trotz aller Stilisierung kann man meist die Blätter und Blüten noch von den Zweigen und Blattstielen unterscheiden. Im 12. Jahrhundert lösen glatte Formen die früheren aber, das Formvokabular wird stilisierter und repetitiver. Gedehnte Kelche, Halbpalmetten und Dreipaßformen wachsen aus den Blattstielen heraus oder in sie hinein, die Gabelblattranke hat ihren Siegeszug angetreten und das vegetabile Wachstum folgt nun ausschließlich geometrischen Prinzipien.

Ort, um die Menschen zum Gebet zu rufen,[68] er ist ein stolzes, weithin sichtbares Zeugnis der legitimen Macht des neuen Kalifen. Nach außen hin weit weniger auffällig, aber ungleich subtiler, schöpferischer und tiefer ausgearbeitet sind die Werke al-Hakams II., von dessen berühmter Antikensammlung in Madînat al-Zahrâ' noch einige Reste erhalten sind und dessen Bibliothek vierhunderttausend Bände umfaßt haben soll.[69] Al-Mansûrs Erweiterung hingegen spricht für seinen Sinn für durchschlagende Effizienz und auch für die für ihn so bezeichnende Mischung von weitreichenden Ambitionen und politisch kluger Bescheidung, die ihn davon abhielt, äußerlich mit den Kalifen zu konkurrieren.

Das Raumvolumen dieser Moschee ist nicht als Ganzes erfaßbar, es ist bestimmt durch die große Anzahl überlanger Arkaden, die durch die doppelten Bogenstellungen optisch mehr oder weniger voneinander getrennt sind. Man erlebt immer nur ein Schiff auf einmal als homogenen Raum, dessen Anfang und Ende sich jedoch in der Ferne verwischen und dessen seitliche Begrenzungen durchlässig sind. Im Gegensatz dazu wirkt das Raumvolumen der umayyadischen Basiliken des Vorderen Orients durch seine geschlossene Größe und Wucht. Im vielschiffigen Säulensaal von Córdoba ist der Raumeindruck der spätantik-frühchristlichen Basilika durch die Vervielfältigung und Verlängerung der Seitenschiffe völlig aufgehoben. Der Betsaal ist in ein dämmeriges Halbdunkel gehüllt, das durch die schimmernden Goldmosaiken einen mystischen Klang erhält und das in seiner Lichtwirkung durchaus an klassische byzantinische Kirchen erinnert. Die Auflösung des Raumvolumens ist jedoch charakteristisch für Córdoba und hat keine byzantinischen Quellen. Sie entspricht der Verwischung der architektonischen Funktionen in der Art, daß die tragenden Elemente nach oben hin wuchtiger, daß Träger zu Dekor werden und Dekor zum tragenden Element wird. Die bauliche Organisation einer immens großen Anlage in kleine, deutlich voneinander getrennte Teile, die gegenseitige Durchdringung von Funktion und Dekor und die optische Auflösung des geschlossenen Raumvolumens – dies alles sind unverwechselbare Besonderheiten der Hauptmoschee von Córdoba, die von der gesamten späteren andalusischen und maghrebinischen Architektur als Erbe rezipiert und verarbeitet wurden.

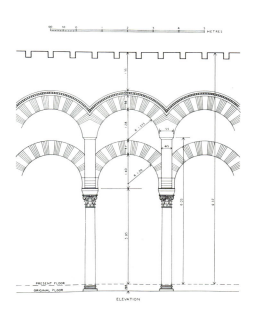

Córdoba Große Moschee, Aufriß (K. A. C. Cresswell) und Ansicht des Säulenwaldes
Mit den zweigeschossigen Bogenstellungen im Gebetsaal hat der Architekt 'Abd al-Rahmâns I. eine einmalige und geniale Lösung gefunden, um trotz der begrenzten Ausmaße der einzelnen Stützen einen hohen Innenraum zu schaffen. Über dem Kapitell jeder Säule befindet sich eine gewichtige Kämpferplatte, auf der ein massiver Pfeiler steht, der die darunterliegende Säule verlängert und die dachtragende, obere Arkade abstützt. Auf der Kämpferplatte liegen auch die unteren Arkadenbögen auf, die die Funktion der statisch notwendigen Zugbänder erfüllen. Diese unteren Bögen sind als Hufeisenbögen, die oberen, massiveren Arkaden in Halbkreisform gemauert. Beide Arkaden sind aus hellen Keilsteinen im Wechsel mit roten Ziegelsteinen gefügt.

Toledo, Moschee San Cristo de la Luz, Nordwestfassade
Die heutige kleine Kirche war um das Jahr 1000 herum als Privatmoschee erbaut worden. Von dem Hufeisen- und dem Dreipaßbogen unten, über die Blendarkade aus sich überschneidenden Bögen darüber bis zu den Konsolen unter dem vorspringenden Dach werden hier Motive aus Córdoba aufgenommen und verarbeitet.

Graphische Details, Aufriß, Strukturzeichnungen der neun Rippenkuppeln (C. Uhde)

Kleinere Moscheen

Die prachtvollsten Bauten der Kalifatszeit entstanden in Córdoba und seiner nächsten Umgebung. Aber in ganz Andalusien gab es in dieser Zeit des Reichtums und des inneren Friedens neue Bauplätze. Wenig ist uns erhalten geblieben. Immerhin überlebten einige eindrucksvolle Sakralbauten, so San Cristo de la Luz in Toledo, San Juán in Almería und, ganz besonders eindrucksvoll, Almonaster la Real (Provinz von Huelva) in malerischer Berglandschaft; die Rábita de Guardamar del Segura, eine Art befestigte Klosteranlage, ist zugleich Sakral- und Wohnbau.

Die Kirche San Cristo de la Luz in Toledo war ursprünglich eine Moschee, die etwa 1187 um eine Apsis erweitert wurde.[70] Ihr arabischer Name ist nicht überliefert, sie erscheint häufig unter dem Namen des nahe gelegenen Stadttors: al-Bâb al-Mardûm. Die erhaltene Gründungsinschrift gibt das Jahr 999/1000 an und nennt den Stifter und den Architekten; aus ihr geht hervor, daß es sich um eine Privatstiftung handelte. Es ist ein kleiner quadratischer Ziegelbau von etwa acht Metern Seitenlänge, dessen raffinierter Einsatz des Ziegelmauerwerks als Ornament zunächst auf mesopotamische Einflüsse schließen läßt. Bei näherem Hinsehen handelt es sich um eine auf winzige Dimensionen reduzierte Kopie des Hakamschen Teils der Hauptmoschee von Córdoba. Die zweigeschossige Anlage der Fassade und der Innenarkaden, die Vielpaßbögen, die Blendarkade sich kreuzender Hufeisenbögen der Südwestfassade und vor allem die neun Rippenkuppeln des Innenraums sind direkte Zitate dieses Baus. Der durch vier massive, basislose Säulen in neun etwa quadratische Kompartimente aufgeteilte Gebets-

Toledo, Blick von Süden über den Tajo
Toledo wird schon von Titus Livius als römisches Municipium erwähnt; von 579 bis zu seinem Ende wurde die Stadt zum Zentrum des Westgotenreiches, unter der umayyadischen Herrschaft wurde sie Hauptstadt der Mittleren Mark und im 11. Jahrhundert Sitz einer der wichtigsten Taifadynastien.

raum ist durch seinen Grundriß ein richtungsloser Zentralbau, dem auch die erhöhte Mittelkuppel entspricht, und damit steht er in vorderorientalischen byzantinischen und umayyadischen Traditionen. Jedoch ist in seinem Aufriß ein gerichteter Bautyp erkennbar: Die Anordnung der Bogenöffnungen des Zwischengeschosses wird ganz von der Tiefenachse des Mihrâbs und der Wertung der drei Qiblajoche bestimmt und deutet damit den T-Plan an, der ja auch in Córdoba und in Madînat al Zahrâ' bestimmend ist. Die Kuppelanordnung gibt ebenfalls dieses gerichtete Schema an. Dieser winzige, bescheidene Bau spiegelt die geistige Situation von al-Andalus am Ende des Kalifats wider, das in seiner letzten Phase im Vollbesitz seines Traditionsgutes zugleich an der Schwelle einer manieristischen Epoche stand – der der Taifaherrscher des 11. Jahrhunderts (Ch. Ewert).

Der kleine Betsaal im Obergeschoß der »Casa de la Tornerías«, ebenfalls in Toledo und wahrscheinlich vom Ende der Kalifatszeit, weist auch einen Grundriß mit neun Jochen auf (die hier allerdings rechteckig sind), er ist seinerseits eine Kopie der Moschee vom Bâb al-Mardûm[71]; aber hier konzentrieren sich die Rippenkuppeln allein auf das Mittelkompartiment, ein »Miniaturgebäude« mit neun zwerghaften Einzelkuppeln inmitten der einfach eingewölbten umgebenden Joche. Diese Neunkuppelmoschee geht noch weiter als die vom Bâb al-Mardûm in der Reduzierung der Rippenkup-

Außenfassade der Puerta Antigua de la Bisagra, vermutlich 10. Jahrhundert
Die Puerta Antigua de la Bisagra gehörte zu den wichtigsten Toren der Stadt. Durch sie führte der Handelsverkehr Toledos und durch sie gelangte man zum großen Friedhof im Norden der Stadt. Der Grundriß und die Bogenform lassen auf das 10. Jahrhundert als Erbauungszeit schließen.

peln zu einem kleinmaßstäblichen Dekor, der Weg ist nicht mehr weit zur völligen Auflösung des Rippenskeletts und zur Einführung des Muqarnas.[72]

Almería war ursprünglich nur der Hafenvorort (al-Maríya, Wachturm, um den herum der Ort Almería entstanden war) von Pechina, das im 9. Jahrhundert als weitgehend unabhängige Seerepublik prosperierte und erst 922 unter die umayyadische Autorität zurückkehrte. Im Jahr 955 ließ 'Abd al-Rahmân III. Almería ummauern, so daß es zur Stadt wurde und dadurch Pechina allmählich in eine völlig zweitrangige Rolle abdrängte. Die Hauptmoschee, die heutige Kirche San Juán, ist sicher in dieser Zeit angelegt worden. Der Gründungsbau war wahrscheinlich dreischiffig[73] und wurde im 11. Jahrhundert zweimal vergrößert. Die Qiblawand – eine dünnschalige Verblendung mit Wechsel zwischen Läufern und gebündelten Bindern vor Gußmauerwerk – ist heute noch hinter den vorgeblendeten Bögen des 17. Jahrhunderts erhalten. Der Mihrâb selbst ist in almohadischer Zeit mit einer Stuckdekoration versehen worden, die heute im Verfall ist und unter der Reste aus der Zeit des Kalifats wieder zum Vorschein kommen: eine glatte Sockelzone, ein Fries blinder Bögen und darüber eine Schirmkuppel. Erst 1987 hat man etwa 1,15 Meter oberhalb des Mihrâbalfiz die Reste einer siebenbögigen Blendarkade entdeckt, die keinen Zweifel darüber läßt, daß die ganze Anlage in der Tradition von Córdoba steht.[74] Im Stuckdekor dieser Arkaden, von dem nur vier Paneele erhalten sind, dominieren stark die vegetabilischen Formen, die ebenfalls unmittelbar auf die kalifatszeitliche Kunst von Córdoba und Madînat al-Zahrâ' zurückverweisen; es scheint sich, genauer, um präzise Zitate von Motiven der Mihrâbkuppel und der Eingangskuppel in al-Hakams II. Anbau zu handeln. Der Mihrâb von Almería ist das einzige zeitgenössische, dem Mihrâb von Córdoba vergleichbare Zeugnis; er ist direkt von ihm beeinflußt, stammt aber wahrscheinlich nicht aus derselben Werkstatt, da seine Ausführung in den Einzelheiten durchaus eigenständig ist. Diese Moschee zeugt von der künstlerischen Abhängigkeit Almerías von Córdoba, welcher die politische schon vorangegangen war. Der Baumeister von Almería arbeitete bewußt in den Traditionen der Hauptstadt, die er anscheinend gut kannte; die ihm zur Verfügung stehenden Mittel waren denen des Kalifenhofes zwar nicht vergleichbar, trotzdem erlaubten sie es, ein stattliches und keineswegs provinzielles Monument zu errichten.

Der heute abgelegene Ort Almonaster la Real (arabisch: al-Munastîr) wird schon von al-Bakrî[75] als zur Kûra von Sevilla gehörend erwähnt, der Name (eine Arabisierung von »Monasterium«) weist auf eine ältere Ansiedlung hin, ebenso die römischen und westgotischen Spolien, die in der Moschee verwendet worden sind. Man darf also annehmen, daß anstelle der islamischen Bergfestung mit ihrer Umfassungsmauer und ihrer Moschee dort vorher ein römischer und ein westgotischer Bau gestanden haben. Die Moschee stammt aus dem 10. Jahrhundert; sie ist ein unregelmäßiger Bau aus Ziegel und Bruchstein auf trapezförmigem Plan, dessen Form wohl durch das abfallende Gelände bestimmt ist. Der Betsaal hat fünf Schiffe, deren Arkaden wie in Córdoba quer zur Qibla stehen. Das Mittelschiff ist weiter als die beiden nächsten Schiffe, die wiederum weiter sind als die beiden äußeren. Die drei Südjoche sind weiter als die anderen; somit besteht eine klare Andeutung des T-Grundrisses. Der Mihrâb hat seine Verkleidung verloren; er ist eine tiefe, archaisch anmutende Nische aus Ziegel und

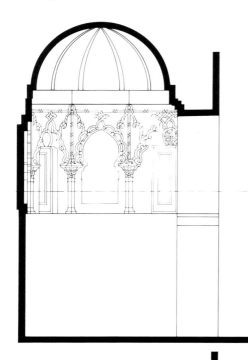

Der Mihrâb der einstigen Hauptmoschee von Almería, Grundriß und Aufriß (L. Torres Balbás)
Der aus der Kalifatszeit stammende Mihrâb wurde in der frühalmohadischen Zeit mit Stuck verkleidet. Der heutige Betrachter nimmt vor allem die almohadischen Stuckpaneele wahr. Das darunterliegende Mauerwerk und die Schirmkuppel gehen indes auf den Urbau zurück.

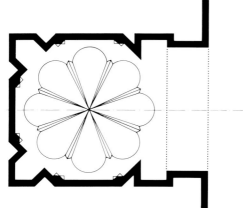

OBEN:
Almería, die Mihrâbfassade der einstigen Hauptmoschee
Die obere Blendarkade der heutigen Kirche San Juan mit ihren vegetabilischen Stuckpaneelen über dem Hufeisenbogen und seinem Alfiz beweisen, daß dieser Mihrâb in direkter Abhängigkeit zu dem der Hauptmoschee Córdobas steht.

UNTEN:
Grundriß der heutigen Kirche San Juan (Ch. Ewert)

SEITEN 94/95
Almonaster la Real
Die heutige Kirche erweist sich schon von weitem durch die hervorspringende Mihrâbnische auf der Südseite als frühere Moschee, die durch eine Apsis an der Ostwand und einen Portikus auf der gegenüberliegenden Seite den Richtungswechsel erfuhr, den die Ansprüche der christlichen Religion erforderten; gleichzeitig wurde das Minarett zum Kirchturm umgestaltet. Vor der islamischen Bergfestung mit ihren Umfassungsmauern und ihrer Moschee lag dort eine westgotische, noch früher eine römische Siedlung.

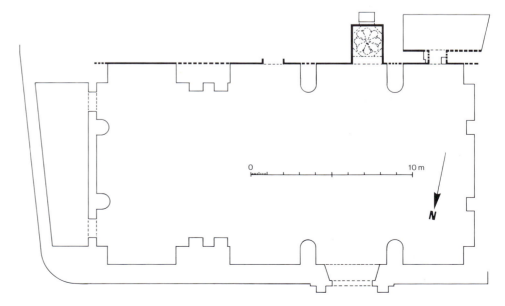

93

Almonaster la Real, Innenraum des Betsaales
In sehr vereinfachter Form nimmt dieser kleine, rustikale Bau Themen der Großen Moschee von Córdoba auf. Rechts auf dem Bild befindet sich der Mihrâb.

Bruchstein.[76] Ein winziger Hof ist geradezu in den Felsen hineingemeißelt; er verlängert die beiden westlichen Schiffe. Ein unverhältnismäßig großes Becken befindet sich in seiner Nordostecke. Ein rechteckiges Minarett steht außerhalb des Bauverbandes im Norden, aus der Mihrâbachse nach Westen verschoben. Die Moschee hatte wahrscheinlich nur einen Eingang im ersten Nordjoch des östlichen Seitenschiffs. Ihr spärliches Licht empfing sie durch den Hof, die Tür und drei schießschartenähnliche Fensterschlitze, zwei davon rechts und links des Mihrâbs. Man hat sechzehn nicht datierte Grabstellen in dem Betsaal entdeckt.[77] Die Moschee erhielt in christlicher Zeit auf der Ostseite eine Apsis, daneben eine Sakristei und auf der Westseite einen Portikus und somit eine neue, der anderen Religion entsprechende Hauptachse. Auch das alte Tor und die Nordseite wurden umgebaut. Von dem Bauwerk geht ein rustikaler Charme aus. Sein archaischer Charakter kann zwar auf das frühe 9. Jahrhundert hindeuten, er kann aber auch als provinzielle Lösung eines Bauprogramms der Kalifatszeit gelten. Die Hierarchisierung des Betsaals unterstützt eigentlich eher die zweite Annahme.

Jede Stadt besaß eine Hauptmoschee mit einem Mihrâb, doch sind außer den oben genannten kaum andere derartige Zeugnisse aus der umayyadischen Zeit bekannt. Indes blieb in der Kathedrale von Tarragona eine 1,26 Meter hohe Marmornische erhalten, deren Inschrift den Namen 'Abd al-Rahmâns III. und das Jahr 960 nennt[78], und deren Flechtband- und Rankenrahmungen in reinem kalifatszeitlichem Stil von großem Reiz sind. Es handelt sich dabei sicher um den Mihrâb der Hauptmoschee, die um diese Zeit erneuert worden war.

Die Rábita von Guardamar

Mit der Rábita de Guardamar del Segura, 26 Kilometer südlich von Alicante, mitten in einem Pinienwäldchen in den Dünen gelegen, sind Reste eines besonders interessanten sakralen Komplexes entdeckt und seit Ende 1984 weitgehend ausgegraben worden.[79] Schon 1897 ist eine damals nicht genau lokalisierte Inschrift aus der Gegend von Guardamar veröffentlicht worden, die die Vollendung einer Moschee im Jahre 944 mitteilt.[80] Diese Moschee gehörte zu einem Ribât, das heißt zu einer der befestigten, klosterähnlichen Stiftungen, wie sie häufig in den Grenzgebieten des Islam errichtet wurden, um als Ausgangsbasis für den Heiligen Krieg zu dienen oder auch um Exerzitien der religiösen Einkehr einen angemessenen Rahmen zu bieten. Das Ribât von Guardamar war Ende des 9. Jahrhunderts gegründet und Anfang des 11. Jahrhunderts wieder aufgegeben worden; es ist somit das älteste, das wir aus Spanien kennen.

Schriftliche Quellen belegen solche Ribâte durchaus für das Andalusien des 9. Jahrhunderts; dieser archäologische Fund bringt insofern eine Bestätigung, aber auch eine Überraschung, denn das Ribât von Guardamar unterscheidet sich erheblich von dem üblichen westislamischen Typ. Man erwartet einen geschlossenen quadratischen oder rechteckigen Festungsbau wie beim Ribât von Sousse oder von Monastir (Tunesien), ähnlich den umayyadischen vorderorientalischen Wüstenschlössern, doch findet man hier statt dessen elliptisch angelegte Gassen zwischen Reihen meist kleiner Zellen,

Grundriß der Anlage (R. Aznar Ruiz)

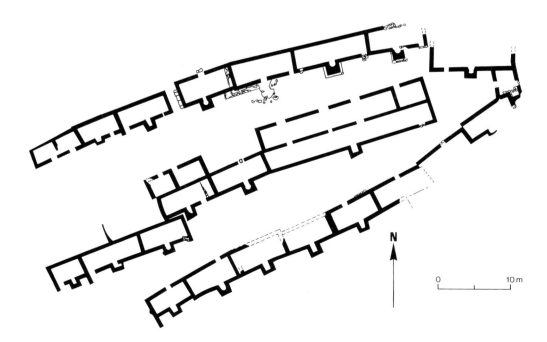

Rábita de Guardamar del Segura
Die Reste eines seit 1984 ausgegrabenen Ribâts, einer befestigten, klosterähnlichen Siedlung, ordnen sich hier in Zellenzeilen um Gassen, die von den Resten einer Umfassungsmauer umgeben sind.

GEGENÜBER:
Górmaz, Detailansicht der Zitadelle

jede mit einem Mihrâb; eine weite Umfassungsmauer umgab die Anlage. Die Hauptmoschee, in der man Mauerreste aus dem 9. Jahrhundert gefunden hat, liegt zentral und besteht aus zwei Schiffen oder vielmehr Sälen. Die Gründungsinschrift von 944 befand sich an der Außenseite des Mihrâbs einer Betzelle. Die niedrigen Bauten sind aus Stampflehm über einem gemauerten Sockel errichtet; einige wenige Reste gemalten Dekors sind noch sichtbar. Die Grabungen erbrachten keramisches Material und zahlreiche Inschriften. Die Wasserversorgung muß recht spartanisch gewesen sein, denn man hat keine Leitungen gefunden. Diese Bet- und Wohnzellen sind ein Sonderfall, ebenso wie die ganze Anlage, die ein neues Licht auf die typologische Weite des Phänomens Ribât wirft.

Festungen und Brücken

Die Grenzgebiete Andalusiens waren im 10. Jahrhundert mit Festungen geradezu gespickt, aber auch das Landesinnere war von befestigten Garnisonen, die das Land kontrollierten und die Autorität der Zentralverwaltung garantierten, von Wachtposten, befestigten Herbergen und Schutzburgen für die Bevölkerung netzartig überzogen. Die genauen Funktionen dieser Burgen sind im einzelnen nicht immer klar, viele waren errichtet als Sitz der Zentralgewalt, andere ganz im Gegenteil als Ausdruck des Willens zur Selbstbestimmung der lokalen Bevölkerung, wieder andere waren Residenzen mehr oder weniger unabhängiger Herrscherfamilien. Manche Wachttürme im Verbund eines zentralisierten Verteidigungssystems können genausogut auch Refugien für Landgemeinden gewesen sein, die Form läßt keineswegs immer auf die genaue Bestimmung schließen.[81] Von verschiedenen Festungsbauten aus dieser Zeit sind heute noch eindrucksvolle Reste erhalten,[82] so Gormaz (von 965) in der Nähe von Soria, das zum Festungssystem des nördlichen Grenzgebietes gehörte; weniger spektakulär und kaum bekannt ist Almiserat in Ostandalusien,[83] berühmt hingegen und oft

Baños de la Encina am Fuße der Sierra Morena
Baños de la Encina ist eine der berühmtesten und besterhaltenen Festungen aus der Zeit des Kalifats; ihre Gründungsinschrift gibt das Jahr 986 an. Erstmals findet sich hier ein mit übereinanderliegenden Innenräumen ausgebauter Festungsturm.

beschrieben ist Tarifa, das im Verteidigungssystem der Südküste eine wichtige Rolle spielte. Baños de la Encina, im Norden von Jaén, auf den ersten Anhöhen der Sierra Morena, ist ein besonders schönes und imposantes Beispiel aus dem Festungsnetz des Binnenlandes; ebenso die Festung von Alcaraz, am Fuße der Sierra de Alcaraz, die die Ebenen der Mancha überwachte. Überreste von kleinen Festungen in regelmäßigen Abständen sind zum Beispiel im Tal des Guadalimar erhalten. Die rechteckige, gleichmäßige Umfassungsmauer von El Vacar im Norden von Córdoba war wohl für Reisende wie für Soldaten die erste Etappe auf der Straße nach Extremadura.[84]

Die meisten spanisch-islamischen Festungsruinen sind nicht genau datiert, doch es ist wahrscheinlich, daß viele von ihnen auf Gründungen aus dem 10. Jahrhundert zurückgehen. Ihre Lage ist oft überwältigend, aber der Stand ihrer Verteidigungstechnik entsprach kaum ihrem wehrhaften Eindruck. Manche sind in Werkstein, andere, vor allem im Süden des Landes, in Stampflehm erbaut, sie haben keine Pechnasen, keine Vormauer, keinen gebrochenen Eingang, die Türme sind meist rechteckig, von außen an die Mauer gelehnt, ohne bedeutenden Vorsprung über diese und meist massiv bis zum offenen Wehrgang, nur ganz selten haben sie durch Innentreppen zugängliche Räume. In manchen Fällen ersetzt eine gebrochene Mauerführung die Flankierungstürme (zum Beispiel in Uclès, dessen Mauerfundamente vermutlich auf diese Zeit zurückgehen).[85] Der Grundriß ist in der Ebene häufig ein regelmäßiges Rechteck, in den Bergen hingegen paßt er sich dem Gelände an. Die andalusische Festungstechnik hat sich erst in späteren Jahrhunderten entwickelt.

Die bedeutenden römischen Brücken sind in westgotischer und umayyadischer Zeit instand gehalten worden, so die Brücke über den Guadalquivir in Córdoba oder die über den Guadiana in Mérida, die über den Genil in Écija, die über den Henares in Guadalajara, so auch die berühmte Alcantarabrücke in Toledo.[86] Die umayyadische Bauetappe tritt bei diesen Werken mehr oder weniger klar hervor; sie alle sind von ihrem Entstehen an bis heute immer wieder restauriert worden, und die einzelnen Bauarbeiten sind nicht mehr genau datierbar. Im 10. Jahrhundert wurden auch neue Brücken errichtet, aber nur wenige sind in ihrer ursprünglichen Form erhalten; die steinerne Bogenbrücke Puente de Pinos in der Nähe von Granada, auf der Straße nach Córdoba, mit ihren drei Hufeisenbögen und den gerundeten Wellenbrechern ist ein besonders malerisches, wenn auch heute ziemlich verkommenes Beispiel für den Brückenbau der späten Kalifatszeit.

Städte: das Beispiel Vascos

Viele Stadtbefestigungen weisen noch Elemente aus dem 10. Jahrhundert auf. In Toledo stammt ein Teil der östlichen Stadtmauer mit westgotischen und römischen Spolien wohl aus der Zeit der umayyadischen Kalifen, und bei der Alcantarabrücke sind noch Reste eines Stadttors mit einem einst geraden Gang zwischen zwei Türmen zu sehen.[87] Auch Teile der Mauer von Córdoba gehen auf das 10. Jahrhundert zurück, das Sevillator gehört wahrscheinlich dazu. Die Stadtmauer von Cáceres besitzt vielleicht neben den römischen auch noch umayyadische Reste; sie ist allerdings weitgehend almohadisch.

In einer tief einschneidenden Schlaufe des Rio Hiso im Westen der Provinz von Toledo, im Kreis von Navalmoralejo, liegen verlassen die Reste einer Stadt des 10. Jahrhunderts, heute ein unter dem Namen Vascos[88]

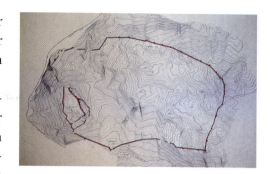

OBEN:
Vascos, Plan der Stadtmauer und der Zitadelle, (R. Izquierdo Benito)

UNTEN:
Vascos, Stadtmauer mit einem Ausfallstor

Toledo, Alcantara-Brücke
Die Brücke aus römischer Zeit wurde immer wieder restauriert. Sie war einst der Hauptzugang zur Stadt.

Das Hammâm von Jaén
Das islamische Heißbad geht auf antikes Erbe zurück und ist in der ganzen islamischen Welt ein wesentlicher Bestandteil der städtischen Kultur. Der in etwa zentral gelegene Umkleide- und Erholungsraum ist besonders wichtig und oft, wie hier, überkuppelt und von Galerien umgeben. Heißes Wasser und Wasserdampf spielen im Hammâm eine viel wichtigere Rolle als in den antiken Bädern, dafür gibt es kein eigentliches Frigidarium mehr. Allerdings werden antike wie auch westislamische Bäder durch Fußbodenheizung (Hypokausten) erwärmt. Anstelle von Fenstern haben die Bäder der westlichen islamischen Welt runde oder, wie hier, sternförmige Löcher mit Keramikverkleidungen im Gewölbe, durch die ein spärliches Licht einfällt.

bekanntes Ruinenfeld, dessen einstiger Name unbekannt ist. Vielleicht war es die – aus schriftlichen Quellen bekannte – von Berbern aus dem Stamm der Nafza gegründete Stadt Nafza, vielleicht war es aber auch dieselbe – ebenfalls nur aus schriftlichen Quellen bekannte – Stadt, die der Kalif al-Hakam II. ab 964 in der Provinz Toledo unter der Leitung eines gewissen gut bezahlten Ahmad ibn Nasr ibn Khâlid wiederaufbauen ließ. Seit 1975 werden Grabungen in Vascos durchgeführt, die es ermöglichen, die Grundformen dieser Stadtanlage zu bestimmen, und die eine Menge Keramikscherben aus dem 10. und 11. Jahrhundert zutage förderten. Es handelte sich um eine umayyadische militärische Gründung zum Schutz des mittleren Tajotals, die ihren Wohlstand vermutlich aus Bergwerken (vor allem Silberminen) bezog. Überreste aus römischer und westgotischer Zeit zeugen von einer älteren Ansiedlung. Die christliche Wiedereroberung hatte zur Folge, daß die Stadt vom 12. Jahrhundert an allmählich verlassen wurde.

Die im Durchschnitt zwei Meter dicke, turmbestückte Mauer aus Haustein mit reichlich Mörtel steht an manchen Stellen noch bis 3 m hoch; sie umschließt ein unregelmäßiges Viereck von etwa acht Hektar, die Alcazaba liegt im Norden. Das Westtor mit seinem horizontalen Türsturz unter einem hufeisenförmigen Bogen und mit seinem geraden Durchgang zwischen zwei Türmen ist noch erkennbar; ein ähnliches Tor liegt im Süden. Mehrere kleine Ausfalltore gaben Zugang zum Fluß. Außerhalb der Mauer im Westen hat man die Reste eines öffentlichen Bades und eines Wohnhauses freigelegt, weiter westlich befindet sich ein großer Friedhof, ein zweiter – ebenfalls außerhalb der Mauer – im Süden. Die Ausgrabungen sind noch nicht abgeschlossen.

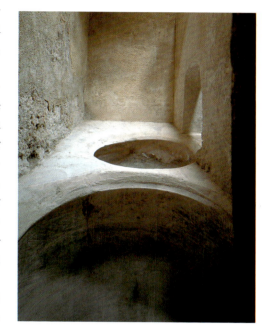

Auch einige Bäder aus dem 10. Jahrhundert sind zumindest in Teilen erhalten, so das des Kalifenpalastes in Córdoba; das Hammâm von Jaén, wahrscheinlich vom Anfang des 11. Jahrhunderts, hat nachträglich Veränderungen erfahren.[89] Hier wie auch in den späteren andalusischen Hammâms wurden die warmen Räume wie im Altertum durch Hypocausten geheizt; was jedoch diese Bäder von den antiken grundlegend unterscheidet, ist ihre Kleinräumigkeit, das Fehlen eines Frigidariums (Abkühlungsraum) und der Palestra.

Baudekor und Kunsthandwerk

Im Bauschmuck der Kalifatszeit wurden mit Vorliebe wertvolle Materialien wie Glasmosaik und Marmor verwendet; auch Stuckdekor[90] kommt vor, allerdings eher diskret im Vergleich zur späteren Entwicklung. Klassische antike Elemente leben noch weiter in den Eier- und Perlstäben sowie in manchen Profilleisten, in den immer wieder erscheinenden Akanthus-, Weinlaub- und Lorbeermotiven, in den Rankenmustern und den geometrischen Kompositionen.[91] Daneben stehen vorderasiatisch-sassanidisch anmutende Motive vor allem in Form von reichen Kompositenpalmetten aus Kelchblüten, Füllhörnern und Halbpalmetten, von bis zur Unkenntlichkeit stilisierten Weinblättern oder von rein symmetrisch angeordneten Paneelen mit Lebensbaummotiven. Der Blattrand der Halbpalmetten ist meist gefiedert oder hat eine gelöcherte Borte. Die Weintraube, die unabhängig vom Weinlaub vorkommt, hat sich oft zum Pinienzapfen verhärtet. Der Blattstiel ist fast immer als dekoratives Band behandelt und hat eine

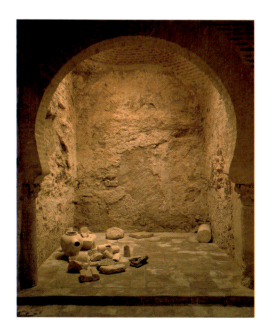

OBEN:
Ein Wasserbecken im Hammâm von Jaén

UNTEN:
Ein Seitenraum mit Schöpfgefäßen

Kapitelle vom Mihrâbeingang der Großen Moschee von Cordoba
Die Kapitelle des Mihrâbs von al-Hakam II. sind bei der Erweiterung der Moschee, um 965, vom Mihrâb des Vorgängerbaues sorgfältig in den neuen Nischenzugang eingebaut worden. Ihre Faktur ist so klassisch ausgeprägt, daß man sie schon für römische Spolien gehalten hat.

Kapitell der Kalifatszeit, Louvre, z. Zt. Museum des Institut du Monde Arabe, Paris
Eine ins Geometrische aufgelöste, feingliedrige Vegetation überzieht gleichförmig die Oberflächen dieses Kapitells, dessen Modell, das klassische korinthische Volutenkapitell, jedoch in der Grundform noch sichtbar bleibt.

oder mehrere Rinnen oder auch Rautenmuster, sein Wert als abstraktes rhythmisierendes Element ist bestimmend für das ganze dekorative Programm. Die Thematik und die Neigung zur Flächenfüllung finden sich weitgehend schon bei den Umayyaden des Vorderen Orients, wo der sassanidische Zug jedoch stärker hervortritt. Ein Spezifikum des Bauschmucks des andalusischen Kalifats ist die systematische Durchbrechung der vegetabilischen Flächen durch scharf eingeschnittene Binnenmotive. Insgesamt ist das Formenvokabular eigentlich begrenzter als im 9. Jahrhundert, aber aus dem beschränkten Repertoire entstehen Variationen von großem dekorativem Effekt.[92] Die meisten Skulpturen wurden mit dem Bohrmeißel ausgeführt. Manche Kapitelle und Paneele besitzen dadurch einen ausgesprochen byzantinischen Zug.

Die Kapitelle haben sich seit dem 9. Jahrhundert weiter von der Antike entfernt; man kann wohl noch mehrere Typen unterscheiden, aber im großen ganzen hat sich die Produktion uniformiert. Zwar leitet sich die Grundform immer noch von Komposit- oder von korinthischen Kapitellen ab, doch während beim antiken Kapitell die Idee des pflanzlichen Wachstums und des progressiven Übergangs vom Kreis des Säulenrisses zum Viereck der Abdeckplatte die Form bedingte, stehen jetzt ein beinah zylindrisches Unterteil und ein fast schon rechteckiges Oberteil ohne die Vermittlung des Korbes einander gegenüber. Diese klare stereometrische Trennung, die deutlich zwischen Stütze und Last unterscheidet, wird während der ersten Hälfte der Kalifatszeit verwischt durch die luxuriöse Oberflächenbehandlung: Diese Kapitelle sind meist Ableitungen des »feingezahnten Akanthuskapitells« der byzantinischen Kunst, in der die Abstraktion des Pflanzenmotivs überhandnimmt und geometrischen Mustern Platz läßt. Die spätere Entwicklung der kalifalen Kapitelle läuft auf eine enorme Vereinfachung hinaus, sie behalten zwar dieselbe klare Grundform, gehen aber nun vom spätantiken, glattblättrigen Kapitell aus, und ihre Oberflächenbehandlung bleibt auf ein Minimum reduziert. In al-Mansûrs Erweiterung der Hauptmoschee von Córdoba existiert nur noch dieser letzte Typ, der auch schon unter al-Hakam erschien und der sich als grundlegend für die zukünftige Kapitellentwicklung der hispano-maghrebinischen Welt erweisen sollte.

Den epigraphischen Dekor bestimmt ausschließlich der kufische Duktus. Die Inschriften erscheinen auf den Rahmenleisten der Mihrâbs, der Tore und Fenster, auch unter der Decke, auf der Kämpferplatte oder der Säulenbasis; sie sind sehr schlicht – der Grund ist kaum dekoriert –, und die Buchstaben genügen sich selbst. Relativ oft beinhalten sie Daten, Namen, Titel, was dafür spricht, daß die Künstler sich des Wertes ihrer Arbeit bewußt waren. Wie im vegetabilischen Dekor besteht mehr Affinität zwischen den syrisch-umayyadischen Inschriften des 8. Jahrhunderts und den andalusischen des 10. Jahrhunderts als zwischen den letzteren und den der abbasidisch-irakischen Kunst aus derselben Zeit.

Viele kunsthandwerklich wertvolle Arbeiten aus der Zeit des andalusischen Kalifats sind über die Museen der Welt verstreut. Feiner, ausgesprochen byzantinisch anmutender Goldschmuck, darunter manche Stücke mit Glasfuß,[93] sind in Madînat al-Zahrâ' entdeckt worden. Die runden oder eckigen Elfenbeindosen[94] mit ihren reichen figürlichen, vegetabilischen und epigraphischen Schnitzereien sind spezifisch andalusisch, trotz ihrer oft vorderorientalisch oder fatimidisch anmutenden Ikonographie. Brunnenfiguren aus Bronze in Form von Tieren[95] sowie entzückende Keramikarbeiten mit Unterglasurmalerei auf weißem Grund, oft mit sehr lebensechten Tiermotiven, sind ebenfalls kennzeichnend für die Kunst der Kalifatszeit.[96] Einige wenige Textilien bezeugen noch die berühmten Aktivitäten der andalusischen Manufakturen – allein in Almería, das für seine Seidenzucht bekannt war, soll es laut al-Idrîsî im 10. Jahrhundert 800 Webstühle gegeben haben. Die bekannten Stofffragmente sind den fatimidischen recht ähnlich; in Leinen wurden Seide und Goldfäden eingewebt, der Dekor besteht aus Schriftbändern, vegetabilischen Friesen sowie Tier- und Menschenfiguren, die in ein Medaillonschema einbezogen sind.[97]

Figürlicher Schmuck kommt im Architekturdekor nicht vor, dafür gibt es mehrere große Marmorbecken vom Ende des 10./Anfang des 11. Jahrhunderts, die neben vegetabilischen Bändern, Inschriften und Tierjagdfriesen große Paneele mit eigenartigen hieratisch-heraldischen Tierkampfmotiven (steinbockschlagende Adler und Löwen) zeigen.[98] Auch in den Elfenbeinarbeiten stehen heraldische neben »lebendigen« Tieren.[99]

Aus dem Bereich der Buchkunst ist leider so gut wie nichts bekannt; von der großen Bibliothek al-Hakams ist bisher nur eine einzige Handschrift entdeckt worden.[100]

Trotz der Verluste ist das Bild, das wir vom künstlerischen Schaffen dieser Zeit haben, überwältigend; auf das Suchen und Ausprobieren des 9. Jahrhunderts folgte im 10. Jahrhundert die selbstsichere Meisterschaft, die auf technisches Können und hohe Qualität des Materials aufbauen konnte. Gewiß, wir kennen vor allem die Hofkunst, und vom Hofe gingen wohl auch die künstlerischen Impulse aus; doch sind auch bescheidenere Arbeiten, vor allem in Metall und Keramik, erhalten, die uns, wie die Moschee von Almonaster, den Eindruck von schöpferischer Vitalität auch in der Bevölkerung vermitteln und das Bild des allgemeinen Wohlstandes, das sich aus den geschichtlichen Quellen ergibt, bestätigen.

OBEN:
Elfenbeindose des al-Mughîra, Louvre, Paris
Diese vorzüglich erhaltene runde Deckelbüchse ist, wie ihre Inschrift sagt, für al-Mughîra, einen Bruder und unglücklichen Thronfolger al-Hakams II., im Jahre 968 angefertigt worden. Ihre vier Achtpaßmedaillons enthalten Szenen, die zur Herrscherikonographie des umayyadischen Spanien gehörten.

UNTEN:
Elfenbeinkästchen, 966, Louvre, z. Zt. Museum des Institut du Monde Arabe, Paris

1031–1091

Die Zeit der Kleinkönige

Im Grunde ist die Geschichte Andalusiens die Geschichte eines Spannungs-verhältnisses zwischen der Zentralgewalt und den zahllosen peripheren und zentrifugalen Kräften, die sofort frei wurden, sobald diese Schwäche zeigte. Die Jahre zwischen 1031 und 1091 gelten als die Zeit der Kleinkönige oder der Fitna (Zerwürfnis), aber es war weder die erste noch die letzte Periode der Herrschaft solcher »Zaunkönige«.

Drei ethnische »Parteien« (Tâ'ifa, Plural: Tawâ'if) – die Berber, die Saqâ-liba und die Andalusier – standen sich am Anfang des 11. Jahrhunderts gegenüber, aber keine von ihnen war in sich geeint. Zur »Partei der Andalu-sier« gehörten die Araber und die Muwalladûn, die sich in unzählige Grup-pen mit den gegensätzlichsten Interessen unterteilten und deren gemeinsa-mer Nenner war, daß jede die Macht für sich ergreifen wollte. Die Berber waren um die Mitte des 10. Jahrhunderts aus verschiedenen nordafrikani-schen Stammesverbänden nach Andalusien gekommen, sie mischten sich nicht mit den »Altberbern«, die vom Anfang des 8. bis zum Beginn des 10. Jahrhunderts eingewandert und inzwischen assimiliert waren, und sie fühlten sich weder dem Land Andalusien noch dem Herrscher, sondern nur ihren eigenen Truppenführern verpflichtet.[101] Für die andalusische Stadtbe-völkerung blieben die neuen Berbertruppen meist gefürchtete und gehaßte Fremdlinge. Merkwürdigerweise erhielten sie keinen Nachschub aus Nord-afrika. Ihre Schwäche resultierte daraus, daß sie nicht nur mit der andalusi-schen Bevölkerung, sondern auch unter sich verfeindet waren. Wie die Saqâ-liba waren auch sie nicht im Lande verwurzelt. Ebenso waren das Abge-schnittensein vom Herkunftsland, das Fehlen menschlicher Reserven beiden »Parteien« gemeinsam. Die andalusische Sklavenaristokratie war, im Gegen-satz zu den Mamluken in Ägypten, die dort die Macht vom 13. bis zum Beginn des 16. Jahrhunderts innehatten, nie zu einer homogenen Gruppe geworden, hatte sich nie um Nachschub gekümmert und es im übrigen fast nie zu einer richtigen Dynastiebildung gebracht. Gegen Ende des 11. Jahr-hunderts war sie in der Bevölkerung aufgegangen.

Es handelte sich also in Wirklichkeit keineswegs um Kampfhandlungen zwischen drei ethnischen Parteien, sondern um eine anarchische Situation, in der im Prinzip jeder mit jedem oder gegen jeden verbündet war. »Nach dem Sturz der 'Âmiridendynastie, als die Leute keinen Imâm mehr hatten, erhob sich jeder Führer in seiner Stadt und befestigte seine Burg, nachdem er die Macht ergriffen, Soldaten angeheuert und Vermögen gespeichert hatte. Sie stritten miteinander um den Reichtum, und jeder neidete dem anderen sein Gut«, so beschreibt der Emir 'Abd Allâh al-Zîrî, einer dieser Kleinfürsten, am Ende des 11. Jahrhunderts den Beginn dieser Zeit.[102]

Aus diesem und anderen Texten geht klar hervor, daß nach der Ermordung des dritten 'Âmiriden in ganz Andalusien Lokalpotentaten die Macht ergriffen. Zu ihnen gehörten wohl zunächst hauptsächlich die von den 'Âmiriden eingesetzten – oder oft nur bestätigten – Lokalautoritäten, so zum Beispiel in Zaragoza (Mundhir I. al-Tujîbî) und Toledo (Abû Bakr b. Ya'îsch al-Qâdî). Manchmal waren es Berber, so in Algeciras (al-Qâsim ibn Hammûd), Ceuta und Málaga ('Alî ibn Hammûd), Granada (Zâwî ibn Zîrî al-Sinhâjî) und in Toledo (Abû Muhammad Ismâ'îl ibn Dhî al-Nûn). Auch die Hûdiden, die in Zaragoza um 1040 an die Macht kamen, waren Berber. »Slawen« übernahmen die Führung an der Ostküste, so in Valencia (Mubârak und Muzaffar), in Denia und auf den Balearen (Mujâhid al-'Âmirî), in Murcia und Almería (Khayrân) und auch in Badajoz (Sâbûr). In Córdoba und Sevilla waren es mächtige Patrizierfamilien (die Jauhariden und die 'Abbâdiden), anderswo dafür richtige Räuberbarone.[103] Es handelte sich immer um Stadtstaaten, manche von ihnen winzig, deren Zusammenhalt nicht auf einer einheitlichen Kultur- und Lebensgemeinschaft ihrer Bewohner beruhte, sondern geographisch bedingt war. An der Peripherie Andalusiens breiteten sich einige, die über ein landwirtschaftlich reiches Hinterland verfügten, wie Zaragoza, Toledo oder Badajoz, über ein relativ großes Gebiet aus. An der Küste waren es dagegen oft kleine Städte, denen der internationale Seehandel und das hochentwickelte Gewerbe eine ausreichende Existenzgrundlage boten.

Alle diese Klein- und Kleinststaaten hatten durchweg monarchische, selten demokratische oder auch nur oligarchische Regimes; dennoch führte die politische Fragmentierung Andalusiens notwendigerweise zu einer viel stärkeren politischen Aktivität lokaler prominenter Persönlichkeiten, als das zuvor der Fall gewesen war.[104] Die jüdischen Gemeinden beteiligten sich am wirtschaftlichen und kulturellen Leben und spielten insbesondere in Gra-

Zaragoza, Aljafería, Ostfassade
Das Schloß aus der zweiten Hälfte des 11. Jahrhunderts verdankt seinen heutigen Namen seinem Erbauer, einem der einflußreichsten Kleinkönige, Abû Ja'far Ahmad ibn Sulaymân aus der Familie der Banû Hûd. Sein ursprünglicher Name war Dâr al-surûr, Haus der Freude. In der Tat handelt es sich, trotz des so wehrhaften Äußeren, um ein Lustschloß.

nada eine außerordentlich bedeutende Rolle, wo ein jüdischer Vizier, Samuel ben Naghrîla, fast zwanzig Jahre lang Gelegenheit fand, auch als Feldherr seine Fähigkeiten zu beweisen.[105] Die christlichen Minderheiten scheinen kaum mehr eine Rolle gespielt zu haben. Sicher ist, daß die Bedrohung durch die christliche Reconquista in der Taifazeit die Muslime nie zu Christenverfolgungen verleitet hat. Córdoba spielte in der Taifazeit zwar keine politische Rolle mehr, besaß aber offenkundig immer noch Anziehungskraft, da viele entthronte Fürsten sich dort niederließen. Die 'Abbâdidenfamilie in Sevilla wurde ab Mitte des 11. Jahrhunderts immer mächtiger; auf ihren Gründer, den Qâdî Muhammad b. 'Abbâd (1013–42), einen prominenten Bürger der Stadt, folgte sein Sohn al-Mu'tadid und sein Enkel al-Mu'tamid. Sevilla annektierte insgesamt ein gutes Dutzend von Nachbarstaaten, von Mertola im Westen bis nach Murcia im Osten, und herrschte zeitweise auch über Córdoba. Insgesamt überragten Sevilla, Toledo und Zaragoza die übrigen Stadtstaaten an Größe und Dauer ihrer Machtstellung.

An den meisten bedeutenderen Höfen, deren Herrscher sich mit hochtrabenden Ehrennamen schmückten, herrschte ein reges intellektuelles Leben; und trotz aller Feindseligkeiten, Intrigen und Kriege schlossen die Fürsten Ehen untereinander und luden sich gegenseitig zu Festen und literarischen

Málaga, Alcazaba
Die Festung erstreckt sich entlang einem Hang, der nach Osten ansteigt; sie ist mit dem Kastell Gibralfaro, das auf dem Gipfel derselben Anhöhe liegt, durch Mauern verbunden. Zusammen bilden sie eines der mächtigsten Festungssysteme des islamischen Spanien. Der doppelte Mauerring der Alcazaba ist wahrscheinlich von einem der Berberherrscher des 11. Jahrhunderts anstelle älterer, arabischer Befestigungen erbaut worden. Verschiedene Türme sind im 13. und 14. Jahrhundert erneuert worden.

Granada, das Bañuelo des Albaicín, 11. Jahrhundert

Wettbewerben ein. Der Kanzleistil des 11. Jahrhunderts ist für seine Geschliffenheit berühmt; Bildung und Kultur wurden allgemein hoch bewertet, und die Kunstwerke dieser Zeit, soweit wir sie kennen, sind von großer Feinheit. Die andalusischen Städte scheinen auch im 11. Jahrhundert noch ihre Zweisprachigkeit – Arabisch und Romanisch – erhalten zu haben, die zu eigenständigen dichterischen Formen anregte.[106] Das Mäzenat spielte eine wichtige Rolle, denn alle diese Kleinkönige trachteten danach, dem Glanz des Kalifats nicht nachzustehen. Die sprichwörtliche arabische Großzügigkeit hatte nicht nur eine Inflation von höfischen Lobrednern und die Errichtung raffinierter Prunkbauten zur Folge, sondern auch technische Erfindungen, wie zum Beispiel die der toledanischen Wasseruhr, die al-Zarqâl für die dortigen Herrscher gebaut hatte. Dichter, Künstler und Gelehrte scheinen ohne Zögern, von Prestige- und Gehaltsversprechungen motiviert, von einem Hof zum anderen gezogen zu sein, um ihr sublimen Dienste darzubieten. Der Hof der 'Abbâdiden von Sevilla war bei weitem der glanzvollste von allen.

Dieses System zog allerdings eine erdrückende – und nach dem Koran unrechtmäßige – Besteuerung des Volkes und somit schließlich die Destabilisierung der Herrschaft nach sich. Allerdings kann man annehmen, daß nach der Absetzung Hishâms, in dem verheerenden Kampf der Thronprätendenten untereinander, die verschiedenen Städte Andalusiens zunächst einmal sehr bereitwillig die Autorität lokaler Führer anerkannten,[107] und daß sich erst allmählich herausstellte, in welch ausweglose Situation die neuen Kräfteverhältnisse führten.

Die christlichen Herrscher im Norden hatten die Lage schnell erkannt und stellten nicht nur ihre Tributzahlungen ein, sondern verlangten nun im Gegenteil Abgaben von den islamischen Kleinfürsten. Badajoz, Toledo und sogar Sevilla kamen in die Abhängigkeit von Alfonso VI. von León und Kastilien (1065–1109). Die islamischen Fürsten von al-Andalus suchten übrigens ohne jeden religiösen Skrupel Hilfe bei den christlichen Fürsten gegen ihre eigenen Glaubensgenossen; die dafür nötigen Steuern wurden von der Bevölkerung natürlich ganz besonders ungern aufgebracht. Rodrigo Díaz de Vivar, der »Cid«, ist ein sprechendes Beispiel für die Gleichgültigkeit mancher ehrgeiziger Condottieregestalten dem Islam wie dem Christentum gegenüber: Er gehörte zum Hof Alfonsos VI., mit dem er sich überwarf; daraufhin verdingte er sich als Söldnerführer an verschiedene – christliche wie islamische – Fürsten, unter anderen den von Zaragoza. Er beendete seine Karriere als unabhängiger christlicher Herrscher der islamischen Stadt Valencia, die er mit bemerkenswerter Brutalität unterworfen hatte. »Cid« ist die Hispanisierung des arabischen Titels »Sayyid«, in Dialektform »Sîd« (»Herr«). Dieser Abenteurer ist von der christlichen Geschichtsschreibung sehr gefeiert worden, obwohl man wirklich nicht behaupten kann, er habe dem Christentum islamisches Gebiet zurückerobert.[108]

Granada, Kapitell aus dem Bañuelo des Albaicín

Die Reconquista schritt schnell voran, denn das christliche Spanien konnte sich im Laufe des 11. Jahrhunderts aus seiner Isoliertheit Europa gegenüber lösen. Dem Papst war es gelungen, der spanischen Kirche den römischen Ritus aufzuzwingen; als Gegenleistung zeigte er reges Interesse an der Reconquista; überdies hatte die cluniazensische Bewegung die Iberische Halbinsel in ihre Dynamik mit einbezogen. Trotzdem kann man sich fragen, ob Alfonso VI. wirklich die Iberische Halbinsel dem Christentum zurückgewinnen oder ob er nicht nur sein Königreich vergrößern und sichern wollte; alles in allem war der Kreuzzugsgedanke in Spanien zu jener Zeit wohl kaum tragend. Die von Alfonso mehrfach bezeugte Titulatur »Imperator constitutus super omnes Hispaniae nationes« oder »Imbaratûr dhû al-millatayn« (»Herrscher über die beiden Nationen«)[109] beweist, daß für ihn Spanier durchaus auch Muslime sein konnten.

In al-Andalus hatte die Anarchie alles Vorstellbare überschreitende Ausmaße angenommen. Die 'Abbâdiden waren zwar die Stärksten unter den »Zaunkönigen«, konnten ihre Autorität jedoch keineswegs allgemein durchsetzen, und die Unzufriedenheit des von Steuereintreibern ausgeplünderten Volkes wuchs immer mehr. Die Einnahme Toledos (1085) – das aufgrund seiner katastrophalen inneren Zerwürfnisse Alfonso VI. gewissermaßen von selbst in die Hände gefallen war – gab den Ausschlag für eine zukunftsbestimmende Geste: Al-Mu'tamid von Sevilla rief – wohl mit der Zustimmung der ziridischen Berberfürsten – die neue mächtige Berberdynastie Marokkos zu Hilfe.[110] Die afrikanischen Almoraviden und ihr Herrscher Yûsuf b. Tâschufîn hatten wohl zunächst nicht die Absicht, sich in Andalusien niederzulassen. Nach einem spektakulären Sieg über Alfonso VI. bei Zallâqa, in der Nähe von Badajoz (1086), gingen sie zunächst nach Marokko zurück.

Granada, Albaicín, Minarett aus dem 13. Jahrhundert, heute zur Kirche San Juan de los Reyes gehörend

Archez, Minarett aus der nasridischen Zeit
Das Minarett ist später in einen Kirchturm verwandelt worden. Die Paneele mit dem Rautennetz sind almohadisches Erbe, die Blendarkade aus verschränkten Doppelbögen ist ein Zitat des umayyadischen Córdobas.

Sie hatten Spanien kaum den Rücken gekehrt, als dort die vorherigen Zustände sofort wieder durchbrachen. Yûsuf wurde erneut zu Hilfe gerufen, landete im Frühjahr 1090 und hatte diesmal nicht nur langwierigere Schlachten zu bestehen, sondern auch wohl unerwarteten Ärger mit den islamischen Kleinfürsten, die heimlich mit den Christen gegen ihn paktierten. Sie betrugen sich, sagte später einer von ihnen (der schon zitierte ziridische Prinz 'Abd Allâh), »wie Schiffbrüchige, die sich gegenseitig ertränken«.[111] Nachdem er zum zweiten Male Ordnung geschaffen hatte, beschloß Yûsuf, Andalusien dem almoravidischen Reich einzuverleiben.

Die Quellen berichten ausdrücklich, daß Yûsuf diesen Entschluß auf den Rat andalusischer Juristen hin gefaßt und es sich also keineswegs nur um Stillung seines persönlichen Machthungers gehandelt habe. Es ist völlig sicher, daß den Theologen und Juristen Andalusiens die religiöse Indifferenz der Heerführer und Kleinfürsten ein Dorn im Auge war und daß sie den Puritanismus der Almoraviden für eine mögliche und wünschenswerte Alternative hielten. Es ist ebenfalls sicher, daß die ausgeblutete, materiell und moralisch erschöpfte Bevölkerung Andalusiens ein Ende des Chaos herbeisehnte und daß die Almoraviden ihnen willkommen sein mußten, schon allein deshalb, weil sie die Rückkehr zu den koranischen Abgaben und die Abschaffung der hohen, von den Taifafürsten eingesetzten illegalen Steuern versprachen. Die Taifafürsten waren indes mit ihren beiden übermächtigen Nachbarn – Alfonso und Yûsuf – zwischen Hammer und Amboß geraten, denn im Laufe der almoravidischen Machtergreifung, die insgesamt bis zur Wiedereroberung Zaragozas im Jahre 1110 dauerte (1090 Granada, 1091 Córdoba und Sevilla, 1094 Badajoz, 1102 Valencia; Toledo konnte nicht zurückerobert werden), setzte Yûsuf kurzerhand viele dieser Kleinfürsten fest und deportierte sie nach Aghmât am Fuß des Hohen Atlas, der alten Hauptstadt, und nach Marrakesch, der neu gegründeten.[112] Der schon mehrfach genannte letzte Ziridenfürst Granadas, 'Abd Allâh, fand in Aghmât Zeit und Muße, seine Memoiren zu schreiben, ein wertvolles Dokument zur Geschichte dieser Zeit. Al-Mu'tamid, der feinsinnige, gebildete, in religiösen Fragen tolerante Fürst von Sevilla, der recht eigentlich die Verantwortung für den Ruf an die Almoraviden trug, beendete sein Leben ebenfalls als Gefangener in der Bergfestung Aghmât, wo er die erzwungene Untätigkeit unter harten Lebensbedingungen mit dem Dichten zeitloser Meisterwerke überwand. Seine von ihm selbst formulierte Grabinschrift lautete:

»Der Abend- und der Morgenregen tränke dich,
o Grab des Fremden; dir gehört nun ganz, was blieb
von Mu'tamid, dem Schützen, Schwert- und Lanzenfechter,
dem Quell der Wüste und dem Labsal Dürstender.
Jawohl, so ist es. Ein Geschick des Himmels hat
mir diesen Platz bestimmt und dieses Ziel gesetzt.
Ich wußte nicht, bevor ich hier zu liegen kam,
daß Berge auf den Fundamenten wanken können.
Auf deine Toten senke Gottes Segen sich
hernieder unbegrenzt, in Zahlen nicht zu fassen.«[113]

Die Baukunst der Taifazeit

Festungen und Schlösser

Trotz der politischen, wirtschaftlichen und sozialen Probleme, die das 11. Jahrhundert bestimmten, war die künstlerische Energie Andalusiens keineswegs gebrochen. Die Zeit der Großaufträge des Kalifats war zwar definitiv vorbei, dafür hatten sich die fürstlichen Auftraggeber vermehrt. Córdobas Erbe zersplitterte gewissermaßen und drang bis tief ins Landesinnere ein. Im Zuge dieser Entwicklung entstanden lokale Ausdrucksformen, die man bis heute noch keineswegs in allen Feinheiten erfaßt hat. Die Taifakunst in ihrer Gesamtheit ist zwar ein geläufiger Begriff, aber im einzelnen ist es schwierig, die verschiedenen Bauhütten und Werkstätten zu bestimmen und zu lokalisieren.

In dieser Zeit der Unruhen sind viele Festungen, vor allem im Landesinneren, erbaut oder ausgebaut worden.[114] Die Städte erhielten neue Umfassungsmauern, und die alten wurden ausgebessert: Die Zeit der »offenen Städte« war vorbei. Die hohe Stampflehmmauer mit ihren massiven rechteckigen oder runden Türmen, die sich über den Albaicín in Granada zieht, wurde im 11. Jahrhundert unter der Herrschaft der Ziriden errichtet. Niebla, eine Römergründung, erhielt eine ähnliche Stadtmauer, die heute noch geschlossen besteht. Die in der Ebene gelegene Stadt Játiva wurde mit der auf einem Felsrücken gelegenen Festung durch eine Mauer verbunden. Auch in Almería, Denia, Orihuela, in Balaguer und vielen anderen Städten baute man solche Verbindungsmauern, die teilweise noch existieren.

Die Mauern bestehen jetzt meist aus Stampflehm; auch in der Kalifatszeit wandte man diese Bautechnik schon an, allerdings werden jetzt Eckverankerungen aus Stein üblich (vorher waren diese nur am Tor von Baños de la Encina aufgetaucht). Manche Umfassungsmauern sind aus Bruchstein, deshalb stammt ein Teil der Nordmauer Toledos vielleicht aus dieser Zeit. Weder der Stampflehm noch der Bruchstein setzen zwingend afrikanische Einflüsse voraus. Sicher, beide kommen häufig in Nordafrika vor, aber sie waren auch in Spanien schon vor den Umayyaden zu Hause. Viele dieser Burgen wurden auf Berghöhen errichtet, und ihre Anlage paßt sich dem Gelände an; oft ersetzen Vorsprünge und Ecken die Türme, zum Beispiel in Rueda und in Játiva.

Niebla war eine wichtige, schwer befestigte Handelsstadt auf der Straße nach Südportugal. Sie besitzt noch heute einen fast vollständigen Mauerring mit zahllosen Türmen und vier Toren, die die Entwicklung vom 10. zum

Zaragoza, Aljafería, Eingang zum Betsaal im nördlichen Palastteil

Zaragoza, Aljafería, Südlicher Palastteil
Eine schier unerschöpfliche Phantasie verwandelt das Motiv der sich kreuzenden Bögen in ständig neue Formen.

11. Jahrhundert klar veranschaulichen: Während die früheren Tore aus zwei durch einen Raum getrennten Bogenöffnungen auf derselben Achse bestanden, wurde jetzt der Eingang in das Erdgeschoß eines Turmes eingebaut und der Gang durch einen Winkel gebrochen; der Ausgang öffnet sich parallel zur Mauer, unter dem Schutz des Turmes. Das Stadttor, an sich der schwächste Punkt der Anlage, bekommt somit einen reellen defensiven Wert. In Niebla wurden die Tore in Quaderstein, die Mauern dagegen weitgehend aus Stampflehm gebaut. Die Hufeisenbögen und gelegentlich auch die Art der Fügung der Steine erinnern an Bauten der Kalifatszeit.[115]

Die Aljafería in Zaragoza

Nur wenig ist von den Palästen der Taifazeit bewahrt. Die Aljafería in Zaragoza ist das schönste und am besten erhaltene Beispiel. Vom Toledaner Palast der Dhî al-Nûniden lagern nur noch einige dekorative Fragmente im Museum,[116] ebenso von dem der Hûdiden in Balaguer; von den Schlössern und Sommerpalästen Valencias ist kaum mehr als ein einziges, stark angeschlagenes Kapitell bekannt;[117] vom wahrscheinlich prächtigsten dieser Schlösser, dem der 'Abbâdiden in Sevilla, hat man einen Garten unter dem Almohadenpalast freilegen können. Die Bauten des 11. Jahrhunderts vom

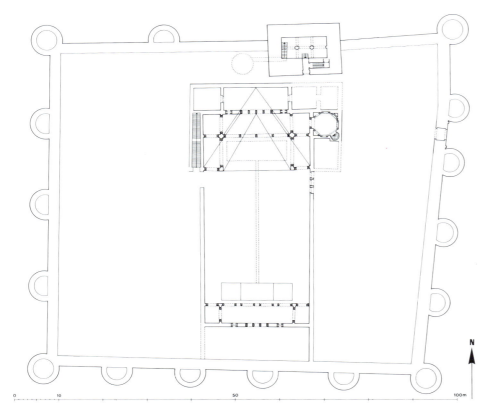

Aljafería, Arkadenreihe vor dem Eingang zum Betsaal im nördlichen Palastteil

Rekonstruktion des islamischen Palastes, Grundriß (Ch. Ewert)

Zaragoza, Aljafería, Arkade des Portikus im nördlichen Palastteil (Ch. Ewert)

Palast des Khayrân in Almería sind nicht mehr identifizierbar; dafür bestehen in der Zitadelle von Málaga noch Teile aus der Hammûdidenzeit.

»Dâr al-Surûr«, »Haus der Freude«, war wahrscheinlich der ursprüngliche Name des Sommerpalastes der Banû Hûd, den Abû Ja'far Ahmad ibn Sulaymân al-Muqtadir billâh (1046/47–1081/82) in der zweiten Hälfte des 11. Jahrhunderts im Westen seiner Hauptstadt, Zaragoza, am Ebroufer errichtete und der unter dem Namen Aljafería bekannt ist (ursprünglich al-Ja'fariyya, nach dem Namen des Gründers).[118] Ahmad ibn Sulaymân war der mächtigste Fürst der Nordmark und einer der bedeutendsten Taifa-Herrscher; er trat selbst als Dichter, Astronom und Mathematiker hervor und empfing in der Aljafería Künstler und Wissenschaftler. Der berühmte Dichter Ibn 'Ammâr, der in Sevilla in Ungnade gefallen war, kam nach Zaragoza, bevor er seinen Weg nach Lérida, zum Bruder Ahmads, fortsetzte. Kurz vor seinem Tode verteilte Ahmad sein Reich unter seine Söhne, die sich der Almoraviden nicht erwehren konnten. 1118 wurde Zaragoza wieder christlich. Die neuen Herrscher bewohnten den islamischen Palast und veränderten ihn nach ihrem Geschmack, aber im Grunde nur unwesentlich; erst im 19. Jahrhundert wurden die durchgreifendsten Umgestaltungen vorgenommen. Die Restaurationen des 20. Jahrhunderts[119] haben wesentliche Teile der hûdidischen Aljafería wiedergewinnen können.

Dicke, mit Rundtürmen besetzte Mauern aus Werkstein umschließen eine trapezförmige Anlage. Der rechteckige Turm im Norden ist älter als die Palastanlage, der Südwestturm ist später quadratisch ummantelt worden. Der Eingang befindet sich zwischen zwei Rundtürmen im Nordosten. Der

Zaragoza, Aljafería, nördlicher Palastteil, Betsaal, Blick auf den Mihrâb
Der große Mihrâb des zweigeschossigen, achteckigen Zentralraums hält sich streng an das Vorbild Córdobas. Neu sind die gemischtlinigen Bögen der unteren Arkaden, die den Mihrâb flankieren: Sie verbinden Rundpässe mit rechtwinkligen Bogenteilen, ein Motiv, das in der späteren spanisch-islamischen Architektur eine große Rolle spielte.

Zaragoza, Aljafería, Kuppel des Betsaales, Restaurierung aus dem 19. Jahrhundert

Wohn- und Empfangstrakt liegt auf der Nord-Süd-Achse in der Mitte des Gevierts; er besteht aus zwei Raumblöcken an den Schmalseiten eines großen, rechtwinkligen Hofes, der dort Portiken und die Arkaden spiegelnde Wasserbecken besitzt, die durch einen Kanal miteinander verbunden sind. Die Arkaden an den Längswänden sind später hinzugekommen; dort befanden sich ursprünglich wohl nur Nebenräume. Der Nordtrakt beherbergt die Empfangsräume: Ein rechteckiger, langgestreckter Saal, der Thronsaal, wird von zwei annähernd quadratischen Kammern flankiert; diese sind nur von dem Saal aus zugänglich, nicht vom Portikus. Der Saal öffnet sich zu dem vorgelagerten Portikus durch eine zweigeschossige, vierjochige Arkade mit drei zentralen Stützen; zwei kleine Nebentüren flankieren die zentrale Arkade. Die dreigeteilte Gruppierung (Saal und flankierende Alkoven) ist im Portikus wiederholt, der dazu allerdings noch zwei zur Saalachse querstehende, das Becken wie zwei vorgezogene, pavillonartige Flügel umfassende Joche bekommt. Der Südtrakt wiederholt im wesentlichen die Struktur des Nordblocks in einer etwas vereinfachten Form.

Im Osten des Nordportikus befindet sich der Zugang zur Moschee, ein Zentralraum auf quadratischem Grundriß, in den ein Oktogon eingeschrieben ist. Es ist ein zweigeschossiger Bau, dessen Eingang wie die Mihrâbnische von einem Hufeisenbogen umfangen wird. Wie in der Baukunst des Kalifats verläuft das Bogenstirnprofil exzentrisch zur Bogenlaibung. Der Mihrâb hält sich streng an sein Vorbild aus der Hauptmoschee von Córdoba. Ein umlaufendes Gesims trennt den Raum in Unter- und Obergeschoß, dessen Nischen und Blendnischen je drei eingestellte Säulen haben, darüber steigen Vielpaßbögen auf. Die ursprüngliche Bedachung ist nicht erhalten.

Die umayyadischen Bezüge sind augenscheinlich: Die Lage des Palastes erlaubte – im Gegensatz zu Madînat al-Zahrâ' – einen fast quadratischen Grundriß, der an die syrischen Wüstenschlösser erinnert und der auch im Maghreb nachweisbar ist. Dieser Eindruck wird verstärkt durch die runden Turmvorlagen und den einzigen geraden Eingang zwischen zwei Türmen. Die so konsequent durchgeführte sukzessive Dreiteilung hat ihr Vorbild im Schloß von Mschatta. Der zentrale Kuppelsaal der Moschee ist wahrscheinlich ein bewußtes Zitat des Felsendoms. Bemerkenswert ist das Fehlen von abbasidischen Zügen. Die Mihrâbfassade und die auffallend große, polygonale Mihrâbnische weisen auf den Mihrâb al-Hakams II. in Córdoba hin. Die Raumgruppe aus Breitsaal, flankierenden Alkoven und Portikus hat ihr direktes Vorbild in Madînat al-Zahrâ', wo der Salón Rico ein besonders schönes Beispiel dieser Anordnung gibt. In der Aljafería ist allerdings »das Motiv der Flankenbetonung... dramatisch gesteigert« (Chr. Ewert). Es ist möglich, daß auch mit Absicht auf vorumayyadische Modelle angespielt wurde: Der spätantik-byzantinische Zentralbau mit Emporen, der ja auch zu den Modellen des Felsendoms gehört, steht der Moschee der Aljafería im Grunde näher als der Felsendom selbst; er könnte über die karolingische und postkarolingische Architektur nach Zaragoza gekommen sein.

Das Bemerkenswerteste an der Aljafería sind die Systeme sich kreuzender Bögen, die hier zu unglaublicher Komplexität gesteigert werden. Sie scheinen sich völlig von jeglicher statischen Funktion zu lösen und entwickeln sich zu Flechtbandmustern, deren Ausmaße und Proportionen von weitgespannten Arkaden bis zu miniaturhaftem Kapitelldekor variieren. Die Vielfalt der Bogenformen ist fast unerschöpflich; Rundbögen, runde Hufeisen- und Vielpaßbögen, erstmals auch spitze Hufeisen- und gemischtlinige Bögen überschneiden sich und bilden in Breite und Höhe endlos konzipierte Netzmuster. An den Schmalseiten des Hofs kompensieren die Bogenschichtungen die dem Grundriß fehlende Tiefenstaffelung, und es entsteht eine von illusionistischen Effekten nicht freie, kulissenhafte Schauarchitektur. Der Kerntrakt der Aljafería erinnert an einen Theaterdekor, der auf seine Art die Situation der Taifaherrscher ausdrückt, deren überspannte Machtansprüche nicht auf realer politischer Kraft und Sicherheit beruhten.

Der Palast von Balaguer, die Sudda, war wahrscheinlich eng verwandt mit der Aljafería.[120] Im 11. Jahrhundert war dieses malerische Nest eine bedeutende Stadt der Oberen Grenzmark, die zum Besitz der Banû Hûd gehörte und wo ein Bruder von Ahmad al-Muqtadir, Yûsuf al-Muzaffar, regierte, bis er von Ahmad vertrieben wurde (gegen 1080). Nach jahrelangem Hin und Her wurde die Stadt im Jahre 1103 endgültig christlich.

Aljafería, nördlicher Palastteil, Säulen mit Arkadenaufbau

Balaguer

Balaguer besitzt eine frühislamische Burg, wohl aus dem 9. Jahrhundert, deren turmbestückte Mauer zum guten Teil noch steht. Diese Werksteinmauer mit dem Wechsel von Läufern und Bindern (einfach, doppelt und dreifach), aus dem sich kein spezifischer Rhythmus ergibt, ist der der Festung von Mérida vergleichbar. In diesen frühislamischen Mauerring hin-

Balaguer, Details des Stuckdekors:
LINKS:
Harpyie in einer Blattranke
UNTEN:
Vegetabiles Motiv (Ch. Ewert)

ein baute Yûsuf al-Muzaffar kurz nach seiner Herrschaftsübernahme (1046/47) seinen Palast, dessen Strukturen allerdings nicht erhalten sind. Allein die Dekorfragmente erlauben uns einen Einblick in die künstlerische Aktivität an diesem Hof. Die ursprünglich bemalten Stukkaturen haben geometrische Flechtmuster als Ornamentfelder, als Rahmenmotiv oder in Verflechtungen mit vegetabilischen Mustern. Schöne Stuckkompositpalmetten erinnern gelegentlich in ihrer dichten Flächenfüllung, in den geschwungenen Voluten und in den aus konvexen und konkaven Kurven zusammengesetzten Elementen an den ersten Samarrastil. Die Fiederblätter hingegen sind spezifisch andalusisch, und die Kerbschnitte in Balaguer sind konkav; der Schrägschnitt, der für Samarra so bezeichnend ist, fehlt hier völlig. Ein Lebensbaumfragment mit Vögeln und Harpyien verdient besondere Erwähnung, weil dieses orientalische Motiv im Bauschmuck jener Zeit ziemlich einzig dasteht und bisher nur aus andalusischen Elfenbeinschnitzereien bekannt ist. Die im Grunde spärlichen Reste, die aus Balaguer erhalten sind, zeugen von den Aktivitäten einer Stuckwerkstatt, deren Technik einfach, deren

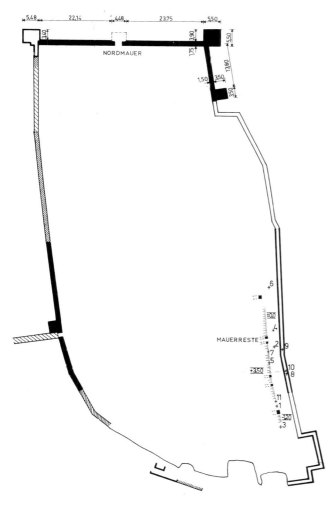

Balaguer mit seiner Zitadelle, von Südosten
Balaguer war eine bedeutende Grenzstadt des islamischen Spanien; sein Mauerring stammt wahrscheinlich aus dem 9. Jahrhundert. In der Taifazeit erhielt die Stadt einen Palast, von dem nur noch einige, allerdings hervorragende Stuckelemente übrig sind. Sie sind vielleicht von derselben Werkstatt wie die Stuckarbeiten aus Zaragoza angefertigt worden; auf jeden Fall besteht zwischen beiden eine auffällige Verwandtschaft.

Grundriß des Mauerrings (Ch. Ewert)

Formenvokabular aber außerordentlich weit gespannt war. Die Verwandtschaft mit den Stukkaturen der Aljafería ist so eng, daß man annehmen kann, in beiden Palästen seien dieselben Werkstätten tätig gewesen. Der intellektuelle und künstlerische Austausch an den Höfen der feindlichen Brüder scheint rege gewesen zu sein, wie auch aus der Biographie des schon genannten Ibn 'Ammâr hervorgeht.

Weitere Paläste und Kunstwerke

Den schriftlichen Quellen nach erlebte Almería[121] im 11. Jahrhundert eine Zeit des Wohlergehens; »das Tor des Ostens, der Schlüssel zum Verdienst, die Stadt im Silberland, am Güldensand und Smaragdstrand«[122] war von Khairân, dem einstigen 'Âmiridensklaven und Herrscher von Murcia, zum Hauptort seines Kleinstaates gemacht worden. Er ließ die Stadt nach Norden und Osten erheblich vergrößern und mit Bauwerken schmücken. Die Werft war zu dieser Zeit in voller Tätigkeit und der Hafen ein wichtiger Umschlagplatz; die Wasserzufuhr, auch heute noch problematisch, ist damals verbessert worden. Khairân scheint auch die Burg befestigt zu haben. Nach verschiedenen Kämpfen kam der Araber Abû Yahyâ Muhammad ibn Ma'n ibn Sumâdih al-Mu'tasim in Almería an die Macht. Er befestigte die Alcazaba und errichtete in ihr inmitten von Gärten mit Wasserspielen einen Palast, al-Sumâdihiyya, von dem man sich nur aus den überlieferten Beschreibungen ein Bild machen kann. Die heute zum Teil noch erhaltenen Stampflehmmauern, die die Alcazaba mit der Stadt verbinden, stammen weitgehend aus dem 11. Jahrhundert, wahrscheinlich aus der Zeit des Khairân.

Auf der Alcazaba von Málaga, die in nasridischer Zeit überbaut wurde, gehört eine heute noch bestehende Raumgruppe zum Palast des 11. Jahrhunderts[123]: ein dem Meer zugewandter, offener Pavillon mit sich kreuzenden

Málaga, Alcazaba, Pavillon aus nasridischer Zeit im Zentrum des Wohntrakts

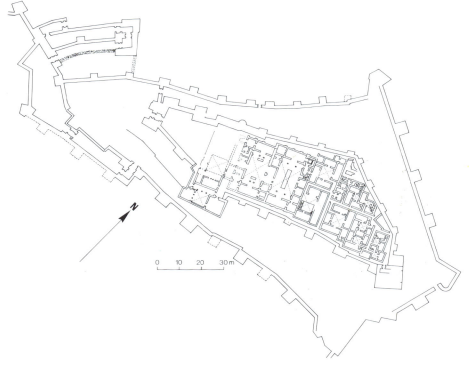

OBEN:
Málaga, Alcazaba, eines der schwer befestigten Tore der Zitadelle

UNTEN:
Grundriß der Festungsanlage (M. Gómez-Moreno)

OBEN UND UNTEN:
Málaga, Alcazaba, Südanlage des westlichsten Palasthofes aus dem 11. Jahrhundert

Bögen, dessen Portikus eine Dreierarkade besitzt; die schlanken Säulen tragen weit ausladende Hufeisenbögen. Die Musterung der Bogenstirn durch glatte und ornamentierte Keilsteine, die hier allerdings nur auf den oberen Teil des Bogenlaufs beschränkt bleibt, der exzentrische Verlauf der Bogenrückenprofile und die dekorierten Bogenanfänge sind ein Erbe der Kalifatszeit; hier ist das Dekor allerdings flacher und monotoner.

Der ziridische Palast von Granada, al-Qasaba al-qadîma, lag am Hang des Albaicín zum Fluß Darro hinunter; nur eine gewölbte Zisterne mit vier Jochen und einige Mauerreste sind von ihm erhalten.[124] Auch über die Bauwerke auf der Alhambra vom 11. Jahrhundert besteht keine Klarheit; man hat vermutet, daß sich dort der aus literarischen Quellen bekannte Palast des jüdischen Ministers der Ziriden, Yehoseph ibn Naghrîla, befand; seine Anlage ist allerdings archäologisch nicht belegt.[125] Sicher ist nur, daß dort, anstelle der Alcazaba eine Festung stand, von der im Velaturm und vielleicht auch in den Torres Bermejas (die aber weitgehend aus dem 12. Jahrhundert stammen) noch Reste vorhanden sind. Bis zum 11. Jahrhundert war Granada eine zweitrangige Ortschaft im Schatten von Elvira (am Fuß der Sierra de Elvira); ein Minarett (der heutige Kirchturm San José) und eine Brücke über den Genil gehen wohl auf das 10. Jahrhundert zurück. In der Taifazeit wurde Granada administratives Zentrum und erhielt eine weitere und höhere Umfassungsmauer, die vom Albaicin zum Darro hinunter und auf der Alhambraseite hinauf zu der genannten Festung führte. Auf dem Albaicin ist ein schönes Bad aus der Zeit erhalten, das Bañuelo, das dem Hammâm in Baza aus der gleichen Zeit sehr ähnlich ist.[126] Ganz in der Nähe erkennt man noch die Reste der Brücke des Qadi, die in der Mitte des 11. Jahrhunderts über den Darro gelegt wurde. Die ziridische Hauptmoschee Granadas hat der Kathedrale weichen müssen. Ihr Grundriß, sechs der Qibla parallellaufende Schiffe und ein von tiefen Galerien umgebener Hof, ist nur durch eine Zeichnung aus dem Jahr 1704 bekannt.

Al-Qasr al-mubârak, der berühmte Palast al-Mu'tamids, des 'Abbâdiden, lag in Sevilla in der Nähe des Guadalquivir.[127] Es war nicht das einzige, aber doch das bedeutendste Schloß der 'Abbâdiden, mindestens zwei nahe Sommersitze und ein anderer, älterer Stadtpalast sind durch schriftliche Quellen belegt.[128] Das Qasr al-mubârak wurde direkt neben dem mehr oder weniger gut erhaltenen umayyadischen Dâr al-Imâra, dem früheren Gouverneurspalast, erbaut, ganz bewußt mit dem Anspruch, diesen zu übertreffen und damit die Macht der 'Abbâdiden zu demonstrieren. Gedichte mit überschwenglichen Beschreibungen dieses Palastes wurden verfaßt. Einige Verse von Ibn Hamdîs lassen vermuten, daß der Hauptkuppelsaal mit figürlichen Darstellungen geschmückt war.[129] Es ist nicht ausgeschlossen, daß der heutige »Saal der Botschafter« aus der Zeit Pedros auf der Fläche dieses ersten Kuppelsaals erbaut worden ist. Die Almoraviden haben sich wahrscheinlich kaum um die Erhaltung des Palasts gekümmert; unter den Almohaden wurde er durchaus noch benutzt, auch wenn Teile seiner Außenmauern zu der Zeit abgetragen und die Steine in den Fundamenten der almohadischen Hauptmoschee wiederverwendet worden sind.

Die sicher bestimmbaren materiellen Reste aus der Abbâdidenzeit sind allerdings spärlich. Ein Garten mit tief liegenden Beeten, Resten von Wasserleitungen, Wasserbecken und wohl auch Fragmenten eines Portikus an einer seiner Schmalseiten ist von Rafael Manzano entdeckt worden.[130] Er

Becken in Fischform aus der Alcazaba von Málaga

gehörte zu den nördlichen Anlagen des alten Palastes; heute liegt er in einem administrativen Gebäude im Süden und außerhalb des Bereichs des jetzigen Alcázars; er ist mit dem almohadischen Palast, dem »Crucero«, überbaut worden. Das Prinzip dieser Gartenarchitektur lebte noch Jahrhunderte später in Marokko weiter: Überhöhte Alleen, die über den Kronen der Orangenbäume liegen, bilden ein Achsenkreuz, in dessen Vierteln sich neben den Beeten rechteckige Wasserbecken befinden und in dessen Mitte sich ein rundes Becken und ein kleiner Pavillon erheben.[131] Ein anderer, langgestreckter Garten al-Mu'tamids mit über drei Meter tief liegenden Beeten ist im Alcázar selbst freigelegt worden; auch er war von mit Arkaden geschmückten Mauern umschlossen, die Wasserleitungen führten. Die Größe dieser Gärten ist beachtlich.

Dank seiner Mauern und seiner Zitadelle war Játiva, berühmtes Zentrum der Papierherstellung, eine außerordentlich gut befestigte Stadt, deren Herren, insbesondere der 'Âmiridensklave Khairât und sein direkter Nachfolger, sich zeitweise durchaus ihrer mächtigen Nachbarn, vor allem der Fürsten von Valencia, erwehren konnten. Die Stadt hat ihre Mauern weitgehend verloren, und die Zitadelle ist so oft überbaut worden, daß es heute kaum

Granada, das Bañuelo des Albaicín, ein islamisches Heißbad der Taifazeit
OBEN:
Heißwasserraum mit Tonnengewölbe und einem von einer Doppelarkade abgetrennten Badebereich
RECHTS:
Der zentrale Saal, der ein Wasserbecken in seiner Mitte hatte, ist zugleich Umkleide- und Erholungsraum und im Grunde auch Frigidarium; von ihm aus gelangt man direkt in den Schwitzraum. Überraschend sind in diesem Bad die vielen Kapitellspolien aus römischen, westgotischen und umayyadischen Zeiten.

möglich ist, die Elemente des 11. Jahrhunderts zu bestimmen. Im Museum von Játiva werden noch eine reich ornamentierte Stuckarkade, die aber wohl eher aus der almoravidischen Zeit stammt, und ein Marmorbrunnen aufbewahrt.[132] Dessen figürlicher Dekor hat eine erstaunliche Ikonographie: Das alte orientalische Motiv der prinzlichen Vergnügungen, trinkende, schmausende und musizierende Männer und Zweikampfszenen, steht neben einer Ringkampfdarstellung, einem Stocktänzer und, völlig unerwartet, einer stillenden Frau. Die heraldischen Tiere – gazellenschlagende Adler, kämpfende Löwen, Pfauen und einander anspringende Steinböcke – sind der Ikonographie der Kalifatszeit verpflichtet. Das Relief ist erhaben und seine Ausführung summarisch; die Gewandfalten werden zu abstrakten Linienspielen, die an palmyrische Reliefs oder manche syrisch-umayyadischen Drapierungen erinnern. Dieselben Faltenspiele erscheinen allerdings auch in der andalusischen Miniaturmalerei.[133] Das Becken macht einen fast rustikalen Eindruck und zeugt von vitaler Schaffensfreude; es ragt heraus aus der üblichen Taifaskulptur, die wir vor allem als überfeinert und raffiniert kennen.

Angesichts des Beckens stellt sich die Frage, ob die Taifakunst wirklich so einheitlich war, wie sie uns heute erscheint. Ohne jeden Zweifel träumte man in den verschiedenen Zentren vom Glanz des Kalifats, brachte aber dennoch mit den lokalen Möglichkeiten orts- oder zumindest werkstattspezifische Schöpfungen hervor.

Auf alle Fälle hat die Taifakunst dem Erbe der Kalifatszeit neue, fruchtbare Elemente hinzugefügt, so den spitzen und den gemischtlinigen Bogen, welche zu den unendlichen Netzmustern anregten, die von nun an immer beliebter werden sollten. Schon in Córdoba waren vor allem auf dem Gebiet der senkrecht sich kreuzenden Bögen statische Funktion und Ornament nicht klar getrennt; diese Tendenz wird nun sehr viel weiter geführt und erstreckt sich auch auf nichtvertikale Elemente. Der Weg von den Werksteinrippenkuppeln Córdobas zu den Stuckrippenkuppeln des 12. Jahrhunderts und den späteren Muqarnaskuppeln führt über die Erfahrung der Taifazeit.

Die Mauern werden im 11. Jahrhundert einfacher und gröber, Stampflehm und Bruchstein ersetzen den Haustein der Kalifatszeit mit seinen

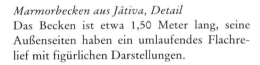

Marmorbecken aus Játiva, Detail
Das Becken ist etwa 1,50 Meter lang, seine Außenseiten haben ein umlaufendes Flachrelief mit figürlichen Darstellungen.

dekorativen Binderbündeln; die Paläste selbst werden enger, und der Dekor konzentriert sich notgedrungen auf kleinere Flächen.

Im vegetabilischen Ornament dominieren nun immer ausschließlicher die asymmetrische, gefiederte Halbpalmette und die verschiedensten Varianten von Knospenformen und Pinienzapfen; die dünn gewordenen Blattstiele geben Anlaß zu geometrischen Mustern. Granatäpfel werden seltener, Wein- und Akanthusblätter sind kaum noch identifizierbar. Die Elemente werden kleinteiliger, feiner und abstrakter, man beobachtet eine fortschreitende Geometrisierung der Vegetation. Das Ornament entfernt sich immer weiter von der antiken Form mit ihrem naturnahen Dekor; an ihrer Stelle entsteht die mathematisch konzipierte Gabelrankenvegetation, die Kunstform der Arabeske.

Die Taifakunst trägt durchaus manierierte und in gewissem Sinne sogar dekadente Züge; dennoch übernimmt sie mehr als nur eine Vermittlerrolle zwischen dem Kalifat und den Berberdynastien, und ihr eigener schöpferischer Anteil im Gesamtbild der andalusischen Kunst kann nicht hoch genug veranschlagt werden. Sie prägte nicht nur die andalusische und die maghrebinische Kunst der folgenden Jahrhunderte, sondern lebte auch in den verschiedenen Mudéjarzentren im Norden und im Osten Spaniens noch lange weiter.

Sevilla, Crucero
Der Crucero ist ein Garten des 12. Jahrhunderts, der über einem älteren des 11. Jahrhunderts angelegt wurde und zu dem berühmten Palast des al-Mu'tamids, dem Qasr al-mubârak, gehörte. Dieser Garten mit seinen überhöhten Wegen, die ein Achsenkreuz bilden, den tiefliegenden Beeten, den Wasserbekken, den Säulengalerien an den Schmalseiten hat schon die charakteristischen Züge der ganzen späteren spanisch-islamischen Gartenarchitektur, die in der marokkanischen noch jahrhundertelang weiterleben sollte.

1091–1248

Die Zeit der Berberherrschaft

Die Almoraviden: Berberstämme aus der Sahara

Der Name Almoraviden ist abgeleitet von al-Murâbitûn (»die Leute von Ribât«), einem Begriff, der mit dem Heiligen Krieg assoziiert wird. Vom Senegalbecken im Westen der Sahara brach gegen Mitte des 11. Jahrhunderts der nomadisierende Berberstamm der Lamtûna von der Gruppe der Sanhâja im Zeichen der religiösen Erneuerung zu Eroberungen im Norden auf.[134] Mystische und religiöse Ideen mobilisierten die kriegerischen Qualitäten dieser Stammesarmee, die bald zum Führer einer großen Stammeskoalition wurde und in kurzer Zeit ganz Marokko und Westalgerien erobern konnte. Die Überzeugungskraft eines religiösen Reformators, Abd Allâh b. Yâsîn al-Jazûlî, und die Energie und Ausdauer eines von ihm bekehrten Berberfürsten, Yahyâ ibn ’Umar, führten zu einer neuen Machtverteilung, bei der Stammesfehden und Liebes- oder zumindest Ehegeschichten[135] (die almoravidische Gesellschaft hatte möglicherweise mutterrechtliche Strukturen) eine entscheidende Rolle spielten und die der Gründung des almoravidischen Weltreichs unter Yûsuf b. Tâschufîn voranging.[136] Die almoravidischen Feldzüge in Andalusien sind schon im Zusammenhang mit dem Ende der Taifaherrschaft erwähnt worden.

Den Andalusiern, vor allem den oberen Schichten der Bevölkerung, erschienen diese dunkelhäutigen, analphabetischen Berber wie fanatische Barbaren. Immerhin wurden sie schnell und nachhaltig von dem Glanz und der Erlesenheit der andalusischen Kultur beeindruckt, so daß ihre rohe Energie nicht lange standhielt.

Den andalusischen Quellen zufolge war die Zeit der Almoraviden eine Phase der kulturellen Regression, in der die Herrscher keinen Sinn mehr für profane Wissenschaften und die Schönen Künste hatten und die bigotten Juristen und Theologen den Ton angaben. Diese Sichtweise ist wohl zu einseitig, denn manche Kunstwerke aus der Zeit beweisen, daß die Berberwelle mit ihrem religiösen Fanatismus die andalusische Kultur zwar überrollt, aber keineswegs erstickt hat. Mit den Almoraviden begann die Zeit eines neuen, intensiven religiösen Gefühls; diese Entwicklung, die übrigens im christlichen Teil Spaniens ihre Parallele hatte, führte zu Ausbrüchen von Intoleranz gegenüber den christlichen und jüdischen Minderheiten. In dieser Zeit sind zahllose Christen nach Nordafrika deportiert worden.[137]

1118 nahm Alfonso I. von Aragon Zaragoza wieder ein; Alfonso VII. von Kastilien drang 1133 tief in den Süden Andalusiens vor, und in den Jahren

1144/45 schüttelten Aufstände der islamischen Bevölkerung die almoravidische Oberherrschaft ab. In Marokko war die Dynastie schon seit einigen Jahren auf Opposition gestoßen und ging nun rasch ihrem Ende entgegen. Bis zur Machtergreifung der nächsten nordafrikanischen Berberdynastie in Andalusien gegen 1170 herrschten nun wieder Kleinkönige, die oft als almoravidische Taifas bezeichnet werden.

Die Almohaden: Berber aus dem Hohen Atlas

Auch das almohadische Weltreich hatte seine Wurzeln in einer nordwestafrikanischen religiösen Erneuerungsbewegung, die von Berberstämmen getragen wurde. Während jedoch die Almoraviden Nomaden aus der Sahara waren, wurde die almohadische Doktrin von ihren traditionellen Feinden, den seßhaften Masmûdaberbern aus dem Hohen Atlas, verbreitet. Der neue religiöse Reformator, Ibn Tûmart, war auf einer Orientreise Anfang des 12. Jahrhunderts in Kontakt mit neuen philosophischen und religiösen Bewegungen[138] gekommen; seine Doktrin zeichnete sich gegenüber der almoravidischen durch größere Originalität aus, welche sich lediglich auf einen rigorosen Malikismus beschränkt hatte.[139] Der Name »Almohaden« ist abgeleitet von al-Muwahhidûn (»die Bekenner der Einheit Gottes«), und der Kampf Ibn Tûmarts galt den »Anthropomorphisten« und den »Polytheisten« und damit der weit verbreiteten Neigung, Gott mit menschlichen Attributen zu versehen. Für die Almohaden ist Gott reiner Geist, ewig und unendlich und so absolut erhaben, daß sogar bloße Attribute wie Güte und Milde im wörtlichen Sinne bereits als Gotteslästerung erscheinen und, sofern sie in den heiligen Schriften auftauchen, bildlich verstanden werden müssen. Ibn Tûmart war indes weniger Philosoph als Tugendprediger und Revolutionär, der sich an die Massen wandte, wenn nötig in berberischer Sprache. Unter den Almohaden wurde der Koran aus dem Arabischen ins Berberische übersetzt, was in der damaligen Zeit keine Selbstverständlichkeit war.

Ibn Tûmart gelang es mit Hilfe eines Schülers und Getreuen, 'Abd al-Mu'min, die Bevölkerung weiter Teile Marokkos gegen das zerfallende Regime der Almoraviden in Marrakesch aufzuwiegeln. Zunächst wurde Tinmal, ein kleiner Ort im Hohen Atlas, etwa neunzig Kilometer südlich von Marrakesch, zur Hauptstadt ausgebaut; Ibn Tûmart, der Mahdi, starb dort 1130. 1133 wurde 'Abd al-Mu'min, ein ausgezeichneter Organisator und Feldherr, zum »Befehlshaber der Gläubigen« ausgerufen: 1147 fiel Marrakesch in die Hände der Almohaden. Diese interessierten sich zunächst nur für die Eroberung Nordafrikas (einschließlich Tunesiens), bevor sie 1161 in Andalusien einfielen. Abû Ya'qûb Yûsuf (1163–84), der Sohn und Nachfolger 'Abd al-Mu'mins, machte Andalusien zu einer Provinz des Almohadenreiches. Sevilla konnte jedoch erst 1172, nach dem Tode des damaligen Lokalfürsten, Ibn Mardanîsch, besetzt werden. Abû Ya'qûb Yûsuf nahm die Tradition der Sommerfeldzüge in die christlichen Gegenden wieder auf. Er war in Córdoba Gouverneur gewesen, bevor er das Kalifat übernahm, und scheint vom Beispiel al-Hakams II. tief beeindruckt gewesen zu sein. Wie sein umayyadischer Vorgänger sammelte er Bücher und umgab sich mit Wissenschaftlern und Gelehrten, zu denen Ibn Zuhr (Avenzoar), Ibn Tufail und Ibn Ruschd (Averroës) gehörten. Neben Marrakesch war Sevilla eine

Sevilla, Stadtmauer
Die gut befestigte almohadische Stadtmauer mit ihren Türmen und der Vormauer ist zum Teil noch erhalten, obwohl sie nur aus Stampflehm erbaut ist.

Sevilla, alte Stadtansicht
Das Bild zeigt die almohadische Torre del Oro und dahinter die Kathedrale, die über der almohadischen Freitagsmoschee erbaut worden ist. Der Guadalquivir (aus dem Arabischen: al-Wâdî al-kabir, »der große Fluß«) spielte von jeher eine bedeutende Rolle im Leben der Stadt.

SEITEN 138/139
Córdoba, Calahorra
Auf dem linken Ufer des Guadalquivir, genau gegenüber der Freitagsmoschee, wurde wahrscheinlich unter den Almohaden ein Brückenkopfbefestigungsturm erbaut. Die heutige Anlage ist nicht aus der umayyadischen Zeit, sondern zeugt von einer wesentlich weiter entwickelten Defensivarchitektur.

bevorzugte Residenz, die er großzügig mit Bauten schmücken ließ. Die Herrschaft seines Sohnes Abû Yûsuf Ya'qûb »al-Mansûr« (1184–99) wurde zur glanzvollsten der Dynastie. Auch dieser war, wie seine Vorgänger, ein bedeutender Bauherr. Er errang eine Reihe spektakulärer militärischer Erfolge sowohl in Nordafrika als auch auf der Iberischen Halbinsel. Der Sieg von Alárcos (zwischen Córdoba und Toledo) im Jahre 1195 über Alfonso VIII. von Kastilien war einer der letzten islamischen Siege in Spanien, der zwar unzweifelhaft zum Prestige der Almohaden beitrug, im übrigen aber nicht zur tatsächlichen Machterweiterung gegenüber den Christen führte. Ganz im Gegenteil provozierte er im Juli 1212 einen vernichtenden Gegenschlag der Christen bei Las Navas de Tolosa, wo León, Kastilien, Navarra und Aragón ihre Kräfte für kurze Zeit vereint hatten.

Auf Abû Yûsuf Ya'qûb »al-Mansûr« war 1199 sein Sohn Muhammad »al-Nâsir« (»der Siegreiche«, trotz Las Navas de Tolosa!) gefolgt und auf diesen 1213 sein fünfzehnjähriger Sohn Abû Ya'qûb Yûsuf II., der nicht imstande war, das zerfallende Reich wieder zusammenzuschweißen. Nach seinem Tode, 1224, beschleunigten Familienzwistigkeiten das Ende der Dynastie und stürzten Andalusien in einen neuen Bürgerkrieg, in dem Lokalpotentaten und Söldnerfürsten sich gegenseitig bekämpften. Die Reconquista, nun ausdrücklich als Kreuzzug aufgefaßt, machte schnelle Fortschritte. Jakob I. von Aragón und vor allem Ferdinand III. von Kastilien (ab 1217) und León (ab 1230) drangen ohne größere Schwierigkeiten bis ins Herz von Andalusien vor. Denkwürdige Daten dieser Feldzüge sind der Fall Córdobas 1236, Valencias 1238 und Sevillas 1248; Jérez de la Frontera konnte bis 1261 widerstehen, Murcia bis 1264. Allein das Königreich Granada sollte noch bis 1492 überleben.

Unter den Lokalherrschern, die sich gegen die Almohaden auflehnten und sich relativ lange gegen die Christen wehrten, verdienen die Banû Hûd in Murcia und die Banû Mardanîsch in Valencia besondere Erwähnung. Muhammad ibn Yûsuf ibn Hûd, ein Söldnerführer, der von der alten Dynastie der Hûdiden von Zaragoza abzustammen behauptete, konnte zwischen 1228 und 1230 von Murcia aus seine Autorität über Denia, Játiva, Granada, Almería, Málaga bis nach Córdoba und Sevilla, ja sogar bis nach Ceuta ausdehnen. Allein Valencia blieb unabhängig unter Zayyân ibn Sa'd ibn Mardanîsch. Allerdings brach die hûdidische Macht fast ebenso schnell zusammen, wie sie entstanden war; Ibn Hûd selbst wurde 1237 von einem seiner Anhänger in Almería umgebracht.[140]

Das plötzliche Ende der almohadischen Macht in Andalusien erklärt sich aus der Unbeliebtheit sowohl des almohadischen Dogmas als auch des betont berberischen Charakters der Herrscherfamilie. Dennoch hat die almohadische Zeit außerordentlich schöne und bemerkenswerte Bauwerke vor allem in Sevilla und im Südwesten hinterlassen.

Almoravidische und almoha- dische Baukunst

Almoravidische Zeugnisse in Nordafrika und Andalusien

In Marokko und Westalgerien hat die Almoravidenherrschaft bedeutende und einmalige Bauwerke hervorgebracht, in Andalusien ist nichts derglei- chen zu finden. Zunächst hatten die Berberheere wohl hauptsächlich zer- stört und geplündert, und die meisten Taifapaläste erlitten wahrscheinlich dasselbe Schicksal wie der des al-Mu'tamid in Sevilla.

In Nordafrika erschienen die Almoraviden zunächst als Burgen- und Städtegründer, bald auch als Erbauer von Moscheen und Palästen. Die Festungen von Beni Touada, Amergo und Tashgimout in Marokko sind charakteristische Beispiele: Die beiden ersten und älteren sind hauptsächlich aus Bruchstein errichtet und insgesamt archaisch. Amergo hat runde Türme, eine Barbakane und eine Art Bergfried; alle drei Elemente verweisen auf christliche spanische Einflüsse. Sein Eingangsbogen erinnert an den der Puerta de la Bisagra in Toledo. Tashgimout ist gegen 1125 erbaut worden; seine Stampflehmmauern auf Bruchsteinfundamenten und seine Türme mit gewölbten, übereinanderliegenden Sälen verraten deutlich andalusisches Erbe,[141] aber die hohen Nischen mit ihren halben Rippenkuppeln, die den Eingang schmücken, haben ihre direkten Vorbilder im Zentralmaghreb, in der Qal'a der Banû Hammâd. Die berühmteste Gründung der Almoraviden war ihre neue Hauptstadt, Marrakesch, die dem ganzen Land seinen Namen geben sollte (Marrûkush, über spanisch: Marruecos, Marokko) und deren Fundamente im Jahre 1070 gelegt wurden.[142] Marrakesch erhielt einen Palast, das »Steinerne Haus« (»Dâr al-hajar«), von dem drei Höfe durch Grabungen bekannt sind. Zu diesem Palast gehörte auch der heute noch bestehende kleine, offene Pavillon – für 'Alî ibn Yûsuf (1106–42), Sohn einer Andalusierin, errichtet –, dessen Schirmkuppel ein Zitat der Vormihrâbkup- pel der Hauptmoschee von Córdoba ist. Sie erhebt sich über einem Rippen- system aus gemischtlinigen, sich kreuzenden Bögen, welches wiederum eine manierierte Miniaturisierung der Cordobenser Rippen darstellt; die Kappen sind mit geschnitzten Stukkaturen reich geschmückt; der Bau steht ganz und gar in der Tradition der andalusischen Taifaarchitektur.

Grabungen in Chichaoua (im Westen von Marrakesch) haben Reste von Zuckerrohrpflanzungen und einer Siedlung mit gepflegten Wohnhäusern freigelegt, deren Dekorfragmente aus Stuck und Wandmalereien zwar durchaus in der Taifatradition stehen, aber doch robuster erscheinen; zen- tralmaghrebinische Elemente sind nicht zu übersehen, und manches Detail

Jérez de la Frontera, Alcázar, Santa María la Real
Eine weite Kuppel erhebt sich über dem okto- gonalen, in ein Quadrat eingeschriebenen Bet- saal. Der Bau dieser ehemals almohadischen Moschee ist weitgehend aus gebranntem Ziegel errichtet und in seiner schlichten Strenge sehr eindrucksvoll.

Kairuân, Tunesien, Moschee Sîdî Ogba
Das wichtigste Sakralgebäude des Maghreb ist eine Gründung aus der Zeit der islamischen Eroberung, die ihre heutige Gestalt weitgehend im 9. Jahrhundert erhalten hat. Der T-Grundriß erscheint hier zum ersten Mal in der ganzen islamischen Welt klar ausgeprägt.

OBEN:
Betsaal, Blick von West nach Ost; rechts erkennt man den Mihrâb.

UNTEN:
Hoffassade des Betsaals

weist schon auf die Ästhetik der Almohaden hin.[143] In Nedroma gibt das gut erhaltene Bad der Färber heute noch ein Beispiel von den öffentlichen Hammâms der Almoravidenstädte.[144] Sein zum Umkleiden und Ausruhen bestimmter Hauptraum besitzt eine eindrucksvolle, monumentale Kuppel; der bescheidenere Warmraum wird auch hier noch wie in der Antike durch Hypokausten und Warmluftleitungen in den Mauern geheizt. Die architektonische Leistung dieses Bades ist sein zentraler Kuppelraum, für den im westlichen Maghreb und auch in Andalusien keine Vorgänger bekannt sind.

Von den almoravidischen Palästen in Fes und Tlemcen ist so gut wie nichts erhalten. Dafür bezeugen einige nordafrikanische Großmoscheen nicht nur den religiösen Eifer der Auftraggeber, sondern auch die Könnerschaft ihrer Baumeister. Die Großen Moscheen von Algier, Nedroma und Tlemcen sind almoravidische Bauten, die Qarawiyyînmoschee in Fes dankt dieser Dynastie ihre wesentlichen Züge. Die almoravidischen Freitagsmoscheen haben keinen einheitlichen Grundriß: Während die Moscheen von Algier, Nedroma und Tlemcen das Längsschiffschema mit einer oder mehreren Querarkaden – also das Schema von Córdoba wie auch von Qairawân – übernehmen, folgt die Qarawiyyînmoschee dem Querschiffplan, der auf die Umayyadenmoschee von Damaskus zurückgeht. Allerdings handelt es sich bei der letzteren Moschee nicht um einen Neubau, sondern um eine Erweiterung eines Baues aus dem 9. Jahrhundert, was das an sich archaische Schema erklären könnte. Zu den andalusischen Bogenformen kommen nun noch neue Zackenbögen hinzu. Wie in Córdoba betonen Kuppeln die Mihrâbachse. Die Vormihrâbkuppel von Tlemcen von etwa 1136 besteht aus einer reich geschmückten, durchbrochenen Stuckhülle auf Ziegelrippen; erstmals im islamischen Westen taucht das Motiv des Muqarnas auf. Ziegelrippen und Muqarnas sprechen für eine bisher unbekannte Aufnahme und Einarbeitung iranischer Techniken und Formen in die westislamische Architektur. In der oberen Zone der Mihrâbfassade läßt ein Fenster Licht durch

Tlemcen, Algerien, Hof der Großen Moschee
Die almorawidische Moschee stammt aus dem 11. Jahrhundert, sie wurde im 13. Jahrhundert vergrößert.

seine Gitter in den Kuppelraum einfallen. Die feinen, raffinierten Formen des geschnittenen Stucks der Kuppel, die durch die Lichtspiele der Fenstergitter belebt werden, erwecken den Eindruck von Schwerelosigkeit. Zwischen 1135 und 1142 wurde die Qarawiyyînmoschee neu errichtet; ihr überreicher vegetabilischer, geometrischer und epigraphischer Stuckdekor scheint ziemlich direkt aus dem andalusischen Taifadekor übernommen, aber im Grundriß der Anlage, in manchen der immer komplizierteren Bogenformen und in den Muqarnaskuppeln werden von Andalusien unabhängige Inspirationen deutlich. Aus dogmatischen Gründen hatte keine dieser Moscheen ein Minarett. Der Gebetsruf erschallte von den Dächern oder von der Tür der Moschee aus.

In dem dicht besiedelten und kultivierten Andalusien stellte sich die Frage der Beherrschung des Landes unter ganz anderen Gesichtspunkten als in Nordafrika, und die Almoraviden traten weder als Städte- noch als Burgengründer auf. Obwohl man die späteren Zerstörungen durch die Almohaden und die Christen nicht unterschätzen darf, hat es wohl nie eine ausgeprägte, spezifisch andalusisch-almoravidische Architektur in Spanien gegeben, denn rein materiell hatten die Almoraviden dort keine Gelegenheit zu baulichen Großaufträgen: Yûsuf ibn Tâschufîn kam auf drei Feldzügen nach Spanien, 'Ali ibn Yûsuf unternahm vier spanische Expeditionen, Tâschufîn ibn 'Alî kam gar nicht mehr. Dafür übten manche Lokalherrscher, die sich geschickter als al-Mu'tamid mit Yûsuf arrangiert hatten oder den Almoraviden Widerstand hatten leisten können, noch ein gewisses Mäzenat aus, so al-Musta'in, der Hûdide von Zaragoza, so auch die Herrscher von Valencia und Murcia; in Niebla, Mertola und Silves (Portugal) kamen zeitweise die Anhänger des mystischen Führers Abû l-Qâsim ibn Qasî, eines ausgesprochenen Gegners der almoravidischen Bewegung, an die Macht. Man kann deshalb von vornherein weniger eine almoravidische Baukunst als vielmehr eine almoravidische Taifaarchitektur in Spanien vermuten. Aber auch von

RECHTS:
Alcalá de Guadaira
Der Grundriß der Festung paßt sich dem Gelände an. Die Ringmauer hat hauptsächlich viereckige Türme verschiedener Breite und einen zinnengeschützten Wehrgang, der, wie immer im islamischen Spanien, nicht vorgekragt ist. Von der ebenfalls turmbesetzten Vormauer sind nur wenige Reste erhalten.

LINKS:
Salé, Marokko, Große Moschee
Die Moschee ist eine almohadische Gründung aus dem 12. Jahrhundert.

145

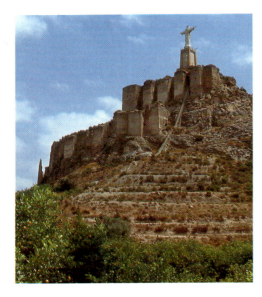

dieser ist fast nichts erhalten. In der Zeit des Niedergangs der Almoraviden spielte die portugiesische Stadt Mertola eine wichtige Rolle als Zentrum der politisch-religiösen Aufstandsbewegung des Ibn Qasî, aber die Bauphase der Hauptmoschee dort ist wahrscheinlich erst auf den Beginn der Almohadenherrschaft (nach 1157) anzusetzen.[145] Auch der Mihrâb der einstigen Hauptmoschee von Almería hat Stuckdekorreste, die aus dieser Zeit stammen.

Murcia und Monteagudo

Das Castillejo von Monteagudo, in der Nähe von Murcia, wird von manchen Autoren in die almoravidische Zeit datiert,[146] neueren Forschungen nach handelt es sich jedoch um eine Anlage des Muhammad ibn Mardanîsch (1147–72).[147] Dieser Herrscher, den die Christen den »König Lope« nannten, stammte aus einer Muwalladfamilie; »gewaltig in seinem Temperament, robust in seiner Konstitution, fest in seinem Mut und Kampfgeist«,[148] konnte er nach den Wirren der Kämpfe zwischen den Taifaherrschern und den Almoraviden, die sich nie wirklich in Ostandalusien hatten durchsetzen können, Valencia und Murcia in seine Gewalt bringen. Sein Reich erstreckte sich zweitweise bis nach Jaén und Almería, Cádiz und Granada. Unter seiner Herrschaft wurde Murcia, seine Hauptstadt, zu einem wichtigen politischen, wirtschaftlichen und kulturellen Zentrum.

Die Stadt liegt in einer außerordentlich fruchtbaren, weitgehend künstlich bewässerten und intensiv kultivierten Landschaft, die durch ihren Burgenreichtum auffällt. Man hat zunächst den Eindruck eines dichten Festungsnetzes,[149] denn Aledo, Mula, Orihuela oder das Castillejo von Monteagudo

OBEN:
Monteagudo, das Castillar, eine römische Gründung

MITTE:
Monteagudo, das Castillejo, ein arabischer Landsitz

UNTEN:
Grundriß des Castillejos (M. Gómez-Moreno)

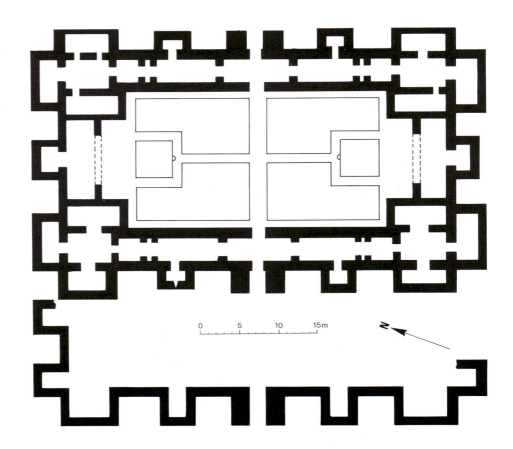

sind auch eindeutig militärische Anlagen. Aber in vielen anderen Fällen scheint es sich eher um Munyas, also um Landsitze der Bürger Murcias, gehandelt zu haben, und die zahlreichen heute noch erhaltenen Mauerreste hatten wahrscheinlich eher Abgrenzungs- als Verteidigungsfunktionen. Das Castillejo von Monteagudo, 400 Meter im Nordosten des Vorgebirges von Monteagudo, war möglicherweise eine solche Munya: Der rechteckige Bau von 61 mal 38 Meter Seitenlänge hat Außenmauern aus Stampflehm mit rechteckigen Türmen, drei auf den Schmal- und fünf auf den Längsseiten; der einzige erhaltene Eingang befand sich in der Mitte der Nordostlängsseite; auf der gegenüberliegenden Seite lag an derselben Stelle vermutlich auch ein Eingang oder ein Balkon. Die Reste einer Vormauer erstrecken sich etwa 14 Meter vor der Nordwestlängsmauer. Das Innere der Palastanlage ist bestimmt durch einen zentralen Garten, den ein Achsenkreuz von überhöhten Alleen in vier gleiche Kompartimente teilt und an dessen Schmalseiten sich zwei in den Patio hineingebaute Pavillons gegenüberliegen, ein Thema, das man später in der nasridischen Alhambra wiederfindet, von wo aus es weiter bis nach Marokko wirksam war. Die Längsseiten haben Gänge, die Schmalseiten je einen kleinen, in den Mittelturm hineingebauten Empfangsraum, dem ein Portikus vorgelagert ist. Auch die anderen Türme (außer den Tortürmen) sind ausgebaut. In den Trümmern sind Malerei- und Stuckreste gefunden worden. Die in Stuck geschnittenen vegetabilischen Elemente, vor

Tabernas
Von dieser strategisch wichtigen Festung wurde die Straße von Almería nach Murcia kontrolliert und zugleich der Zugang zu der Sierra de los Filabres überwacht.

allem die Fiederblätter, die asymmetrischen Halbpalmetten und die Blattstiele, die sich in Bogenverspannungen ordnen, stehen in der Taifatradition; im geometrischen gemalten Dekor kommen jedoch maghrebinische Elemente stärker zum Tragen. Der Palast wirft eine ganze Reihe von Fragen auf; so sind weder seine Funktionen noch seine Datierung genau bekannt; indessen ist er mit Sicherheit ein wichtiges und interessantes Beispiel für die Bauleistung eines von der Berberherrschaft unabhängigen Lokalfürsten. Darüber hinaus stellt er – wie die Aljafería – ein Bindeglied dar zwischen Madînat al Zahrâ' und den Palästen der Alhambra.

Das Kunsthandwerk

Aus dieser Zeit sind einige kunstvoll gewebte Seidenstoffe mit heraldischen Tiermotiven in Medaillons erhalten; sie stammen möglicherweise aus Murcia, das für seine Seidenmanufakturen berühmt war. Die Tradition der reich geschnitzten Elfenbeinkästchen und -dosen scheint sich nach 1050 verloren zu haben; die dem Ende des 11. und dem 12. Jahrhundert zugeschriebenen Kästchen sind selten; die meisten stammen aus Cuenca, wo eine ursprünglich wohl aus Córdoba stammende Werkstatt tätig war. Die künstlerische Gestaltung dieser Arbeiten zeugt von Verarmung und sogar Erschöpfung.[150] Ein Bronzemörser im Museum Villanueva y Geltru in Barcelona, ein Silberkästchen aus dem Schatz von San Isidoro aus León und verschiedene geschnitzte Holzpaneele mit Inschriften und Flechtbändern (zum Beispiel im Museum Frederico Marés in Barcelona) könnten aus dieser turbulenten Zeit stammen.[151] Ein sehr schöner Grabstein von 1103 für die Sanhajaprinzessin Badr befindet sich im Archäologischen Museum von Málaga.

Marokko, Marrakesch, die Madrasa Ben Yûsufs
Die »höhere Theologie- und Rechtsschule« Ben Yûsufs ist eine marînîdische Gründung des 14. Jahrhunderts.

OBEN:
Das in diesem Jahrhundert erneuerte Eingangstor

UNTEN:
Detail eines Wandpaneels mit Fayencemosaik und Fayencegravierung des 18. Jahrhunderts, das die Treue zu den alten Modellen beweist.

Eine großartige Leistung ist der Minbar der Kutubiyyamoschee in Marrakesch, der zwischen 1125 und 1130 in Córdoba im Auftrag der Almoravidenfürsten für die Freitagsmoschee ihrer Hauptstadt angefertigt wurde. Die Feinde und Nachfolger der Almoraviden, die Almohaden, zerstörten zwar die Moschee, verschonten aber den Minbar, um ihn ihrer eigenen Moschee einzuverleiben. Die fast vier Meter hohe Kanzel ist mit Einlegearbeiten geschmückt. Ein Flechtbandnetz, das mit seinem Schachbrettrautenmuster in Elfenbein- und Edelholzeinlagen eine diskrete Polychromie einführt, spannt sich über die Wangen des Minbars; die entstehenden polygonalen kleinen Felder schmückt ein reicher Arabeskendekor mit gefiederten asymmetrischen Halbpalmetten, Pinienzapfen, Palmetten und Knospen. Der Motivreichtum und die verschiedenen Schnitzarten lassen auf ein bedeutendes Atelier schließen, dem man vielleicht auch den Minbar der Qarawiyyînmoschee in Fes zuschreiben kann. Dieser ist etwas kleiner, auf 1144 datiert und dem der Kutubiyya recht ähnlich. Beide gehen wohl auf das – verlorene – Modell des Minbars al-Hakams II. zurück und bestätigen, daß die Kunst der Holzschnitzerei und Einlegearbeit im almoravidischen Spanien nicht vergessen war.[152]

Die Töpferwerkstätten haben wahrscheinlich in jeder größeren Stadt ohne längere Unterbrechungen für den täglichen Gebrauch gearbeitet.[153] Lüsterware wurde wohl schon vom 10. Jahrhundert an hergestellt, obwohl man

Bronzelöwe, um 1200, Louvre, Paris
Der Löwe wurde in der Provinz von Palencia entdeckt, man weiß jedoch nicht, wie er dahin gekommen ist. Die Inschrift enthält nur einen kurzen Segenswunsch. Es handelt sich wahrscheinlich um einen Brunnenaufsatz, denn die Figur hat neben dem weit aufgesperrten Maul noch eine weitere Öffnung an der Unterseite.

SEITEN 150/151
Keramikgeschirr für den täglichen Gebrauch, Archäologisches Forschungszentrum, Murcia
Fundstücke aus dem Brunnenschacht des »arabischen Hauses« im Viertel San Nicolás in Murcia: Kohlenbecken, Kochgeschirr, Trinkgefäße, Teller und Schalen, Doppelhenkelkrüge und Öllämpchen aus der ersten Hälfte des 13. Jahrhunderts.

Pfauenseide, spanisches Gewebe des 12. Jahrhunderts, Musée de Cluny
Die ursprüngliche Bestimmung des Stoffes ist unbekannt; er ist eine überzeugende materielle Bestätigung der literarischen Texte, die vom 11. Jahrhundert an die Webereien Andalusiens preisen.

Fragment des Mantels des Don Felipe, Musée de Cluny
Seide des 13. Jahrhunderts, wahrscheinlich aus Almería.

annehmen kann, daß diese Luxuskeramik in den endlosen Kriegszeiten der Almoravidenherrschaft in den Schatten geriet; immerhin gibt es Goldlüsterscherben aus der Zeit des Ibn Mardanîsch in Murcia.[154] Die Technik der blau-weißen Kobaltoxydware ist vermutlich schon unter den Almoraviden aus dem Orient eingeführt worden, obwohl ihre Blütezeit erst mit den Almohaden einsetzte.[155] Im reichen Spektrum der andalusischen Kunst hinterließ die Almoravidenzeit zwar keineswegs einen blinden Fleck, aber man hat trotzdem kein vollständiges und zusammenhängendes Bild von ihr. Die maghrebinische almoravidische Baukunst ist zutiefst von der andalusischen Taifazeit geprägt: Das Kulturgefälle verlief jedenfalls im Bereich der Architektur und der bildenden Kunst ohne jeden Zweifel vom Norden zum Süden des westlichen Mittelmeerraums. Und als die almoravidische Baukunst im Maghreb auf ihrem Höhepunkt angelangt war und ihrerseits Ausstrahlungszentrum hätte werden können, da hatte der Niedergang der Dynastie längst begonnen, und ihre Nachfolger brachten ihre Ernte ein.

Ein neues Bekenntnis – eine neue Ästhetik

Mit einem neuen religiösen Bekenntnis brachten die Almohaden auch eine neue Ästhetik. Zunächst waren diese seßhaften Berber aus dem Hohen Atlas genauso asketisch und kunstfeindlich wie ihre Vorgänger, und ihre antialmoravidische Propaganda fußte nicht nur auf religiösen, sondern ganz besonders auf moralischen Argumenten. Sie warfen den Almoraviden ihr Dasein in Luxus und Verweichlichung vor und verachteten ihre Paläste und ihren Lebensstil. Ihr Bekenntnis bedeutete zunächst die Rückkehr zur allergrößten Einfachheit. Aber noch schneller und gründlicher als die Almoraviden änderten sie selbst ihren Geschmack und ihre Haltung, und die almohadische Zeit sollte in der Kunstgeschichte und ganz besonders in der Architekturgeschichte eine der bedeutendsten des islamischen Westens werden, weit fruchtbarer als die der Almoraviden und der Taifafürsten.

Die politische Hauptstadt des almohadischen Großreichs war Marrakesch; Tinmal blieb ein verehrtes Heiligtum. Das Zentrum der Almohadenmacht war und blieb Marokko; und ebensowenig wie die almoravidische kann man die almohadische Baukunst allein von Spanien aus verstehen.

Auch von den Almohaden sind vor allem die Moscheen erhalten, deren älteste in der 1135 gegründeten Stadt Taza steht. Die erste Kutubiyya in Marrakesch ist wohl gegen 1147 entstanden, die Memorialmoschee von Tinmal gegen 1153, die zweite Kutubiyya[156] gegen 1158, die almohadische Freitagsmoschee von Sevilla kurz nach 1172, die von Salé etwa um dieselbe Zeit, die von Rabat gegen 1196/97, die der Qasaba von Marrakesch ungefähr gleichzeitig, und die Erweiterung der Andalusiermoschee in Fes geschah zwischen 1203 und 1207. Daneben sind zahllose kleinere Betsäle in dem Riesenreich errichtet worden.

Der Typ der almohadischen Großmoschee ist gekennzeichnet durch senkrecht zur Qibla stehende Schiffe, deren mittleres durch seine besondere Weite hervorgehoben ist; diese stoßen auf ein querstehendes Qiblaschiff, ein »Transept«: Das T-Schema, das über Córdoba in der Kalifatszeit, über Qairawân und Sâmarrâ bis auf Medina zurückgeht, ist architektonisch nun klar ausgeprägt. In Tinmal und Marrakesch betonen Muqarnasgewölbe die Durchdringungsjoche des Mittelschiffs und der beiden Außenschiffe mit

Marrakesch, Marokko, Minarett der Kutubiyya
Der älteste der almohadischen Moscheetürme, der direkte Vorgänger der Giralda in Sevilla, ist das Wahrzeichen Marrakeschs.

dem Qiblaschiff, dem »Transept«; die zweite Kutubiyya hat sogar noch zwei Durchdringungsjoche mehr. Das Motiv mehrerer Kuppeln über dem Qiblaschiff ist möglicherweise von der fatimidischen al-Hâkim-Moschee in Kairo übernommen worden; allerdings ist es im almohadischen Bauprogramm straffer und gezielter eingesetzt, da jede dieser Kuppeln ein Längs- mit einem Querschiff verankert. Die äußeren Schiffe verlängern sich zu Galerien, die den Hof umgeben, und schließen diesen somit als offenes Raumelement in den Betsaal ein. Diese Tendenz, den Hof und den Betsaal formal zuzuordnen, wird noch viel deutlicher in der Qasabamoschee von Marrakesch und in der Moschee von Rabat. Von Anfang an basierte die almohadische Sakralarchitektur auf klar umrissenen, großartigen Plankonzepten, die streng bis in die Details ausgeführt wurden. Aufgrund der Übereinstimmung zwischen Grundrißentwurf, typologischem Konzept, geometrisch-metrologischen Grundlagen und dekorativer Ausstattung sind diese Moscheen bewundernswerte Meisterwerke. Die erste Bauhütte scheint in Marrakesch etabliert gewesen zu sein; von dort aus wurde Tinmal geleitet,[157] und von dort ging der Einfluß der almohadischen Baukonzeption aus bis nach Andalusien und Tunesien.

Selbst die Planung ganzer Städte wurde der Hauptmoschee untergeordnet. So ist Taza ganz eindeutig auf die Qibla der Hauptmoschee hin orientiert, und in Salé, Rabat und der Qasaba von Marrakesch kann man dasselbe Prinzip feststellen.[158] Die Ausmaße und die Kühnheit der Baukonzeptionen überschreiten alles bisher Dagewesene im westislamischen Bereich.

Im Maghreb sind keine almohadischen Paläste erhalten; die Säkulararchitektur dieser Zeit kennen wir nur aus einigen eindrucksvollen Stadttoren, die mit ihren überwältigenden Fassaden und den aufeinanderfolgenden, gegeneinander versetzten Raumeinheiten – Kuppelsälen oder Höfen – weit über die Verteidigungszwecke hinaus einen Rahmen für Empfänge und Rechtsprechung boten.

Auch der Baudekor zeugt von neuen Auffassungen: Ein einheitliches geometrisches Maßschema war trotz der unterschiedlichen Proportionen für Grundriß, Aufriß und Dekor gleichermaßen verbindlich.[159] Dadurch wird der Dekor gestraffter, wirkt weniger verspielt, aber keineswegs monotoner als unter den Taifaherrschern und den Almoraviden. Der Unterschied zwi-

OBEN:
Sevilla, Alcázar Pedros des Grausamen, Eingangsfassade
Wahrscheinlich haben Handwerker aus Granada bei diesem Bau Pedros mitgearbeitet. Die arabische Inschrift hat einen religiösen Inhalt.

UNTEN:
Sevilla, Blick von der Giralda auf den Alcázar
Der 'abbadîdische Palast al-Mu'tamids und später der almohadische Palast Abû Ya'qûbs haben sich schon in etwa an derselben Stelle befunden wie der Alcázar Pedros, der sicher viele Elemente aus den islamischen Vorgängerbauten übernommen hat.

Sevilla, die Giralda
Das zum Glockenturm der Kathedrale umgebaute Minarett der almohadischen Freitagsmoschee ist zum Wahrzeichen der Stadt geworden. Der alte Bau, einer der großartigsten Türme der Almohadenzeit, ist bis über die Blendarkaden erhalten.

schen dem Stuckdekor der Aljafería zum Beispiel oder dem Pavillon des 'Alî ibn Yûsuf und der Moschee von Tinmal ist frappierend; der neue Stil ist klar und weit, er ist in der Lage, leere Flächen einzubeziehen und großzügige Gesamtkompositionen zu schaffen.

Die Stucktechnik war schon seit der Taifazeit geläufig und wurde nun weiterentwickelt, ganz besonders in den Kapitellen von Tinmal und der Kutubiyya sowie in den Muqarnaskuppeln. Sorgfältig gebrannter Ziegelstein wurde für den Bau wie den Dekor verwandt und bildete nun große Paneele mit Rautenflechtmustern. Werkstein, der im 11. Jahrhundert kaum vorkam, wurde nun wieder benutzt und für die Fassaden der Monumentaltore skulptiert. Neu in Marokko und auch in Spanien war der glasierte Ziegeldekor, der – erstmals im islamischen Westen – im Außendekor des Minaretts der Kutubiyya erscheint und ohne Zweifel auf zentralmaghrebinische und darüber hinaus auf ostislamische Einflüsse hinweist. Auch Malerei

Ermita de Cuatrohabitan
Reste einer almohadischen Moschee bei Bollulos de la Mitación, in der Nähe Sevillas. Das Minarett ist eine bescheidene, aber harmonische Replik der Giralda.

gehörte zu den üblichen Dekortechniken: Der geschnitzte Stuck war von jeher mit Farben bedeckt worden, aber auch einfache weiße Flächen erhielten, wie schon im Castillejo von Monteagudo und in Chichaoua, aufgemalte geometrische Muster.

Die Hauptstadt Sevilla und ihre Freitagsmoschee

Sevilla war die andalusische Hauptstadt der Almohaden; das Minarett der almohadischen Hauptmoschee, die Giralda, steht heute noch als Symbol ihrer einstigen Macht und ist zugleich zum Wahrzeichen der Stadt geworden. Dieser Turm ist zwischen 1172 und 1198 errichtet worden; seine heutige Bekrönung erhielt er im 16. Jahrhundert. Sein Name stammt von der sich mit dem Wind drehenden (Giraldilla) Statue der heiligen Fides, die den Turm überragt. Das Baumaterial besteht aus großen Quadersteinen für die Fundamente, aus Spolien 'abbâdidischer Bauten für den folgenden Abschnitt und vor allem aus sorgfältig gebranntem Ziegelstein. Farbig glasierte Ziegel, Azulejos, wurden, wie in der Kutubiyya, im Dekor benutzt.[160] Auf dem quadratischen Grundriß (14,85 Meter Seitenlänge) erhebt sich das einst über 70 Meter hohe Minarett; um den zentralen Kern mit seinen sieben übereinanderliegenden Kuppelräumen herum führt eine Rampe in 34 Abschnitten bis zur Plattform (und zum christlichen Bauteil) hinauf. Die Fassaden sind durch die glatte Sockelzone und die beiden darüberliegenden Rautenzonen in drei Register unterteilt; auch vertikal besteht eine Dreiteilung durch die zentrale Fensterzone, die von den aus Zwillingsblendarkaden hervorgehenden Rautenpaneelen aus sich verschränkenden Blattbögen flankiert wird. Eine von Säulen getragene Blendarkade aus sich kreuzenden polyloben Zackenbögen bildet den Abschluß.

Ein erhaltenes Relief der Giralda in ihrem alten Zustand läßt erkennen, daß sich über der Blendarkade die mit Zinnen bekränzte Plattform befand, auf der sich ein schlankerer Turmabsatz mit Zwillingsarkaden an seiner Basis erhob; dieser obere Turm hatte ebenfalls Rautenpaneele und eine Zinnenbekränzung unterhalb der abschließenden Kuppel, die von drei übereinander aufgereihten, vergoldeten Kugeln überragt wurde.

Der Turm ist höher und schlanker als das Minarett 'Abd al-Rahmâns III. in Córdoba; in seinen Proportionen erinnert er an zentralmaghrebinische Minarette, wie das der Qal'a der Banû Hammâd in Algerien. Aber die abschließende Blendarkade mit sich kreuzenden Bögen und die Zwillingsfenster sind eine Wiederaufnahme von Motiven der Kalifatszeit, die beweisen, daß die neuen Bauherren das alte Erbe keineswegs verachteten, sondern in ihren eigenen ambitiösen Prestigebauten verwerteten.[161]

Auch die inneren Hofmauern der Kathedrale weisen noch einige islamische Reste auf, der Betsaal ist jedoch völlig umgebaut.[162] Die ursprüngliche almohadische Freitagsmoschee ist um 1171 von Abû Ya'qûb mit 17 Schiffen zu je 13 Jochen erbaut worden. Die Längsschiffe stießen auf ein Transept von der Breite eines Joches; Mittelschiff und Außenschiffe waren breiter als die anderen Schiffe und hatten wahrscheinlich ein kuppelgeschmücktes Durchdringungsjoch mit dem Transept. Der Hof war von einem Säulengang umgeben, der Haupteingang befand sich in der Mitte der Nordseite. Der

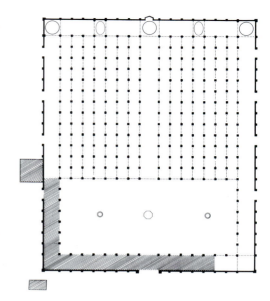

Sevilla, schematischer Grundriß der almohadischen Hauptmoschee (nach H. Terrasse)

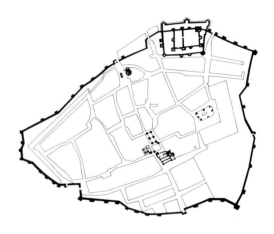

OBEN:
Niebla, Grundriß der Stadtmauer und des Alcázars (A. Marín Fidalgo)

Niebla, Stadtmauer
Die auf einem Hügel gelegene Stadt wird von einer drei Kilometer langen Befestigungsmauer umgeben. Ebenfalls aus maurischer Zeit sind die Reste der alten Burg.

Grundriß ist insgesamt typisch almohadisch, indes ist die Länge der Arkaden wahrscheinlich ein Zitat der Moschee von Córdoba.

Bei Bollulos de la Mitación, im Westen von Sevilla, ist eine kleine almohadische Moschee in eine Kirche verwandelt worden: die Ermita de Cuatrohabitan. Sie hat einen dreischiffigen Betsaal, dessen zwei Arkadenreihen fünf einfache, von einem Alfiz umfangene Bögen aufweisen; der Eingang befindet sich beim früheren Mihrâb. Im Norden steht das Minarett, wie die Giralda auf quadratischem Grundriß (hier nur 3,28 Meter Seitenlänge), aus Ziegelstein errichtet. Jede der vier Turmfassaden ist anders gestaltet: Die eine ist glatt, die anderen haben drei vertieft übereinanderliegende Paneele mit je zwei Fensterschlitzen; auf den beiden unteren Paneelen umrahmt eine Zwillingsarkade die Schlitze. Das ganze Minarett ist eine bescheidene, aber harmonische Replik der Giralda. Das Bauwerk ist nicht datiert und stammt wohl aus den Jahren zwischen 1198 und 1248.

Weitere almohadische Moscheen der südwestlichen Provinz

Die heutige Kirche Santa María de la Granada in Niebla, deren Baugeschichte noch recht unklar ist, hat in ihrem Hof Reste von Vielpaß-Spitzbögen auf Säulen, die auf alle Fälle von einer almohadischen Bauphase zeugen, aus der wahrscheinlich auch das ursprüngliche (und seitdem als Kirchturm erneuerte) Minarett stammt. Der Mihrâb des dreischiffigen Baus ist ebenfalls erhalten. Auch von der weitgehend zerstörten Kirche San Martín in Niebla steht noch eine Ziegelarkade, die vielleicht auf eine almohadische Moschee zurückgeht.[163]

Die Moschee im Alcázar von Jérez de la Frontera, die heutige Capilla de Santa María la Real,[164] in der Nordecke des Alcázars, entspricht einem völlig anderen und auf den ersten Blick sehr überraschenden Typ: Der Betsaal hat

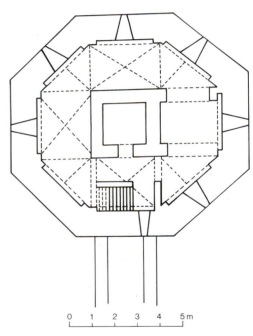

Badajoz, Torre de Espantaperros, Grundriß (L. Torres Balbás)

Niebla, eines der Stadttore aus dem 11. Jahrhundert

Niebla, Rest einer wahrscheinlich almohadischen Moschee, heute San Martín

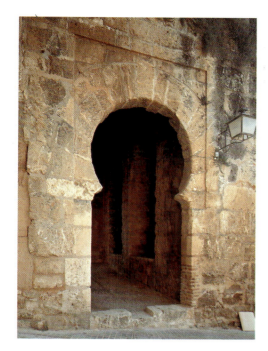

Niebla, Santa María de la Granada
Die Kirche hat eine komplizierte Baugeschichte, zu der auf alle Fälle auch eine almohadische Etappe gehört.

einen quadratischen Grundriß von knapp 10 Metern Seitenlänge, über dem sich eine weite, oktogonale Kuppel erhebt. Auf seiner Nordwestseite öffnen sich drei Arkaden auf einen kleinen Hof hin mit einem U-förmigen Umgang; ein Minarett ist in dessen Nordecke eingebaut, in der Hofmitte befindet sich ein Becken, dazu kommt in der Nordecke ein tiefer Brunnen, dessen Keramikumrandung erhalten ist. Der Bau besteht fast ausschließlich aus Ziegelstein. Der Kuppelsaal ist, obwohl das widersprüchlich erscheint, gerichtet: Der Mihrâb ist eine tiefe, quadratische Nische mit einer (restaurierten) Kuppel, die an den Ecken der Qiblamauer in Miniaturform wiederholt wird, denn die dreieckigen Zwickelflächen hinter den großen, diagonalen Eckarkaden, auf denen die Hauptkuppel aufliegt, haben auf der Mihrâbseite je eine Miniaturkuppel, auf der gegenüberliegenden Hofseite jedoch nur einfache, halbe Kreuzgratgewölbe.

Jérez de la Frontera, Alcázar

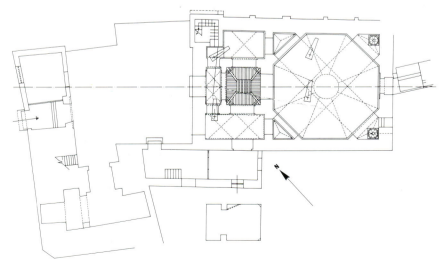

Grundriß der Moschee im Alcázar (A. Jiménez Martín)

Die almohadischen Moscheen sind zumeist mehrschiffig, und die des Alcázars von Jérez scheint so sehr eine Ausnahme zu sein, daß versucht wurde, sie als ursprünglich dreischiffig zu interpretieren. Indes handelt es sich hier nicht um eine Freitagsmoschee, sondern um eine Palastkapelle, so wie die Moschee der Aljafería. Bei beiden bildet der Grundriß ein in ein Quadrat eingeschriebenes Oktogon. Der Architekt der Alcázarmoschee hat aber nicht nur einfach die frühere Tradition des Zentralraums für eine Schloßkapelle aufgenommen; die richtungweisenden drei kleinen Kuppeln der Qiblaseite sind das Ergebnis einer konsequent durchdachten Anpassung des Zentralraumschemas an die ideologischen Forderungen der neuen Zeit. Der außerordentlich harmonische und klare Bau ist am Ende des 12. Jahrhunderts errichtet worden und gehört in die Blütezeit der spanisch-almohadischen Architektur.

Jérez de la Frontera, Santa María la Real, das frühere Minarett im Alcázar

Paläste und Festungen

Sevilla, alte Ansicht vom Park des Alcázars

Von den almohadischen Palästen Andalusiens sind nur in Sevilla noch Reste vorhanden, die es jedoch nicht erlauben, deren Gesamtanlage zu rekonstruieren.[165] Innerhalb des heutigen Alcázars gibt es sicher zahllose Cuartos und Patios, die auf die almohadische Anlage zurückgehen; aber diese ist so oft zerstört, wiederaufgebaut und umgebaut worden, daß die Datierung der einzelnen Elemente erschwert ist. Die meisten Bauten stammen in ihrer heutigen Ausgestaltung aus der Zeit Pedros des Grausamen, der im dritten Viertel des 14. Jahrhunderts Handwerker aus dem nasridischen Granada kommen ließ, um sich einen Palast nach seinen Vorstellungen einrichten zu lassen. Arabische Inschriften zum Lobe Allâhs sind darum keineswegs ein Hinweis auf islamische Bauherren. Aber schon im 13. und Anfang des 14. Jahrhunderts war die almohadische Anlage umgestaltet worden, außerdem ist heute noch längst nicht geklärt, was die Almohaden vom 'abbâdidischen Palast des Mu'tamid übernommen haben. Darüber hinaus wurden auch im 15. und vor allem im 16. Jahrhundert – allerdings meist deutlich erkennbare – Neuerungen hinzugefügt. Almohadisch ist mit Sicherheit der Patio del Yeso, ein langer, rechteckiger Garten mit Beeten und einem Kanal in der Mitte. Die Gebäude sind aus Ziegelstein, auf der einen Längsseite befindet sich ein siebenbögiger Portikus. Ein zentraler hoher Spitzbogen mit dem typischen Vielpaß-Bogenprofil, in dem flache und spitze Bogensegmente nebeneinanderstehen und dessen Zwickel mit dem üblichen Netzwerk aus verschränkten Bögen versehen sind, ist flankiert von je drei kleineren Blattbögen, über denen durchbrochene Rautenpaneele aufsteigen. Auf der einen Schmalseite gewährt eine ebenfalls stuckierte Dreierarkade Zugang zu einem Kuppelsaal, der allerdings unter den christlichen Herren des Alcázars verändert worden ist. Eine Stuckrippenkuppel mit einer Muqarnasbekrönung im Patio de las Banderas ist möglicherweise ebenfalls almohadisch.[166] Der schon erwähnte Crucero ist ein Garten mit überhöhten, sich kreuzenden Alleen, Wasserbecken und tiefliegenden Beeten, der über einem Garten des 'abbâdidischen Palastes angelegt ist. In der Mitte, auf der Kreuzung der Alleen, ist ein rundes Becken gemauert, dessen Wände noch dekorative Malereien zeigen. Die Ziegelwände der Beete, die unter anderem Orangenbäume trugen,[167] haben ebenfalls schöne Malereien mit dem vom Stuck her bekannten Formenvokabular, vielleicht um die im Winter fehlenden Farben zu ersetzen.[168]

Der Saal auf der Längsseite des Patio del Yeso besitzt ein Baumotiv, das sich von da an immer wieder in der westislamischen Architektur findet: die über den Türen der Prachtsäle angebrachten Fenster mit ihren kunstvollen Stuckgittern, die, auch wenn die Türen geschlossen sind, ein diskretes Licht einfallen lassen und für Belüftung sorgen. Die vielen im Alcázar benutzten Kapitelle aus dem Madînat al Zahrâ' der Kalifatszeit sind wahrscheinlich über die Almohaden in den christlichen Bau gekommen; selbst in almohadischen Moscheen waren sie ein beliebtes Element.[169]

Aus den wenigen uns überlieferten materiellen Zeugnissen der almohadischen Paläste[170] geht zumindest eine Tatsache klar hervor: Die von Ibn Tûmart so gepriesene Strenge, die in der Sakralarchitektur auch zum Ausdruck kommt, war hier nicht angestrebt. Reicher Bauschmuck, Wasserspiele und duftende Ziersträucher verbinden sich im Hortus conclusus zu einer

OBEN UND UNTEN:
Sevilla, Alcázar, Patio del Yeso
Das almohadische Gepräge des Patio del Yeso ist weitgehend erhalten. Die dreigeteilte rhythmisierte Fassade mit ihren Rautenpaneelen – sie entstehen aus sich überschneidenden Blattbögen – gehört zu den sehr seltenen Beispielen aus der almohadischen Palastarchitektur.

Sevilla, Alcázar, Saal beim Patio del Yeso
Die flache, auf dem Boden eines Kuppelsaales aufliegende Wasserschale ist charakteristisch für Wohnräume in westislamischen Palästen des späten Mittelalters.

RECHTS:
Alcázar, Patio de las Muñecas
Die Kapitelle und Säulen sind Spolien aus der Zeit des umayyadischen Kalifats, wahrscheinlich aus Madînat al-Zahrâ', und vermutlich schon zu Zeiten von al-Mu'tamid nach Sevilla gekommen.

SEITEN 164, 165:
Sevilla, Alcázar, Salón de Embajadores
Die Konzeption und Ausführung von Pedros Empfangssaal stammt weitgehend aus der zeitgenössischen nasridischen Architektur. Der Saal gehört zu den berühmtesten Beispielen der Mudéjarkunst von Sevilla.

raffinierten Verfeinerung des Lebengenusses, und der Patio del Yeso steht den Alhambragärten schon sehr nahe. Der sich heute noch hinter dem Alcázar erstreckende Park ist wahrscheinlich auch almohadischen Ursprungs. Schon das almohadische Marrakesch war berühmt für seine weiten Parkanlagen mit großen, künstlichen Wasserflächen, die heute zum Teil noch erhalten sind.

Die almohadische Zeit war die Zeit des letzten Versuchs einer Stabilisierung des Islams in Spanien. Festungsbauten aller Art wurden errichtet oder erneuert, nicht nur in den Grenzgebieten, sondern über das ganze Land verstreut, zum einen, um den Widerstand gegen die Reconquista zu stützen, zum anderen, um das berberfeindliche Andalusien administrativ fest in der Hand zu halten. Die Stadtmauern aller größeren Städte wurden ausgebessert oder neu erbaut, die Stadtfestungen instand gesetzt und neue Burgen gegründet. Die neue Hauptstadt Sevilla, die alte Hauptstadt Córdoba, in Extremadura Badajoz, Cáceres, Trujillo und Montanchez, weiter im Süden Écija, Jérez de la Frontera und Gibraltar erhielten neue Festungssysteme. Alcalá da Guadaira ist eine Gründung aus dieser Zeit. Im Osten sind die Gegenden von Valencia, Alicante und Murcia Ende des 12. und Anfang des 13. Jahrhunderts erneut befestigt worden,[171] und viele malerische, mit Mauerresten gekrönte Bergkuppen zeugen noch von dieser letzten kriegerischen Auseinandersetzung zwischen Islam und Christentum in Südostandalusien.

Turmbesetzte Vormauern mit Wehrgang wurden nun vor der hohen Hauptmauer errichtet (zum Beispiel in Sevilla und Córdoba). Die Türme sind rund, polygonal[172] oder – überwiegend – viereckig; sie sind größer und ragen weiter über die Mauer hervor als die der Kalifatszeit; die Basis ist immer massiv, aber auf der Höhe des Wehrgangs sind Wachräume eingebaut, über denen eine bezinnte Terrasse liegt. Eine Neuheit sind die Albarranetürme, Flankierungstürme, die in einem gewissen Abstand von der Hauptmauer stehen, mit der sie durch eine Quermauer verbunden sind. Diese Albarranetürme besitzen über der massiven Basis Wachräume, manchmal in mehreren Stockwerken, über denen eine zinnenbekrönte Terrasse liegt. Als Baumaterial wird für die Mauern häufig Stampflehm (oft mit aufgemalten Fugen) benutzt, für die Türme und Tore Ziegelstein und Haustein. Allerdings baute man in abgelegenen Gegenden weiterhin in den überkommenen Techniken, so zum Beispiel mit großen Schieferplatten und Erde in der Sierra de los Filabros.[173] Bis heute ist es nur ausnahmsweise möglich, den andalusischen Burûdj, Husûn, Qusûr, Qilâ, Qulay'ât, Qaryât, Qasabât[174], all diesen zahllosen befestigten, sehr unterschiedlichen Anlagen, die das Land in einem engmaschigen Netz überziehen und zu Verwaltungs-, Verteidigungs-, Angriffs- und Speicherungszwecken dienten, ein genaues Entstehungsdatum zuzuordnen.

Die Calahorra in Córdoba und die Torre del Oro in Sevilla ragen aus der Menge dieser Bauten hervor. Sie sind nicht nur machtdemonstrierende, anspruchsvolle Monumente, sondern auch gut durchdachte und ausgebaute Brückenkopfbefestigungstürme. Die Torre del Oro, ein zwölfeckiger Turm mit einem zentralen sechseckigen Treppenhaus und ursprünglich drei Stockwerken, war ein Eckturm der Stadtmauer, von dem aus man eine Kette über den Fluß zu einem anderen, gleichartigen, aber inzwischen verschwundenen Turm legen konnte, um den Hafen zu schützen. Ihren Namen erhielt sie von den golden schimmernden Lüsterfliesen, mit denen sie einst verkleidet war.

Sevilla, Alcázar, Eingang zur Sala de la Justicia
Diese Gestaltung der Innenhoffassaden ist eindeutig vom almohadischen Patio de Yeso inspiriert, obschon sie dessen ausgewogene Harmonie und dessen gestrafferen Rhythmus nicht mehr erreicht.

Sevilla, moderner Pavillon aus dem Park des Alcázars
Der Dekor dieses Pavillons zeugt vom Weiterleben der alten Formen aus maurischer Zeit.

SEITEN 169, 170
Detailansichten von Fayencemosaiken des Alcázars

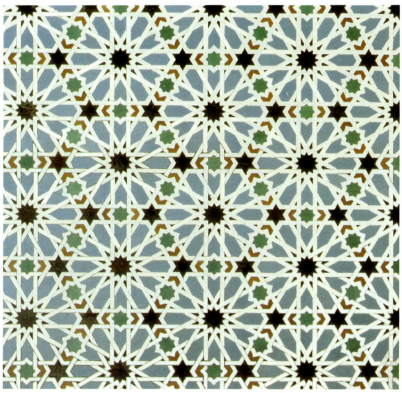

Sevilla, Torre del Oro
Man nimmt an, daß diesem zwölfeckigen Turm ein zweiter, gleichartiger auf der anderen Seite des Guadalquivir gegenüberstand und daß eine zwischen beiden Türmen gespannte Kette den Hafen verriegeln konnte. Auf alle Fälle ist dieser Turm nicht nur eine bemerkenswerte Brückenkopfbefestigung, sondern gleichzeitig ein Macht demonstrierendes Prestigemonument der Almohadenzeit.

Grundriß der alten Festungsanlage (J. Navarro Palazón)

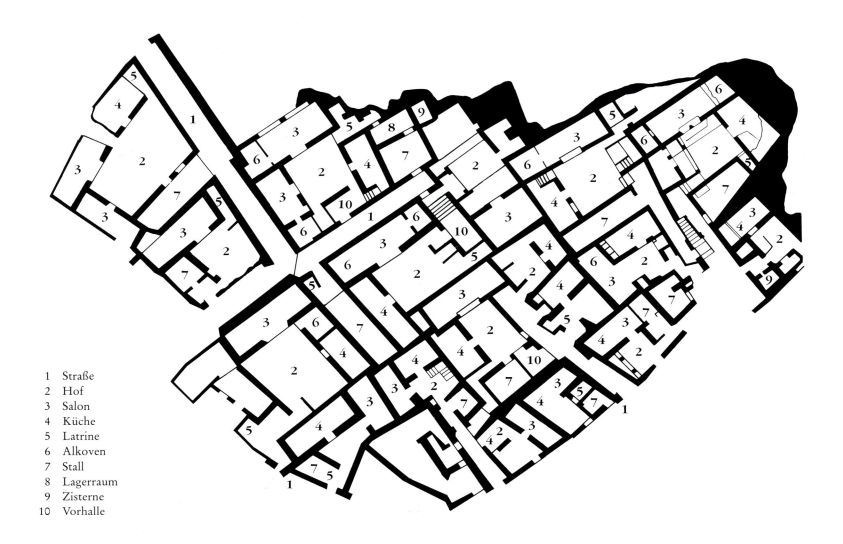

1. Straße
2. Hof
3. Salon
4. Küche
5. Latrine
6. Alkoven
7. Stall
8. Lagerraum
9. Zisterne
10. Vorhalle

Cieza, Ruinen der alten islamischen Stadt Siyâsa
Die nach der christlichen Wiedereroberung verlassene Stadt, die einst das Seguratal überragte, wird seit einigen Jahren ausgegraben.

Landschaft bei Archidona
Auch in Archidona findet sich wieder das oft anzutreffende Bild: Ruinen einer alten maurischen Schloßanlage, die die Stadtansicht prägen. Beeindruckender ist in diesem Fall die umgebende Landschaft.

Südostandalusien hatte sich weder den Almoraviden noch den Almohaden wirklich ergeben, es hatte immer nach Unabhängigkeit gestrebt. Es ist durchaus gerechtfertigt, nicht nur von einer almoravidischen, sondern auch von einer almohadischen Taifaherrschaft in Valencia oder in Murcia zu sprechen. Auf dem Gebiet der Kunstgeschichte erhebt sich demnach die Frage, ob diese zentrifugalen Kräfte zu eigenen künstlerischen Ausdrucksmitteln, zu einem spezifischen Stil gefunden haben. Die Ausgrabungen der letzten Jahre in Murcia und Umgebung sind dabei, zu einer positiven Antwort zu führen.[175] Sie haben höchst aufschlußreiche, oft einmalige Funde gebracht, so im heutigen Kloster Santa Clara, einem reichgeschmückten Palast des 12. und 13. Jahrhunderts, wo eine bemalte Stuckmuqarnasdecke besonders erwähnenswert ist. Dazu gehören auch die Keramikfunde aus einem Brunnenschacht in dem Viertel San Nicolás oder die in der ganzen Gegend verbreiteten Esgrafiadakeramiken, das sind manganschwarze, unglasierte, mit Ritzdekor versehene Keramiken, deren Technik wohl von dem Wunsch inspiriert war, Metallarbeiten zu imitieren. Unter den Keramikresten verdienen auch die Vasenständer in Hausform besondere Beachtung, die bisher vor allem aus dem Orient bekannt waren und die hier als eine eigenartige Parallelerscheinung auftauchen.

Die Provinz von Murcia: Cieza

Das heutige Cieza, im Norden von Murcia, liegt in der Flußebene des Segura, östlich eines Despoblado, das heißt einer islamischen Stadt namens Siyâsa, die nach dem Anschluß an das Königreich Kastilien im Jahre 1243 von ihren Bewohnern nach und nach, anscheinend ohne Gewalt und Zerstörungen verlassen und danach nie wieder besiedelt wurde. Siyâsa, eine Station auf der Achse von Cartagena nach Toledo, war in unbekannter Zeit (man hat einige römische Keramikreste gefunden) auf einer Anhöhe angelegt worden.[176] Die Festung befindet sich in der Nordwestecke der ummauerten Stadt; ein großer Friedhof liegt außerhalb der Mauern im Süden. Ausgegraben wurde bisher das Ostviertel, in dem man durch Gassen getrennte, mehr oder weniger wohlhabende Wohnhäuser mit Innenhof, Wohn- und Empfangsräumen, Küche, Latrinen und Brunnen gefunden hat. Die Moschee ist noch nicht entdeckt worden. Der archäologische Befund und die schriftlichen Quellen ergeben, daß die Stadt im 12. und Anfang des 13. Jahrhunderts prosperierte. Die Dekorationen in den Häusern waren offenkundig auf den Patio und den längsrechteckigen Hauptsaal konzentriert. Sie bestehen aus kunstvoll geschnitzten und gemalten Stuckarbeiten, die in drei Gruppen gegliedert werden können: eine nachkalifatszeitliche mit noch deutlichen Anklängen an die umayyadische Formgebung, eine zweite, die dem Patio del Yeso verwandt ist, und eine dritte, die von Julio Navarro Palazón wegen ihrer außerordentlichen Feinheit als protonasridisch bezeichnet wird.

Ausstrahlungen in den christlichen Norden

In längst von den Christen zurückeroberten Städten, wie in Toledo, oder in Zentren, die nie in islamischer Hand gewesen waren, wie in Burgos, trifft man auf echt almohadischen Stuckdekor, der beweist, daß trotz der unerbittlich voranschreitenden Reconquista die christlichen Herren vom Kunstschaffen ihrer unterliegenden Feinde begeistert waren und sich nicht scheuten, Meister aus deren Werkstätten für sich arbeiten zu lassen. Die Stuckkapitelle und der Wanddekor in der ehemaligen Synagoge Santa Maria la Blanca in Toledo[177] oder die Capilla de la Asunción im Kloster Las Huelgas

Kloster Las Huelgas bei Burgos, Holzdecke der Capilla de Santiago
Im Hauptkreuzgang und in zwei Kapellen dieses am Ende des 12. Jahrhunderts von Alfonso VIII. gegründeten, der Krone direkt unterstehenden Zisterzienserklosters zeugen viele Einzelheiten im Baudekor von der Bewunderung der christlichen Elite der Zeit der Reconquista für die maurische Kunst. Diese farbige Holzkuppel mit ihrem Sternmuster und die Stuckverkleidungen am Gewölbe des Kreuzgangs des San Fernando sind Mudéjarwerke, wahrscheinlich vom Ende des 13. Jahrhunderts, die zwar weitgehend im »maurischen Stil«, aber nicht unbedingt von Muslimen ausgeführt wurden.

sind rein almohadisch. Las Huelgas ist 1187 von Alfonso VIII. für seine Frau Eleanor, Tochter des englischen Königs Henry II., gegründet worden. Die Capilla da la Asunción ist wohl erst Anfang des 13. Jahrhunderts vollendet worden; ihre Hauptkuppel mit den Stuckrippen, die drei kleinen Stuckmuqarnaskuppeln, die Zwickelform und vor allem die Blattbögen, die Hängezapfenbögen, die Vielpaßbögen mit gebrochenen Pässen und die vegetabilischen Füllmotive aus glatten Halbpalmetten und Knospen gehören zu den besten Leistungen des almohadischen Dekors. Die Deckstukkaturen im Hauptkreuzgang des Klosters stammen wohl aus derselben Zeit, sind aber wahrscheinlich von Mudéjar-Meistern ausgeführt, das Formenrepertoire bleibt eindeutig dem almohadischen Duktus verpflichtet.[178] Das spanisch-islamische Erbe beginnt in dieser Privatkapelle seine so lang währende Karriere in der spanisch-christlichen Kunst.

Berber hatte es im islamischen Spanien von Anfang an gegeben, aber ähnlich den Türken unter den frühislamischen Dynastien des Vorderen Orients traten sie lange Zeit nur in sozial untergeordneter Stellung auf. Als endlich, Jahrhunderte später, Berberdynastien die Macht ergriffen, stießen sie auf den erbitterten Widerstand der alten arabischen Oberschicht. Trotzdem wurde der Kontakt für beide Seiten überaus fruchtbar. Wenn Andalusien auf dem Gebiet der Architektur zur Zeit der Almoraviden der Geber war, so hat sich dieses Verhältnis mit den Almohaden, die das almoravidische Erbe rezipiert hatten, geändert; selten wurden Bauwerke bewußter als unter den almohadischen Kalifen zur Propagierung eines Herrscherwillens eingesetzt, der sich trotz seines machtvollen Selbstbewußtseins immer wieder an der glanzvollen Zeit des Kalifats von Córdoba zu legitimieren suchte.

Stuckverkleidungen im Kreuzgang des San Fernando

Burgos, Kloster Las Huelgas, Detail des Stuckdekors, das Wappen Kastiliens

S. 176/177
Kloster Las Huelgas bei Burgos, Capilla de la Asunción
Der Stuckdekor der Kuppeln und Arkaden stammt wahrscheinlich aus almohadischen Werkstätten.

175

1237–1492

Die Herrschaft der Nasriden

Muhammad ibn Yûsuf ibn Nasr, der Gründer der Nasridendynastie, gehörte zur arabischen Familie der Banû l-Ahmar. Er konnte im Verfallsprozeß des Almohadenreichs die Macht 1232 in Arjona, in der Nähe von Jaén und 1233 in Jaén selbst ergreifen, 1234 Sevilla für einen Monat einnehmen, 1237 in Granada, einer ziridischen Gründung aus dem 11. Jahrhundert,[179] einziehen und schließlich 1238 zunächst Almería und dann auch Málaga dem neuen Sultanat einverleiben. Als Jaén 1246 an Ferdinand III. fiel, zog Muhammad I. sich nach Granada zurück und erkannte die Oberhoheit Ferdinands an, das heißt, er zahlte regelmäßig Tribut und nahm an den christlichen Feldzügen zum Beispiel gegen Sevilla teil. Als Gegenleistung behielt er die Herrschaft über ein Gebiet, das sich im Süden von Tarifa bis etwa sechzig Kilometer östlich von Almería erstreckte und dessen Nordgrenze in der Gegend von Jaén verlief. Diese Grenze darf man sich nicht als unverrückbar vorstellen, denn sie veränderte sich im Laufe der Geschichte des Sultanats je nach Kriegsglück und Umständen. Das Land entsprach zunächst den heutigen Provinzen von Granada, Málaga und Almería. Die Eroberung dieser gebirgigen Landschaft, die außerdem durch ihre hafenreiche Küste eventuellen afrikanischen Hilfstruppen vorzügliche Anlegeplätze bot, schien den Kastillanern wahrscheinlich zu aufwendig, zumal sich Muhammad I. als zuverlässiger Vasall erwiesen hatte.

Während dieses letzten Sultanats der Iberischen Halbinsel waren Baladiyyûn, Schâmiyyûn, Muwalladûn und Berber längst zusammengeschmolzen zu einer homogenen arabo-islamischen Mischbevölkerung, die sich, laut Ibn al-Khatîb, einem Historiker und Wesir aus Granada, auszeichnete durch »mittlere Größe, weiße Haut, schwarzes Haar, gleichmäßige Züge, lebhaften Geist, begabt zum Lehren...«[180]

Die Mozarabergemeinden hatten sich wohl weitgehend aufgelöst, da die meisten Mitglieder schon während der Christenverfolgungen unter den Almoraviden und Almohaden ins christliche Spanien geflohen waren. Trotzdem gab es Christen in Granada: zum einen in der Leibgarde des Sultans, zum anderen in Handelsniederlassungen, in denen Katalanen, Florentiner, Venezianer und vor allem Genueser bezeugt sind. Hinzu kam eine beträchtliche Anzahl Gefangener, die durch Razzias oder Seeräuberei eingeschleppt worden waren, zu harter Arbeit gezwungen und gelegentlich freigekauft wurden. Die jüdische Gemeinde hatte zu Zeiten der Ziriden erhebliche Macht besessen, die durch das Pogrom von 1066 jedoch gebrochen wurde. Judenverfolgungen gab es in ganz Andalusien unter den Almohaden und später von neuem unter den christlichen Herrschern. Im Gegensatz dazu nahmen die nasridischen Sultane jüdische Flüchtlinge bereitwillig auf. Als Ärzte, Dolmetscher, Handwerker und Kaufleute nahmen die Juden am kulturellen und wirtschaftlichen Leben Granadas teil; als Händler spielten sie eine Vermittlerrolle zwischen den großen ausländischen Handelshäusern und der lokalen Bevölkerung.[181] Die Bevölkerung von Granada wuchs ebenfalls an durch die Muslime, die aus den von den Christen besetzten Gebieten geflohen waren; die Anhöhe von Albaicín wurde damals von Ostandalusiern besiedelt. Die Außenpolitik Granadas erschöpfte sich im beständigen Lavieren zwischen den übermächtigen Nachbarn: den verschiedenen christlichen Fürsten und den Berberherrschern Nordafrikas, die ihrerseits dauernd wechselnde Allianzen eingingen.

Seit dem Untergang der Almohaden hatte in Marokko eine neue Berberdynastie die Macht ergriffen: Die Marîniden hatten im 12. und 13. Jahrhundert in Ostmarokko nomadisiert, bevor sie um die Mitte des 13. Jahrhunderts Taza, Fes, Meknes und Salé und zwanzig Jahre später auch Marrakesch erobern konnten. Ihr Machtanspruch hatte keinerlei religiöse Grundlagen, weshalb sie ihre Legitimation zunächst um so eifriger im Jihâd suchten: Ihre sechs Spanienfeldzüge zwischen 1275 und 1291 führten indes zu keinen bleibenden Ergebnissen; die vernichtende Schlacht am Rio Salado im Jahre 1340 beendete die marînidische Jihâdpolitik. Immerhin konnten die Marîniden lange Zeit hindurch Algeciras, Tarifa und Ronda behaupten; letzteres gehörte zwar meist entweder den Nasriden oder den Marîniden, blieb aber de facto weitgehend unabhängig bis zur Einnahme durch Ferdinand im Jahre 1485.

Die nasridische Innenpolitik hatte sich häufig mit aufrührerischen Lokalchefs auseinanderzusetzen, die ihrerseits Rückendeckung bei den christlichen oder marokkanischen Nachbarn suchten. Seine eigentliche Glanzzeit erlebte Granada im 14. Jahrhundert unter der Herrschaft von Yûsuf I. (1333–54) und Muhammad V. (1354–59 und 1362–91). Die zeitweise guten

Ronda, Kathedrale
In der heutigen Kathedrale finden sich noch Reste des Stuckdekors eines Mihrâbs vom Ende des 13. Jahrhunderts.

Ronda, Puente San Miguel
Die Stadt auf einem Felsplateau ist durch eine steile Schlucht (den »Tajo«), in der tief unten der Gualdalevin fließt, in zwei Teile gespalten: die alte, maurische Stadt im Süden und die moderne Stadt im Norden. Die drei Brücken über den Tajo sind höchst eindrucksvoll.

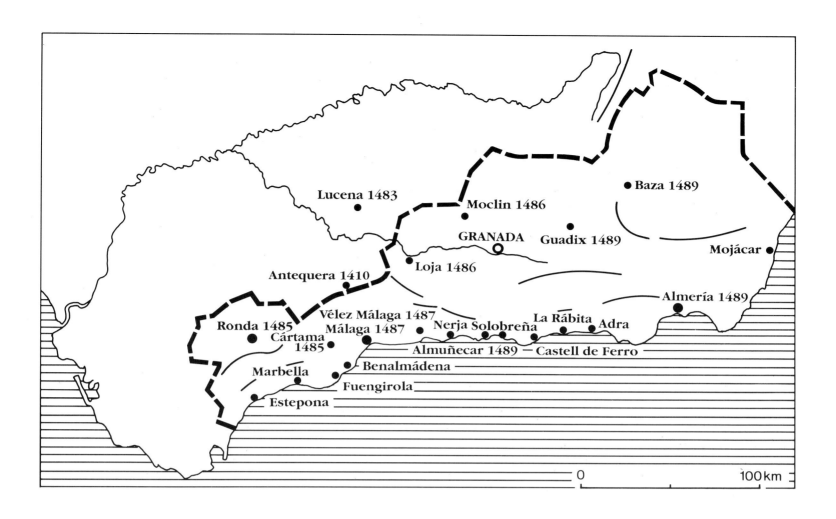

Karte des nasridischen Sultanats von Granada (R. Arié)

Beziehungen zu Kastilien und Marokko halfen dem Sultanat über innere Wirren hinweg. Insgesamt war das 14. Jahrhundert eine Zeit des wirtschaftlichen Wohlergehens; die intensive Landwirtschaft, das hoch entwickelte Kunsthandwerk und die weitreichenden Handelsbeziehungen boten eine solide Grundlage für die zu Recht berühmte Blütezeit Granadas. Aus dieser Epoche stammen die schönsten Paläste Granadas und der Alhambra.

Thronzwistigkeiten innerhalb der Nasridenfamilie, bei denen jeder Prätendent mit seinen Anhängern eigene Interessen verfolgte, schwächten Granada im gleichen Maße, in dem die christliche Bedrohung wuchs. Die Einigung von Aragón und Kastilien durch die Ehe zwischen Ferdinand und Isabella im Jahre 1469 besiegelte den Sturz des Sultanats. Antequera war schon 1410 gefallen, Gibraltar und Archidona vor 1464, Málaga ergab sich 1487, Almería 1489. Der letzte Nasride, Abû 'Abd Allâh Muhammad XII., von den Spaniern Boabdil genannt, verließ die Alhambra im Januar 1492.

Die politische Geschichte des islamischen Spanien ist damit zu Ende, sein kultureller Einfluß sollte indes noch jahrhundertelang wirksam bleiben, nicht nur in Nordafrika, wo das nasridische Granada bis in die Moderne das künstlerisch bestimmende Modell darstellt, sondern auch im christlichen Spanien, in dem die Mudéjarkunst weite Kreise zog. Allerdings begann nun die Zeit der religiösen Intoleranz, die mit der Inquisition zu Höhepunkten des Greuels führte und die mit den Austreibungsedikten von 1609 bis 1614 dem Islam in Spanien ein Ende machte.

Die nasridische Baukunst

Die Alhambra – von der Festung zur Herrscherstadt

»Die Stadt Granada findet ihresgleichen
in Kairo nicht, Damaskus und Irak;
sie ist die Braut, die man entschleiert schaut,
die andern bilden nur den Preis der Braut.«
Oder:
»Dieser gottbegnadete Ort ist der Balkon der weiten Vega; von hier sind die Bäche wie Silber zu schauen zwischen Büschen und smaragdgleichen Auen. Der Zephir ihres Najd, der Anblick ihres Hauz umschmeichelt betörend Sinn und Verstand, der Lobgesang spricht nicht genug von einem Wunderland.«
Oder:
»Gott segne sie, die schöne Zeit, verlebt in der Alhambra.
Verging die Nacht, so gingst du hin, zum Stelldichein bereit.
Der Boden schien dir dann von Silber, doch wie bald schon hüllte
die Morgensonne die Sabîka in ihr goldnes Kleid.«[182]
Die Zitate stammen aus dem Werk eines Granadiners in der Verbannung und sind deshalb wohl kaum als objektiv zu werten. Indes ist Granada auch heute noch eine köstliche Oase in einer kahlen Berglandschaft. Seit dem 11. Jahrhundert hatte es sich zu einer bedeutenden Stadt entwickelt, auf dem Sabîkahügel aber stand nur eine unbedeutende Festung. Auf diesem entstand nun die nasridische Alhambra (»al-Qal'a al-hamrâ'«, »die rote Zitadelle«) mit ihren rötlich schimmernden, zinnenbekrönten Stampflehmwällen, über der halbkreisförmig um ihren Fuß liegenden unteren Stadt, Granada, mit der sie durch eine Mauer verbunden war. Die Alhambra war von Anfang an eine Herrscherstadt, die über die Bürgerstadt Granada und das gleichnamige Sultanat gebot. In dieser Hinsicht steht sie in der direkten Nachfolge von Madînat al Zahrâ' und der almohadischen Qasaba von Marrakesch und ist weit größer und komplexer als die Zitadellen und Paläste der Taifaherrscher. Indes ist sie durch ihren ausgeprägten Festungscharakter und ihre strategisch überaus geschützte Lage ganz eindeutig eine spätmittelalterliche Herrscherstadt; baugeschichtlich stellt sie eine Synthese aus dem Palastbau des frühen Islams und der danach durch jahrhundertelange Bedrohungen sehr viel weiter fortgeschrittenen Defensivarchitektur dar.
Die Alhambra erstreckt sich über 720 Meter Länge und 220 Meter Breite auf einem Ausläufer der Sierra Nevada, der im Westen steil in die Madîna

Granada, Alhambra
Blick vom Generalife auf die Torre de las Damas und den Partalkomplex, den Peinador de la Reina und den Comaresturm. Die Alhambra ist eine schwer befestigte Zitadelle und ein überreicher Empfangspalast, sie besitzt jedoch auch intime Wohnviertel.

183

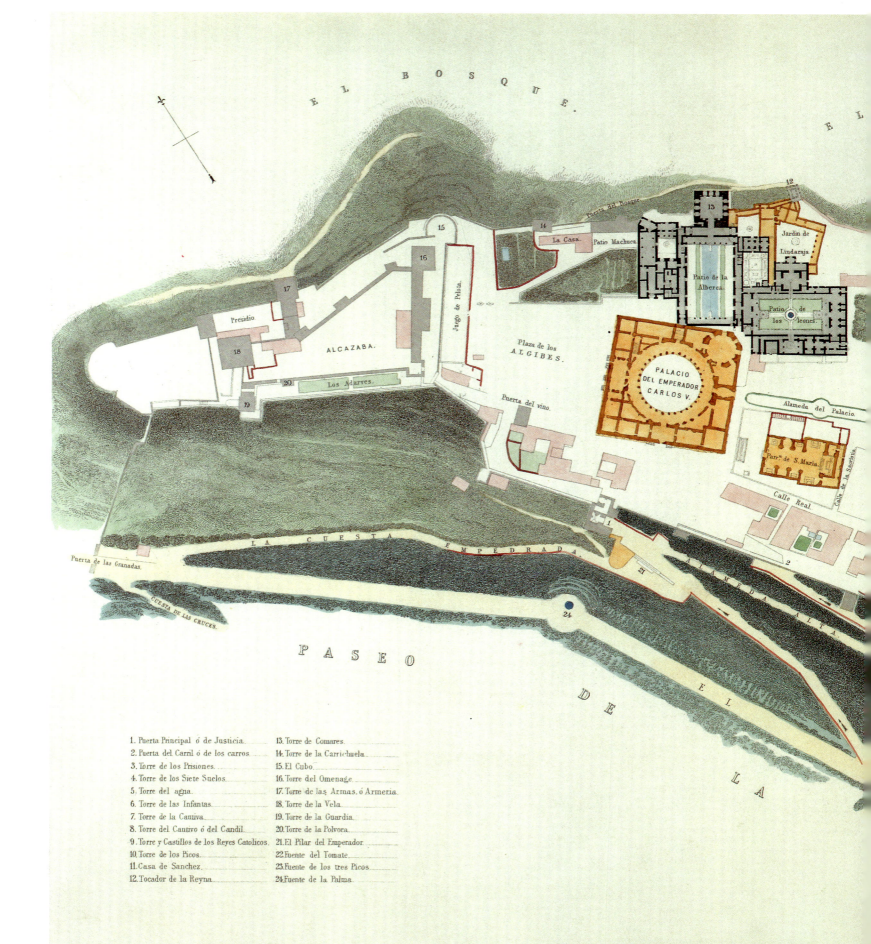

SEITEN 184/185
Plan der Alhambra (Owen Jones, 1842)

UNTEN:
Grundriß des Comarespalastes und des Löwenhofpalastes (Owen Jones, 1842)
Die Zeichnung ist trotz ihres frühen Datums recht genau, allerdings bestehen in den Namen der westlichen Teile einige Irrtümer. So ist »La Mezquita« eigentlich der »Mexuar«. Nur der schräg liegende, kleine Raum auf der nördlichen Schmalseite ist ein Betsaal, den der Autor der Zeichnung jedoch sichtlich nicht als solchen erkannt hat, denn die Mihrâbnische ist bei ihm zu einem Durchgang geworden. Der »Patio de la Mezquita« ist der heutige »Cuarto Dorado«, der Haupteingang zum Comarespalast.

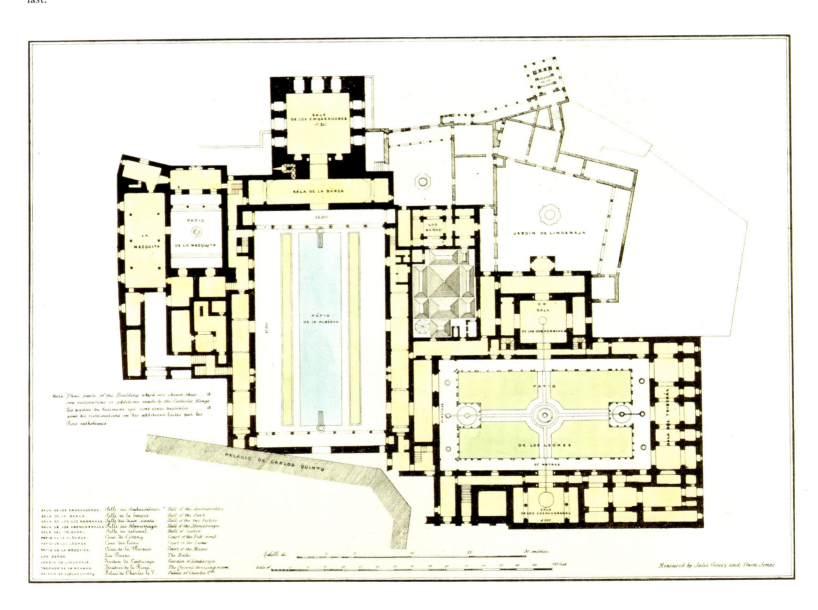

hineinragt, gleich einem »riesigen, zwischen Berg und Ebene verankerten Schiff« (L. Torres Balbás). Sie überragt somit das enge, tiefe Tal des Darro an ihrer Nordflanke und das weite Tal des Genil und die Vega auf ihrer Südseite.

Die Mauern mit den 23 Türmen und den vier Toren umschlossen neben sieben Palästen auch Wohnungen der verschiedensten sozialen Kategorien, Büros aller Art, die königliche Münze, öffentliche und private Moscheen, Werkstätten, Garnisonen und Gefängnisse, öffentliche und private Bäder, die königliche Nekropole, Gärten, ein Vorwerk (die Torres Bermejas), einen Sommersitz (den Generalife) und auch eine Festung aus dem 11. Jahrhundert, welche die Ziriden auf der Westspitze des Hügels, gegenüber der Stadt, errichtet hatten und deren Reste noch im Velaturm vorhanden sind. Zur Alhambra gehörten eine »obere Stadt« im Südostteil und eine »untere Stadt« auf der Nordwestseite; beide waren durch zwei Längsachsen, die das ganze

Alhambra, Luftbild von Nordwesten nach Südosten
»Gleich einem riesigen, zwischen Berg und Ebene verankerten Schiff« erstreckt sich die Alhambra auf einem Ausläufer der Sierra Nevada über der fruchtbaren Vega. Architektur und Natur gehen in der Alhambra eine einmalige visuelle Symbiose ein. Mit seinem schweren Palast drückte Karl V. der nasridischen Herrscherstadt einen unauslöschbaren Stempel auf.

Alhambra, Partalpalast
Der Palast stellt eine Art Vorhalle zu der dahinterliegenden Torre de las Damas dar, die einen herrlichen Blick in die Weite gewährt. Die Anlage, die anscheinend nie einen Patio besessen hat, gehört wahrscheinlich zu den Bauten Muhammads III. und ist somit der älteste erhaltene Palast der Alhambra.

Areal durchquerten, miteinander verbunden, die heutigen Calle Real und Calle Real Baja. Die einfacheren Gebäude sind im Laufe der Zeit verschwunden, nur die schönsten Paläste hat man bewußt erhalten, so daß das heutige Bild arg täuscht; wie alle anderen islamischen Herrscherstädte hatte auch die Alhambra ihre Läden und Werkstätten, ihre Armen und ihre Reichen.

Das Sultanat Granada stellte für die spanischen Muslime das letzte Refugium auf der Iberischen Halbinsel dar, und die Alhambra war ihr Stolz. Die katholischen Könige übernahmen diese ohne jegliche Zerstörungen und richteten sich darin ein mit dem sichtlichen Wunsch, die Paläste soweit wie möglich zu erhalten. Selbst Karl V., dessen wuchtiger Bau so gar nicht in die nasridische Ästhetik paßt, wollte mit diesem nur eine Art imperialen Eingang zum eigentlichen, dem nasridischen Palast schaffen, den er zwar seinen eigenen Zwecken entsprechend herrichten ließ, aber keineswegs zerstörte. Im 17. und 18. Jahrhundert kümmerte man sich kaum um die Erhaltung der islamischen Bauten. Erst im Zuge der Napoleonischen Kriege und vor allem in der Romantik erwachte Europas Interesse an der nasridischen Herrscherstadt. Vor über einem Jahrhundert hat die wissenschaftliche Erforschung begonnen und ist bis heute noch nicht abgeschlossen.[183] Die Baugeschichte

Geschnitzte und bemalte Holzdecke der Galerie des Partals

der Alhambra ist zwar einigermaßen bekannt, dennoch sind viele Einzelheiten noch völlig unklar, und die Grabungen sorgen immer wieder für Überraschungen.

Muhammad I. besichtigte die ziridische Alcazaba kurz nach seiner Einnahme Granadas und gab zunächst den Befehl zur Anlage der Wasserversorgung und zum Bau einer weiten Umfassungsmauer. Sein Sohn und Nachfolger, Muhammad II., vollendete den Bau der Außenmauer; aus seiner Zeit scheinen der »Turm der Damen« und der »Turm der Zinnen« auf der Nordseite der Festung zu stammen. Muhammad III. (1302–09) ließ eine Freitagsmoschee (an deren Stelle heute die Kirche Santa Maria steht) und daneben ein öffentliches Bad errichten; die Außenfassade des Weintores stammt aus seiner Zeit; neuere Forschungen schreiben ihm auch den Partalpalast zu, der somit der älteste erhaltene Palast der Alhambra ist. Die dazugehörige kleine Moschee trägt zwar Inschriften mit dem Namen Yûsufs I., ihr Bau geht aber wahrscheinlich auf Muhammad III. zurück. Spätestens seit Beginn des 14. Jahrhunderts war die Alhambra eine von der Unterstadt unabhängige Herrscherstadt. Die Hauptbauherren waren indes Yûsuf I. und vor allem Muhammad V., die jene zum Teil heute noch erhaltenen, weltberühmten Prachtbauten errichten, dafür ältere allerdings abreißen ließen. Die

189

Granada, Alhambra, Blick vom Generalife nach Westen auf die Palaststadt
Die turmbestückte, sich über Abhängen erhebende Umfassungsmauer erinnert an ihre einst bedrohte Lage, die durch die Pracht und Anmut ihres Inneren leicht in Vergessenheit gerät.

NEBENSTEHEND:
Alhambra, Mexuar
Der »Beratungsraum« der arabischen Herrscher, der jahrhundertelang als christliche Kapelle diente, wurde in dieser Zeit stark umgebaut.

RECHTS:
Alhambra, Torre de las Infantas
Wie die Torre de la Cautiva wurde auch dieser Turm zu einem Lustschlößchen mit Innenhof und Galerien ausgebaut.

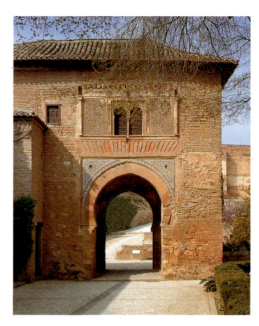

Granada, Innenseite der Puerta del Vino
Das Tor, auf das eine der beiden Hauptstraßen der Herrscherstadt führte, stammt wohl aus der Zeit Muhammads III., der Dekor dieser Seite ist jedoch von Muhammad V. erneuert worden. Ziegel, bemalter Stuck und blauweiße Fayencearbeiten tragen zu der diskreten Farbigkeit der Fassade bei.

Alhambra, Torre de la Cautiva, Wanddekor aus Fayencemosaik und geschnitztem Stuck
Koranische Inschriften zieren nicht nur die Beträume, sondern auch die Empfangssäle und Wohnräume. Hier ist in klarer Kursivschrift auf hellem Grund eine der wichtigsten Suren in der Auseinandersetzung mit dem christlichen Glauben wiedergegeben: »Im Namen des barmherzigen und gnädigen Gottes. Sag: er ist Gott, ein Einziger, Gott, durch und durch. Er hat weder gezeugt, noch ist er gezeugt worden. Und keiner ist ihm ebenbürtig.«

191

Alhambra, Kuppel in der Sala de las Dos Hermanas

Die winzigen Nischen und Nischenfragmente der Muqarnaskuppeln im Saal der zwei Schwestern sind auf der Grundlage eines geometrischen Schemas komponiert, das von einem zentralen Stern ausgeht. Diese über dem Lichtgürtel der Fenster scheinbar schwebenden Gewölbe haben einzig dekorative Funktion. Sie sind als fertige Gewölbe in den hölzernen Dachstuhl eingehängt und durch von unten nicht sichtbare Balken solide in ihm verankert.

Alhambra, Cuarto Dorado, Südwand

Die Hauptfassade des Comarespalastes entstand unter Muhammad V. Die rechte Tür gab Zugang zu den Privatgemächern des Sultans, durch die linke gelangte man in den mehrfach gebrochenen Gang, der zu dem Comareskomplex führt. Die durch drei Marmorstufen erhöhte Wand gehört zu den eindrucksvollsten Schöpfungen der nasridischen Baukunst. Der Dekor – Fayence, Stuck und Holz – überzieht die ganze Fläche; die in den Einzelheiten ständig variierten Muster aus geometrischen, vegetabilischen und epigraphischen Motiven sind in klare geometrische Formen wie rechteckige Paneele, Borten, Zwickel und Friese eingebunden: der Höhepunkt einer Ästhetik, die harte Akzente, grelle Farben, Improvisation und Unordnung verabscheut und streng geordnete, nuancierte Harmonien zu schaffen versteht.

Alhambra, Wandnische der nördlichen Schmalseite des Myrtenhofs
Der Wanddekor folgt einem präzisen Schema: unten Fayencemosaik mit geometrischen Motiven und einer Art Zinnenfries in zweifarbiger Fayence als Abschluß; darüber folgen Stuckpaneele. Die Bogenzwickel haben prinzipiell vegetabilische Motive, die Bogenlaibungen sind mit geometrischen Ornamenten verkleidet, und der Alfiz hat oft epigraphischen Dekor.

Alhambra, Holzdecke des Comaressaales
Dieses Meisterwerk monumentaler Marqueterie vom Beginn des 14. Jahrhunderts diente jahrhundertelang als Vorbild für die maurischen und mudéjarischen Holzdecken der Prachtsäle. Der in sieben Register geordnete Sterndekor besteht aus mehr als 8000 vieleckigen Holztäfelchen. Er läßt sich nicht nur als eine stilisierte Darstellung des Sternenhimmels, sondern, darüber hinaus, auch als eine Anspielung auf die sieben übereinanderliegenden Himmel begreifen, die in der islamischen eschatologischen Literatur beschrieben werden. Die dominierende zentrale Kuppel fungiert hier als Bild vom alles überragenden Thron Gottes.

Tore »de las Armas«, »de la Justicia« und »de Siete Suelos«, die Türme »del Candil«, »de la Cautiva«, »de Machuca« und »de Comares« sind alle zur Zeit Yûsufs I. entweder neu erbaut oder, wahrscheinlicher, umgebaut worden; am Verlauf der Mauer änderten diese Arbeiten jedenfalls nichts. Vermutlich gehen auch der Mexuar (von arabisch Maschwar, Beratungsraum) und der Cuarto Dorado auf dieselbe Zeit zurück, obwohl die großartige Südfassade des letzteren, die zugleich die Eingangsfassade des Comarespalastes darstellt, Inschriften im Namen Muhammads V. trägt. Der wuchtige Comares-Turm[184] birgt den »Saal der Botschafter«, den Thronsaal Yûsufs, und damit einen der Höhepunkte der Alhambra. Die ihm vorgelagerte »Sala de la Barca« (von Baraka, Segen), eine Eingangshalle, öffnet sich auf einen Portikus hin, der die Nordschmalseite des Myrtenhofes bildet. Dieser, auch als »Albercahof« bekannt (al-Birka, Becken), wird weitgehend von einem langen, von Myrten beschatteten Becken ausgefüllt (34,70 mal 7,50 Meter), welches die Hoffassaden spiegelt. Auf seiner Ostseite befindet sich das Bad Yûsufs.[185] Dort schließt sich der zum Myrtenhofkomplex querstehende Palast Muhammads an, dessen Zentrum der Löwenhof ist. Die Katholischen Könige, die diese Paläste bewohnten, hatten zwischen beiden eine direkte Verbindung herstellen lassen. Im Löwenhof bilden zwei sich kreuzende Wege ein Achsenkreuz; auf jeder seiner Schmalseiten ragt ein kleiner Brunnenpavillon in den Garten hinein; ein von zwölf Löwen umstelltes Wasserbecken steht in seiner Mitte. Der Löwensockel, der ersichtlich nicht für das Becken darüber gefertigt worden ist, wird häufig dem 11. Jahrhundert zugeschrieben; seine Löwen sind jedoch den Portallöwen so ähnlich, daß man sie ebenfalls in die zweite Hälfte des 14. Jahrhunderts datieren kann.[186] Vier Säulengalerien umgeben den Hof mit seinen ursprünglich viel tiefer liegenden Beeten. Auf jeder seiner Seiten grenzt er an einen Prachtsaal mit Stalaktitengewölben: im Westen der langgestreckte Saal »de los Mocárabes«, eine Art Vestibül mit einer jüngeren Renaissancedecke; im Osten der vielfach

unterteilte »Königssaal«, der wichtigste des ganzen Komplexes; im Süden und im Norden zwei Wohnungen, deren erste um den dreiteiligen »Saal der Abencerrajes« mit seinem zentralen Wasserbecken gruppiert ist und deren letztere den quadratischen »Saal der zwei Schwestern« zum Mittelpunkt hat; dieser führt auf einen breiten Raum mit einem zentralen Alkoven: den »Mirador de Daraxa« (»Dâr 'Â'ischa«, »das Haus der 'Â'ischa«). Heute blickt man von hier aus in einen von den christlichen Königen angelegten romantischen Hof, früher bot er die Aussicht auf den Darro und den Albaicín. Das Kloster des heiligen Franziskus, der heutige Paradór, erhebt sich über einem islamischen Palast. Die Reste eines anderen bedeutenden Komplexes oberhalb des Partalgartens gehörten einst zum Palast von Yûsuf III. (1408–17); dessen Turm überragte einen Patio mit einem längsrechteckigen Wasserbecken sowie Nebenhöfe, ein Bad, einen monumentalen Eingang und verschiedene, noch nicht identifizierte Gebäude.

Die königliche Nekropole, die Rauda, ist dem Palast Karls V. weitgehend zum Opfer gefallen; sie ging wahrscheinlich auf den Anfang des 14. Jahrhunderts zurück.[187]

Ein Weg führt von der »Puerta de Hierro« unter der »Torre de los Picos« hindurch zum Generalife, einem Landsitz oder – besser – einem privaten

Alhambra, der Alberca- oder Myrtenhof
Auf der nördlichen Schmalseite des Hofes befindet sich der Comaresturm mit der ihm vorgelagerten Sala de la Barca und dem Portikus. Der Comaresturm ist einer der mächtigsten der ganzen Alhambra; er wird weitgehend von der Sala des Comares, dem »Saal der Botschafter«, der als offizieller Empfangssaal Yûsufs I. diente, ausgefüllt.

SEITE 197

Alhambra, Blick in den Löwenhof

Der Löwenhofpalast, ein Werk der Zeit des größten Glanzes des nasridischen Sultanats, wurde von Muhammad V. in der zweiten Hälfte des 14. Jahrhunderts errichtet. Der Löwenhof selbst bildet den Kern eines autonomen Palastes, der sich wiederum aus voneinander unabhängigen Wohneinheiten zusammensetzt. In diesem Sinn entspricht er durchaus dem klassischen Patio der andalusischen Häuser; allerdings wird das Patiothema hier auf außerordentlich subtile Weise variiert: Der längsrechteckige Hof, früher ein Garten, ist von einem Säulengang umgeben. Die Säulengalerie war bis dahin immer nur bestimmten Fassaden vorgelagert, hatte nie einen ganzen Garten oder Hof, d. h. einen Außenraum, umschlossen. Die Schmalseiten haben hervorspringende Brunnenpavillons, von denen aus Kanäle das Wasser zum zentralen Löwenbrunnen leiten. An den Löwen hat man oft ihre Schwere bemängelt und gemeint, diese sei nicht mit der Kunst Muhammads IV. vereinbar. Es kann aber kaum ein Zweifel daran bestehen, daß sie aus derselben Zeit wie die Brunnenschale sind und der Garten von Anfang an diesen monumentalen Brunnen besaß. Die zierlichen Säulen, die den Hof umgeben, sind einzeln, doppelt oder zu Dreiergruppen gestellt. Diese Komposition, die zunächst willkürlich erscheint, gehorcht einem subtilen Rhythmus, in dem verschiedene Achsensysteme sich überschneiden. Sie gibt dem Patio Tiefenwirkung und Harmonie.

SEITEN 198/199

Detailansichten aus dem Löwenhof

Vertikale Motive dominieren durch die Säulen. Die Vertikalität wird indes durch die Schaftringe, die Kapitellplatten, die Kämpferblöcke, die Muqarnas und die Rautenpaneele gebrochen bzw. aufgelöst. Auffallend ist die Kleinteiligkeit des Dekors, der vom Prinzip der Multiplikation vielfach abgewandelter kleiner und kleinster Elemente bestimmt wird. Geometrie, Vegetation und Schrift gehen eine enge Verbindung ein; die ursprünglich vegetabilischen Motive erinnern nur noch sehr entfernt an ihre Herkunft: die natürliche Pflanzenwelt.

SEITEN 200/201

Alhambra, Gemälde auf Leder in der Kuppel des mittleren Alkovens des Königssaales

Das Bild zeigt eine Versammlung von zehn islamischen Würdenträgern; es handelt sich wohl kaum, wie gelegentlich behauptet, um die Darstellung der Herrscher der nasridischen Dynastie. Alle drei Alkoven haben solche Gemälde auf Leder; man nimmt allgemein an, daß sie im Auftrag Muhammads V. von christlichen Malern ausgeführt wurden. Die Maler stammen möglicherweise aus dem Umkreis der Schule von Avignon.

201

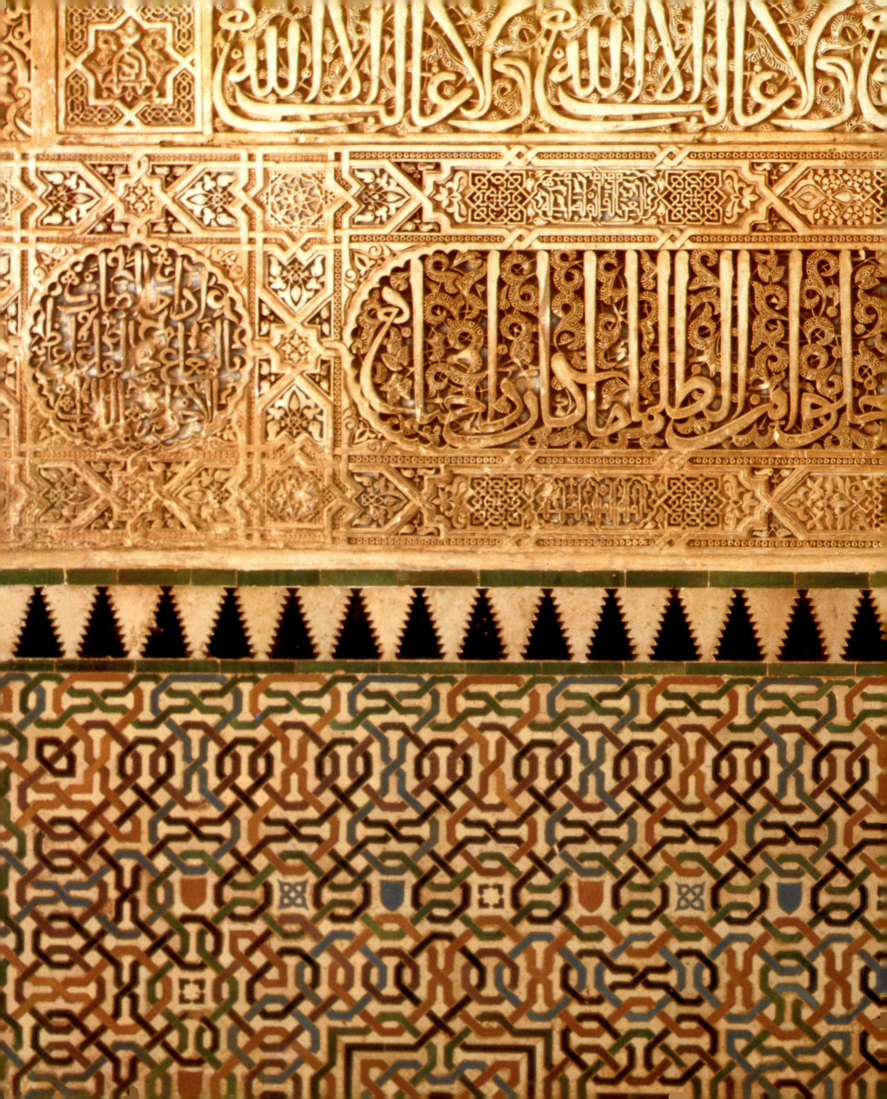

SEITEN 202/203
Wanddekor aus dem Saal der zwei Schwestern

Lustschloß, das sich am Hang oberhalb der Alhambra erstreckt und das an der Hauptwasserzuleitung der Alhambra liegt; mehrere verschiedenartige Gärten sind um den langgestreckten »Patio de la Acequia« (von al-Sâqiya, Kanal) angeordnet. Das Hortus-conclusus-Thema wurde hier vielfach variiert und gesteigert und durch die Architektur zur Geltung gebracht, wobei man die verschiedenen Höhenlagen besonders kunstvoll ausnutzte. Eine einzigartige Wassertreppe oder vielmehr eine Treppe mit Wasserrampen hat schon die Bewunderung der Reisenden des 16. Jahrhunderts geweckt.[188] Wie in der Alhambra wurde auch bei der Anlage des Generalife der Blick nach draußen bewußt in die Gesamtkonzeption einbezogen; im Generalife ist die Natur allgegenwärtig, da sie auch im Innern die Hauptrolle spielt.

Die Anlage, deren Namen wahrscheinlich von »Jannat al-'Arîf« (»Garten des Künstlers«) abgeleitet ist, datiert vermutlich ins erste Drittel des 14. Jahrhunderts, denn eine Inschrift nennt den Namen Ismâ'îls I. Sie ist seit der christlichen Eroberung tiefgreifend verändert worden; ein Brand im Jahre 1958 erlaubte gründliche archäologische Forschungen und eine weitgehende Rekonstruktion des ursprünglichen Komplexes.[189] Ein Betsaal und ein Bad sind dabei entdeckt worden, woraus hervorgeht, daß der Generalife als unabhängiger Sommersitz fungieren konnte. Der »Patio de la Acequia« ist mit seinen beiden sich kreuzenden Alleen dem Löwenhof verwandt. Seine heutigen Fontänen sind modern, aber Reste mehrerer Tonröhren beweisen, daß er immer schon welche besessen hatte.

Weiter oben am Hang, in Richtung Norden, liegen Ruinen einer ähnlichen Munya, genannt »Dâr al-'arûsa« (»Haus der Braut«).

OBEN:
Das Dach des Pavillons der Abencerrajes

Alhambra, die Muqarnaskuppel des Saales der Abencerrajes
Der Kontrast zwischen den reichen und höchst raffinierten Innenraumausstattungen und dem schlichten Äußeren der Bauten der westislamischen Welt ist immer wieder überraschend und erreicht in der Alhambra kaum zu überbietende Höhepunkte.

Alhambra, Sala de los Reyes, der Saal der Könige
Der auch als Sala de la Justicia bekannte Raum befindet sich auf der östlichen Schmalseite des Löwenhofes. Die Muqarnasbögen verleihen dem Raum eine außerordentliche Tiefenwirkung.

Architektonische Hauptthemen der Alhambra

Einige Besonderheiten fallen in der so intimen Palastarchitektur der Nasriden auf: zum Beispiel die spezifische Verbindung, die Empfangssäle mit Wasserspielen und Gärten eingehen, die Raumgruppierungen mit ihren deutlichen Hierarchisierungen, das so eigenartige Wehrturm-Schlößchen-Thema und die Komplexität der Kommunikationssysteme.

Schon in Madînat al Zahrâ' hatten Teiche ganz allgemein eine große Rolle gespielt; darüber hinaus war zumindest einer mit der Absicht vor einem Empfangspavillon angelegt worden (dem Salón Rico), daß seine spiegelnde Oberfläche die Schönheit der Bauwerke steigere. In verschiedenen Taifapalästen präzisierte sich dieses Thema, das in der Alhambra und im Generalife eine bisher unbekannte Steigerung und Differenzierung erfuhr. Die Becken sind hier meist längsrechteckig (Acequia und Alberca), auch U-förmig (im Süden des Partal), niemals quadratisch und selten rund (im Generalife). Oft

Alhambra, Baño Real, das königliche Bad, Schnitt und Grundriß von Owen Jones
Das auch als Baño del Palacio de Comares bekannte Bad geht auf die Zeit Yûsufs I. zurück. Es wurde mehrfach umgebaut, und man kennt heute die Einzelheiten der Anordnung des mittelalterlichen Bades besser als Owen Jones im 19. Jahrhundert.
Das Bad liegt wie eingekeilt zwischen dem Myrtenhof, dem Löwenhof und dem Saal der zwei Schwestern und befindet sich tief unter dem Niveau dieser Komplexe; es ist vom unteren Garten des Löwenhofpalastes, dem heutigen Linderajagarten, aus zugänglich.

LINKS:
Alhambra, Baño Real
Das Bad entspricht den im mittelalterlichen westlichen Islam üblichen Anlagen und sticht nur durch seinen gepflegten Dekor hervor. Insgesamt sind die Bäder der östlichen islamischen Metropolen dieser Zeit komplizierter angelegt.

rieselt das zufließende Frischwasser über eine runde, flache Schale ins Bekken. Das Wasserthema wird noch in den Wohn- und Empfangsräumen fortgeführt: Im »Saal der Abencerrajes« und im »Saal der zwei Schwestern« erstrecken sich die Kanäle des Löwenhofs bis in die Innenräume, wo das Wasser leise in Becken plätschert. Man denkt unwillkürlich an das koranische Paradies mit seinen Gärten, seinen Quellen und seinen »Gemächern, in denen Bäche fließen«. Der viergeteilte Garten mit seinen tiefliegenden Beeten, seinen symmetrischen Pavillons und den Becken und Kanälen gehört ganz eindeutig in den Zusammenhang der Empfangsarchitektur, die somit den Naturgenuß zu einem wichtigen Statussymbol macht. Dieser Genuß wird übrigens nicht unmittelbar in der Natur selbst erlebt – der Fuß berührt weder Erde noch Gras, die Hand pflückt keine Blumen; sich ins Gras zu legen ist völlig undenkbar. Man wandelt auf Marmorwegen hoch über den Beeten und empfängt von unten her den Duft der Blumen und der Orangenblüten; man betrachtet von den Teppichen und Sofas der zum Patio hin offenen Empfangssäle aus den Hortus conclusus und lauscht seinen Wasserspielen.

In der Empfangsarchitektur haben die basilikalen Hallen von Madînat al-Zahrâ' Kuppelsälen Platz gemacht. Die Prachtkuppeln sind nie gemauert; sie bestehen aus großen Holzgewölben wie im Gesandtensaal Yûsufs I. oder aus kleinteiligen, stuckierten Muqarnasgewölben wie in den Prachtsälen Muhammads; immer sind sie in pyramidale Zeltdächer eingebaut. Die Räume sind relativ klein und zu Wohneinheiten gruppiert; zum Kuppelsaal gehören Seitenhallen, Alkoven, Vorhalle und Portikus. Ein festes Schema der Raumgruppierungen scheint sich weder unter Yûsuf I. noch unter Muhammad V. herausgebildet zu haben, konstant ist jedoch die Kleinteiligkeit und die Fragmentierung der Dachzone: Jeder Raum besitzt seine eigene Decke und Dachkonstruktion (daher aus der Vogelperspektive der kaleidoskopartige Eindruck des Ganzen); indes dominiert der Hauptraum immer ganz unübersehbar. Die Hierarchisierung innerhalb jeder Raumeinheit ist eindeutig; es ist wahrscheinlich (aber nicht mehr belegbar, da die Häuser der einfachen Bevölkerung nicht erhalten sind), daß es eine klare Hierarchie der Raumeinheiten selbst je nach Lage, Konfiguration und Dekor gab. Gegenüber Madînat al-Zahrâ', das den Beginn einer Bauperiode markiert, an deren Ende die Alhambra steht, kann man feststellen, daß die Tendenz zur Kleinteiligkeit weiterentwickelt, die Raumkonfigurationen vervielfältigt und das Prinzip der räumlichen Hierarchisierung erhalten und verfeinert wurden.

Eine Eigentümlichkeit der Alhambra sind die gleichsam zu Lustschlößchen ausgebauten mächtigen Festungstürme. Das Grundthema bleibt ein massiver Turm mit quadratischem oder rechteckigem Grundriß, in dessen Stockwerken sich zentrale Räume mit Galerien befinden. Der Mittelraum ist manchmal in einen Hof oder vielmehr in einen Lichtschacht umgestaltet. Dieses Anordnungsprinzip ist keineswegs neu, auch die Verwandlung eines Festungsturmes in Prestigearchitektur hat schon viel ältere Vorbilder, zum Beispiel in Algerien im Manârturm der ziridischen Qal'a der Banû Hammâd[190] vom Ende des 11. Jahrhunderts. Neu ist nur die Anmut der Innengestaltung, die Intimität dieser Wohnungen, die weit entfernt sind vom Aufwand des ziridischen Manârturmes, welcher in mancher Hinsicht im Comaresturm weiterlebt. Die später gegebenen Namen wie »Peinador de la Reina« (»Frisierzimmer der Königin«) und »Torre de las Damas« (»Turm

Der Patio de la Acequia im Generalife
Auch dieser langgestreckte Garten besitzt das Achsenkreuz überhöhter Wege mit dem zentralen Becken, das die Anlage des Löwenhofes bestimmt.

der Damen«) sowie die von Washington Irving gesammelten Legenden, in denen schöne, unglückliche arabische Prinzessinnen in diesen Türmen nach ihren Liebhabern schmachten, zeigen deutlich, daß die christlichen Eroberer den Gegensatz zwischen äußerer Erscheinung und Innengestaltung ebenso deutlich empfanden wie wir heute.

Die Kommunikationssysteme sind außerordentlich kompliziert und ebenfalls deutlich hierarchisiert. Ein gutes Beispiel dafür gibt der Zugang zum Comareskomplex durch den »Cuarto Dorado«: Die Südfassade des »Cuarto Dorado«, welcher den administrativen, öffentlichen Teil des Palastes vom privaten und vom Empfangsteil trennt, hat zwei Türen; die rechte gab Zugang zu den Privatgemächern des Herrschers, durch die linke gelangte man in den Comareskomplex, den Empfangsteil des Palastes. Dieser dreimal abgewinkelte Zugang enthielt Nischen für die Wächter sowie Türflügel, die sich gegenständig öffneten, um die Überwachung zu sichern. Der private Eingang war noch erheblich komplizierter und verwinkelter. Beide waren streng voneinander getrennt, und beide zwangen den Eintretenden auf einen genau festgelegten Weg, der keinen Ausweg offenließ.[191] Die Trennung und die Differenzierung der Zugänge je nach Benutzerkategorie treten noch deutlicher in späteren, besser erhaltenen Palaststädten hervor,[192] waren wohl aber auch schon in Madînat al-Zahrâ' vorhanden.

Wenn man die wichtigsten funktionalen Aspekte dieser Herrscherstadt zusammenfassen will, so kann man wohl behaupten, daß die Schutz- und Wehrfunktion sichtlich eine überragende Rolle spielte und daß die Präsentations- und Empfangsfunktion zu neuen und spezifischen Lösungen führte. Die religiöse Funktion erscheint zwar auf den ersten Blick omnipräsent: durch eine (nicht erhaltene) Freitagsmoschee, durch eine Vielzahl kleiner Betsäle und die obligatorischen religiösen Inschriften, die hier aber nicht allbeherrschend sind, da auch historische und poetische Texte einen wichtigen Platz in der Epigraphik einnehmen.[193] Die kleinen Privatbeträume mit ihrem einfachen, rechteckigen Grundriß sind fern von den früheren Palastoratorien mit ihrer durchdachten, bedeutungsreichen Planung und Ausarbeitung, und man hat insgesamt den Eindruck, daß die religiöse Funktion hier doch weniger determinierend war als in manchen anderen islamischen Palaststädten. Die symbolische Funktion des Dekors ist oft kommentiert worden: Es steht wohl außer Frage, daß die Kuppeln mit ihrem geometrischen Stern- und Muqarnasdekor allgemein Assoziationen mit dem bestirnten Himmelszelt hervorrief, aber weiter darf man kaum gehen in der Interpretation.[194]

Viele Fragen sind bis heute noch ungeklärt, so zum Beispiel die nach der Beziehung zwischen Comareskomplex und Löwenhofkomplex. Handelte es sich um Sommer- und Winterresidenz? Um Empfangs- und Privatgebäude? Oder einfach um zwei chronologisch aufeinanderfolgende Herrscherbauten, die auf selbstbewußte Autopräsentation zielten? Offen ist auch die Frage der Stilentwicklung. So trifft man im »Patio del Haren« (im Löwenhofkomplex) aus der Zeit Muhammads V. auf einen Wanddekor im almohadischen Stil, der von dem sonst üblichen Dekor dieser Zeit deutlich absticht und uns zwingt, unser Bild vom Stil dieser Epoche zu modifizieren.[195] Generell kann man eine immer weiter voranschreitende Verfeinerung in der Ausarbeitung der bestehenden Formelemente beobachten. So sind die Säulen Muhammads V. an sich keine neue Schöpfung, doch die Art ihrer rhythmischen

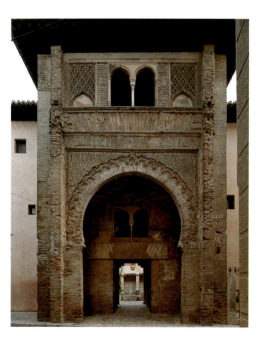

Granada, Fassade des Corral del Carbón
Dieser einstige Funduq, eine Art Herberge, Warenlager und Fernhandelszentrum, befand sich im Zentrum der Stadt Granada, dicht bei der Großen Moschee und beim Markt (dem arabischen Sûq). Das Innere dieses Baues vom Anfang des 14. Jahrhunderts ist weitgehend zerstört, aber seine schöne Ziegelfassade erhebt sich noch in einer Gasse der Altstadt.

Blick vom Velaturm nach Osten auf die Alcazaba, die Torre de Homenaje und die Torre Quebrada
Die schwer befestigte Alcazaba ist der älteste Teil der Alhambra. Im Innern finden sich die Ruinen eines Wohnviertels, des Barrio Castrense (Militärviertel), das einst siebzehn Wohnungen, ein Bad, einen Brunnen, Depots, Kasernen und Ställe besaß.

Anordnung um den Löwenhof herum hatte es noch nie gegeben. Völlig neuartig und überraschend sind die drei großen Gemälde des Königssaales, die anscheinend aus einem christlichen Atelier stammen, dessen Meister möglicherweise in Avignon ausgebildet worden waren.[196]

Nasridische Bauwerke der Bürgerstadt und des Sultanats

Auch in der Stadt und im Sultanat Granada entstanden neue und heute zum Teil noch erhaltene Bauten in der Nasridenzeit. Der »Cuarto Real de Santo Domingo«, später zeitweise die Wohnung des Großinquisitors Torquemada, war ursprünglich ein Palast aus der Zeit Muhammads II.; ebenfalls in der »Vorstadt der Töpfer« liegt die »Casa de los Girones«, wohl auch aus dem 13. Jahrhundert. Der Alcázar Genil befindet sich weiter südlich, außerhalb der Stadt Granada, in der Nähe der Einsiedelei des heiligen Sebastian, die ursprünglich eine nasridische Grabkuppel war. Im Alcázar Genil, der einst zwei Wasserbecken besaß, gibt es noch einen Saal mit zwei Alkoven und einem Portikus, dessen Dekor aus der Zeit Yûsufs I. datiert. Im Franziskanerinnenkloster Santa Isabel la Real, auf der Alcazaba Qadima, blieb ein kleiner Palast erhalten, Daralhorra, den man dem 15. Jahrhundert zuschreibt. Im selben Stadtteil liegt ein anderes Kloster mit den Resten eines

Madrasa, Kuppel im Betraum
Im quadratischen Betraum erhebt sich über einer oktogonalen Basis eine Holz- und Muqarnaskuppel.

Granada, Mihrâbfassade der Madrasa
Yûsuf I. hatte eine Madrasa, eine juristisch-theologische Hochschule, in Granada errichten lassen, die in christlicher Zeit zerstört und im 19. Jahrhundert restauriert wurde. Im quadratischen Betsaal leiten die Muqarnastrompen in den Ecken zu dem Achteck der Kuppelbasis über.

islamischen Hauses aus dem 15. Jahrhundert: Santa Catalina de Zafra. Von einigen Munyas der Umgebung bestehen noch Reste, so im Cortijo del Cobertizo und etwas weiter südlich, im Cortijo de la Marquesa, die sogenannte »Darabenaz«, wohl ebenfalls aus dem 15. Jahrhundert.[197] In Ronda haben sich in der Casa de los Gigantes Elemente aus islamischer Zeit erhalten.[198]

Überreste der zahlreichen nasridischen Hammâms hat man in Granada und in Tarifa sowie in der Nähe des Dorfes Zubia und in Churriana gefunden. Das Hammâm von Ronda gehört zu diesen islamischen Bädern, obwohl die Stadt zu jener Zeit wohl nicht unter nasridischer Oberherrschaft stand, sondern den Marîniden gehörte. Die westislamischen Hammâms blieben erstaunlich archaisch im Vergleich zu den weiterentwickelten des Vorderen Orient. Auf ihrem rechteckigen Grundriß folgen Umkleide-, Kaltwasser-, Warmwasser- und Heißwasserraum aufeinander. Separate Kabinen waren oft sowohl im Umkleideraum als auch im Sudatorium eingebaut. Geheizt wurde nach wie vor durch Hypokausten. Der Umkleide- und Ruhesaal ist indes größer als die anderen und hat meist eine Kuppel, Fayencedecor und manchmal auch Galerien.

Muhammad V. hatte in der Stadt Granada ein Mâristân, ein Krankenhaus für die Armen mit einer psychiatrischen Abteilung, erbauen lassen, das 1843 abgerissen wurde.[199] Sein längsrechteckiger Innenhof hatte ein Wasserbecken mit zwei Löwenskulpturen als Brunnenfiguren (heute im Partal). Seine Gründungsinschrift wird heute im Alhambramuseum aufbewahrt. Insgesamt ist dieser Mâristân schlichter als seine zeitgenössischen vorderorientalischen Parallelen. Der heutige Corral del Carbón, ein Funduq, ist am Anfang des 14. Jahrhunderts in der Nähe der Qaysâriyya und der Großen Moschee entstanden; er diente als Warenlager, als Großhandelszentrum und als Herberge. Sein monumentales Portal ist erhalten, seine Innenausstattung hingegen zerstört, doch ist der Grundriß mit seinem rechteckigen Innenhof, seinen Galerien und Zellen und seinem ersten Stockwerk noch erkennbar.

Viele Berggipfel und -kämme des Sultanats besitzen heute noch Reste von Festungen, in den meisten Fällen ältere Gründungen, die in der nasridischen beziehungsweise marînidischen Zeit benutzt und restauriert wurden. Manche, wie Tabernas, hatten vor allem strategische Funktionen, andere waren Flucht- und Wachburgen, wie Alcaudete, La Guardia bei Jaén oder Moclín, wieder andere waren in erster Linie befestigte Siedlungen oder Städte wie Archidona, Antequera oder Ronda. Die wuchtigen, viereckigen Ecktürme dieser Zeit lassen den Einfluß christlicher Festungen vermuten. Die Calahorra von Gibraltar und der Bergfried von Málaga und Antequera gehören zu dieser Kategorie.

Von den Sakralbauten ist wenig erhalten. Die Hauptmoschee der Alhambra war ein dreischiffiger Raum, wahrscheinlich mit erhöhtem und erweitertem Mittelschiff, dem man christliche Einflüsse zugeschrieben hat. Die sehr viel ältere (ziridische) Hauptmoschee von Granada, die der Kathedrale weichen mußte, besaß ebenfalls einen mehrschiffigen basilikalen Betsaal. Einige Minarette sind in Kirchtürme verwandelt und erhalten worden, so der Turm von San Juán de los Reyes in Granada, der Turm der inzwischen verschwundenen Sebastianskirche von Ronda, die Minarette von Archez und Salares in einem abgelegenen Tal des Küstengebirges der Provinz von Málaga. In Ronda ist von der früheren Hauptmoschee, an deren Stelle heute die Stifts-

212

kirche Santa María steht, der Mihrâbbogen mit seinen reichen Stuckschnitzereien erhalten, der eigentlich eher in die marînidische als in die nasridische Sakralkunst gehört. Von einer von Yûsuf I. in Granada gegründeten Madrasa (Hochschule), die im 18. Jahrhundert weitgehend zerstört und Ende des 19. Jahrhunderts restauriert wurde, sind der Patio und der quadratische Gebetsraum mit seinem Mihrâb und seiner über Muqarnastrompen errichteten Kuppel noch zu sehen. Es ist die einzige einigermaßen erhaltene Madrasa des Sultanats von Granada.

Fiñana[200], eine befestigte Stadt, ein Hisn, auf der Straße von Almería nach Granada, hat in seiner Ermita die Reste einer nasridischen Moschee bewahrt. Vier achteckige Pfeiler begrenzen neun Joche; der Betsaal ist heute sehr einfach; hingegen ist ein reich geschnitzter Mihrâb erhalten, der aus einer hervorragenden Granadiner Werkstatt stammen dürfte.

Nasridischer Baudekor

Im Baudekor dominieren Marmorpaneele, farbig gefaßter, skulptierter Stuck und polychrome Fayence. Auch Holz ist in den Decken, Vordächern, Konsolen und Türen zum Dekor verarbeitet; es gibt geschnitztes und bemaltes Holz oder Einlegearbeiten. Gedrehte Holzgitter finden sich vor Fenster- und Türöffnungen und Balkonen. Die farbigen, in Stuck gefaßten Gläser der Oberlichter waren in Andalusien ebenso gebräuchlich wie im marînidischen Marokko.

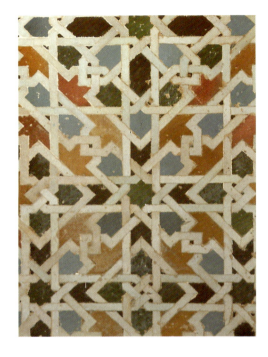

Granada, Alhambra, Detail eines Fayencemosaiks

Die Alhambra bietet eine Vielzahl verschiedener Bogenformen, vom Hufeisenbogen der Kalifatszeit über den einfachen Rundbogen zu Flach- und Stelzbögen, zu Vielpaß- und Muqarnasbögen. Die großzügigen Formen der Almohadenzeit sind jetzt in kleinteilige Elemente aufgelöst. Breite Kämpferblöcke schieben sich zwischen Kapitell und Bogenansatz; oft sind ihre Sichtflächen skulptiert. Das Kapitell selbst entspricht einer logischen Folge der Ansätze aus der Kalifatszeit: Der untere, zylindrische Teil setzt sich kompromißlos von dem oberen, quaderförmigen ab, so daß die Silhouette sich vereinfacht; indes wird der Binnendekor feiner und nimmt immer mehr überhand. Der zylindrische Teil des Kapitells hat fast ausnahmslos das gleiche Muster: eine Art Wellenband, zu dem sich die einfachen oder doppelten glatten Blattkronen der Kapitelle der Kalifatszeit schon in der almohadischen Zeit schematisiert hatten. Der obere Teil ist mit seinem kompakten Arabeskendekor abwechslungsreicher gestaltet. In der Alhambra kommen auch reine Muqarnaskapitelle vor. Manche der graziösen Marmorsäulenschäfte weisen nahe dem Kapitell mehrere Schaftringe auf, die gewissermaßen auf das Kapitell vorbereiten. Oktogonale Säulen sind nicht selten; sie können wie auch andere prismatische Schäfte eine bunte Fayenceverkleidung haben.

Granada, Fayenceschale aus der Alhambra, Museo Nacional de Arte Hispanomusulmán, 14. Jahrhundert

Das nasridische Motivrepertoire räumt der Epigraphik und hier besonders der kursiven Schrift einen hohen Stellenwert ein. Die kufische Schrift wird nur mehr für repetitive religiöse Formeln benutzt, unter denen eine wie ein Wappen gebraucht wird: »wa-lâ ghâliba illâ'llâh«, »es gibt keinen Sieger außer Gott«. Flechtbänder und die verschiedensten Bogen- und Arabeskenformen vermischen sich mit den Schriftzeichen.

Die Wände der Säle sind häufig mit horizontalen Bändern und mit Paneelen bedeckt, die den Dekor um eine Achse komponieren. Die asymmetri-

Fiñana, zur Altarnische umgestalteter Mihrâb
Fiñana, ein Bergstädtchen im Südosten von Granada, war einst eine befestigte islamische Siedlung; anstelle ihrer Moschee steht heute eine Ermita, die die Reste des nasridischen Sakralbaus bewahrt. Die fein geschnittenen Stuckpaneele nasridischer Faktur der Mihrâbfassade sind zum Teil erhalten und geben wie so viele andere spanische Sakralbauten ein lebendiges Zeugnis von der Perennität der Kultorte.

sche Halbpalmette, gefiedert oder glatt, und die verschiedensten Knospenformen verbinden sich mit den Kreisen der Blattstiele zu einem dichten, kleinteiligen, immer wiederkehrenden Flächendekor. Kleine Palmetten sowie vier- und fünfblättrige Blumen und eine Art dreigliedrige Lilie vermengen sich mit den Halbpalmetten. Der Pinienzapfen taucht weiterhin auf, allerdings nun meist in einem aus der Halbpalmette entwickelten Rahmen. Geometrische und vegetabilische Elemente sind kaum noch voneinander zu trennen. Die sich überschneidenden Bögen formen Rautenmuster mit dichtem Binnendekor, der die gleichen ineinander aufgehenden geometrischen und vegetabilischen Elemente verwendet. Die Flechtsternornamentik bedeckt nun immer weitere Felder; trotz ihrer scheinbaren Komplexität ist das Grundschema einfach, da es am Ende immer auf das Quadrat zurückführt: Es handelt sich um vier-, acht-, zwölf-, sechzehn- und vierundzwanzigeckige Sternmuster; das Fünfeck und das Sechseck und deren Ableitungen fehlen so gut wie ganz.

Zwar sind neue Elemente christlicher, meist wohl zeitgenössischer Herkunft im Dekor der Nasriden und besonders in der Alhambra Muhammads V. ganz eindeutig, doch führen sie genausowenig wie die ebenfalls importierten gestelzten Bögen dazu, die Formen des Baudekors zu erneuern. Auch die Grund- und Aufrisse der nasridischen Baumeister bringen kaum wirklich neue Ansätze; das Hofhaus mit dem rechteckigen Patio und seinen Galerien, der basilikale Sakralbau und der Kuppelsaal als Höhepunkt der Säkularchitektur – alle diese Bauprogramme sind schon längst formuliert. Somit ist die Nasridenzeit oft und wohl mit einem gewissen Recht als unschöpferisch und dekadent definiert worden. Aber man kann in der Suche nach Verfeinerung, in der »ein Ideal der Eleganz das der Kraft ersetzt«[201], durchaus einen positiven Wert sehen; Harmonie anstelle von Pomp, Lebenskunst anstelle von prahlerischem Waffengerassel. Die Touristenscharen in der Alhambra beweisen, daß unsere Zeit ganz besonders empfänglich ist für den spezifischen Charakter des nasridischen Kunstwollens.

Ronda, Ansatz des Mihrâbbogens in der heutigen Kathedrale
Diese Stuckschnitzerei stammt möglicherweise vom Ende des 13. Jahrhunderts und könnte marînidisch beeinflußt sein.

Schlußbetrachtung

Athena gleich präsentiert sich die andalusische Baukunst von ihrer ersten Stunde an im vollen Besitz ihrer Mittel; der Gründungsbau der Freitagsmoschee von Córdoba zeigt keine Unsicherheiten, keine Zweifel, er ist kein Anfängerwerk. Die Entwicklung, die dazu führte, hatte sich nicht auf spanischem Boden vollzogen, sondern im Vorderen Orient, wo die umayyadische Kunst und Kultur von der Mitte des 7. bis zur Mitte des 8. Jahrhunderts entsteht, wächst und reift. Im Vorderen Orient reißt dieser Faden im Jahre 750 ab, um in Spanien etwa 30 Jahre später wiederaufgenommen zu werden. Um diese Zeit setzt im Vorderen Orient eine andere Entwicklung ein, die im Verlauf einer tiefer greifenden Orientalisierung vom umayyadischen Erbe fort zu neuen Gestaltungsprinzipien und Formen führt. Auf der Iberischen Halbinsel hingegen wird dieses Erbe durch die unausweichliche Auseinandersetzung mit dem viel früher einheimisch gewordenen römischen und westgotischen Kulturgut bereichert, jedoch nicht verfremdet.

Ist es nun möglich, in der spanisch-islamischen Baukunst spezifische Züge zu erkennen, die sie von Anfang an und bis zu ihrem Ende charakterisieren und im Bereich der islamischen Baukunst unverwechselbar machen? Man kann die Frage zweifellos bejahen; die Kunstprovinz Andalusien besitzt durchaus einen eigenen Lokalstil, der durch alle zeitlich bedingten Variationen prägend bleibt. Er resultiert zum einen aus den materiellen Gegebenheiten, zum anderen aus den anfänglichen Impulsen: In die westgotische Kunstlandschaft mit ihren byzantinischen und germanischen Zügen und ihrem starken Anteil an provinzrömischem Kulturgut werden die umayyadischen Formgedanken importiert, in denen wiederum byzantinische, klassisch-mediterrane und sassanidische Elemente nebeneinanderstehen.

Die geographische Isolierung Andalusiens ist wahrscheinlich die wichtigste Ursache der stilistischen Sonderentwicklung und bestimmt deren tiefen Konservatismus. In der Profanarchitektur regiert unverdrossen das Hofhaus mit oder ohne Portikus, mit oder ohne Nebenhof und Innengarten, das eindeutig römisches Erbe ist. Der basilikale Bau durchzieht die monumentale Sakralarchitektur wie ein roter Faden; selbst die Erneuerungen der Almohadenzeit weichen nicht von ihm ab; die Freitagsmoscheen Andalusiens bleiben dem Medinenser Modell treu, das sie zwar ausarbeiten, aber nie wirklich aufgeben. Die Auseinandersetzungen mit dem monumentalen Kuppelsaal und dem Iwan, die die östliche Bauproblematik von den Saldschuken an bestimmen, dringen nicht bis nach Andalusien vor; diese Feststellung wird auch durch die kurzfristigen Erfahrungen des 10. und 14. Jahrhunderts in Córdoba und Granada kaum eingeschränkt, denn die erste Phase geht nicht weiter in konstruktiven Erneuerungen, sondern verläuft

Alhambra, Detail aus einem Fayencemosaik
Diese unendlichen Sternmuster in Fayencemosaik (oder auch in weniger aufwendigen Fayencetechniken) bedecken seit dem Bau der Alhambra Quadratkilometer von Wandsokkeln in der maurischen Welt. Allerdings wird die Qualität und die Feinheit des Alhambradekors nur selten erreicht.

sich im Dekor, und die zweite beschränkt sich auf Holz- und Stuckkuppeln in Dachstühlen.

Im Dekor kann man eine homogene, ziemlich lineare Entwicklung beobachten, die von Anfang an von der ostislamischen abweicht. Die Formen und Motive römisch-klassischer, orientalischer und westgotischer Herkunft[202] lassen sich bis tief ins 10. Jahrhundert noch voneinander unterscheiden. Sie verschmelzen eigentlich erst in der Taifakunst zu einer homogenen und sehr raffinierten, Effekte nicht scheuenden Kunstsprache, deren vegetabilische Elemente sich schon weitgehend von ihren einstigen naturalistischen Modellen gelöst hatten und statt dessen nun eine immer engere Verbindung mit der Geometrie eingehen. Diese Kunstsprache sucht die Eleganz; mathematisch genau angelegte Schemata liegen den kleinteiligen, dekorativen Kompositionen zugrunde, Wiederholung wird zum Stilelement. Lebendige und oft humorvolle figürliche Motive findet man vor allem im Kunsthandwerk; sie sind wie eingebettet in die höhere geometrische Ordnung, die sie keineswegs sprengen.

Die Kraftprobe mit den nordafrikanischen Berberdynastien, die Geschmack, Sensibilität und Aufgabenstellung des künstlerischen Schaffens neu bestimmen, gibt seit Anfang des 12. Jahrhunderts frische Impulse.

Alhambra, Cuarto Dorado, Fassade (Stich des 19. Jahrhunderts)

Der Patio de la Acequia im Generalife

Zunächst erscheinen die afrikanischen Eroberer eindeutig als Empfänger, aber bald ändert sich das Verhältnis, und Andalusien wandelt sich für kurze Zeit vom Geber zum Empfänger. Die kulturelle Verbindung zum islamischen Orient bricht im übrigen nie wirklich ab; orientalisches Formengut wird im Westislam immer wieder auf eine merkwürdige, eklektische Art rezipiert, wobei zur Zeit der Berberherrschaft neueste orientalische Errungenschaften, wie zum Beispiel die Muqarnas, neben sehr viel älteren, wie manchen Stuckmotiven aus dem abbassidischen Samarra (9. Jahrhundert), stehen. Die nasridische Kunst übernimmt zwar viele Elemente der Almohadenzeit, aber deren großartige, alle Teilelemente durchdringende Gesamtkonzeptionen bleiben nicht erhalten. Das Kunstwollen dieser letzten Zeit islamischer Herrschaft und islamischer Großaufträge auf iberischem Boden ist bestimmt vom Streben nach Intimität und Harmonie, die mit den ambitiösen Almohadenprogrammen nicht mehr auf einen Nenner zu bringen sind. Die Integration einzelner Motive aus der europäischen Welt in den Formenschatz dieser Zeit ist vielleicht genauso zu sehen wie die Einbeziehung islamischer Motive in den Baudekor der christlichen Paläste von Sevilla: als symbolisches Präludium einer neuen Epoche, die trotz Inquisition und Vertreibungsedikten das islamische Erbe nicht verleugnet und für die Goethes zeitlose Verse aus dem Westöstlichen Diwan zutreffen:

»Herrlich ist der Orient
Übers Mittelmeer gedrungen;
Nur wer Hafis liebt und kennt
Weiß was Calderón gesungen.«

SEITE 220:
Romantischer Stich, Blick auf die Nordfassade des Myrtenhofes
Der Zeichner hat den Palast Karls V., der die nasridischen Bauten überragt, diskret verschwiegen.

Anmerkungen

1 Ein im Museo Arqueológico Nacional von Madrid aufbewahrter Dinar.
2 Halm, H.: Al-Andalus und Gothica Sors, in: Welt des Orients, 66, 1989, S. 252–263.
3 Bonnassié, P.: Le temps des Wisigoths, in: Bennasser, B.: Histoire des Espagnols. VIe-XVIIe siècle, Paris 1985, S. 50 f.
4 Claudio Sánchez-Albornoz spricht von einem geradezu fanatischen Erinnerungskult, den die Kämpfer der Reconquista der Westgotenzeit zollten. Sánchez-Albornoz, C.: L'Espagne Musulmane, Publisud, ⁴1985; ders.: Espagne préislamique et Espagne musulmane, in: Revue historique, 1967, S. 295–338.
5 de Palol, P.: Regard sur l'art wisigoth, Paris 1979. Dazu auch das entsprechende Kapitel in: Terrasse, H.: Islam d'Espagne. Une rencontre de l'Orient et de l'Occident, Paris 1958, S. 15–25; siehe vor allem Fontaine, J.: L'art préroman hispanique, La pierre-qui-vire, in: Zodiaque (Hrsg.), La Nuit des Temps, 38, 1973.
6 Eigentlich Madînat al-nabî, die Stadt des Propheten. Zum Thema der Gründung Madinas und des ersten islamischen Staates: Noth, A.: Früher Islam, in: Haarmann, M. (Hrsg.): Geschichte der arabischen Welt, München 1987, S. 11–100.
7 Ibn 'Idhârî al-Marrakûshî: Kitâb al-bayân al-mughrib, ²II, 58–60, zitiert nach Hoenerbach, W.: Islamische Geschichte Spaniens, Zürich und Stuttgart 1970, S. 65, 525.
8 Diese Anekdote taucht oft auf, aber nur in der andalusischen Literatur. Ibn al-Khatîb in den a'mâl al-a'lâm übernimmt sie aus den Akhbâr Majmû'a und dem Bayan, ²II, 59, 60, zitiert nach Hoenerbach, W., a. a. O. (Anm. 7), S. 64.
9 Singer, H. R.: Der Maghreb und die Pyrenäenhalbinsel bis zum Ausgang des Mittelalters, in: Haarmann M. (Hrsg.), a. a. O. (Anm. 6), S. 275.
10 Laut Wasserstein, D.: The Rise and Fall of the Party-Kings. Politics and Society in Islamic Spain, 1002–1086, Princeton 1985, S. 23, bekehrten sich die Christen erst um die Mitte des 10. Jh. verstärkt zum Islam.
11 Ibn al-Qûtiyya: Iftitâh al-Andalus, zitiert nach Sánchez-Albornoz, C., a. a. O. (Anm. 4), S. 38–40.
12 Guichard, P.: Naissance de l'islam andalou, VIIIe-début Xe siècle, in: Bennasser, B., a. a. O. (Anm. 3), S. 79, 81.
13 Sourdel, D.: Wazîr et hâjib en Occident, in: Etudes d'orientalisme dédiées à la mémoire d'E. Lévi-Provençal Paris 1962, S. 749–755.
14 Ders., a. a. O. (Anm. 13).
15 Vernet, J.: Die spanisch-arabische Kultur in Orient und Okzident, Zürich und München 1984, S. 37.
16 Lévi-Provençal, E.: Histoire de l'Espagne Musulmane, 3 Bde., Paris 1950–67, Bd. 1, S. 193–278.
17 Obwohl spätestens seit der Grabung von C. de Mergelina (Bobastro, Memoria de las excavaciones realizadas en las Mesas de Villaverde, El Chorro [Málaga], Madrid 1927) die Lokalisierung von Bobastro in der Serrania von Málaga, auf einer Bergkuppe des Guadalhorcetals, eindeutig ist, flackert der Streit um dieselbe doch gelegentlich wieder auf: Vallve Bermejo, J.: De nuevos sobre Bobastro, in: Al-Andalus, 30, 1965, S. 139–174. Dieser Autor verlegt Bobastro nach Marmuyas, das sich jedoch als nasridisch erwiesen hat; dazu: Fernandez López, S.: Marmuyas (Montes de Málaga). Análisis de una investigación, in: Actas de I Congreso de Arqueología Medieval Española, Bd. III, Zaragoza 1986, S. 163–180.
18 Beide sollen von einem gewissen Hanasch al-San'anî gegründet worden sein. Lévi-Provençal, E., a. a. O. (Anm. 16), S. 344; Ibn 'Idhârî al-Marrakûshî, a. a. O. (Anm. 7), S. 98, 156.
19 Torres Balbás, L.: Arte Hispanomusulmán. Hasta la caída del califato de Córdoba, in: Menéndez Pidal, R. (Hrsg.): Historia de España, Bd. V, Madrid 1957, S. 341, der Ibn al-Qûtiyya, a. a. O. (Anm. 11), S. 11, zitiert.
20 Ders., a. a. O. (Anm. 19), S. 370, nach: Ibn al-Athîr, K. al-Kâmil fî l-târîkh, hersg. und übers. von Fagnan, E.: Annales, S. 379 und Übers. S. 101, und Maqqarî, Nafh al-tîb, hrsg. und übers. von Dozy, R.: Analectes, I, S. 358.
21 So berichtet jedenfalls Ibn 'Idhârî al Marrakûshî; jedoch schrieb dieser seinen al-Bayân al-mughrib am Ende des 13. Jh., und seine Angaben sind nicht immer zuverlässig. Die Vorgeschichte der Moschee von Córdoba bleibt unklar. Eine hervorragend präzise Zusammenfassung in: Ewert, Ch.: Spanisch-islamische Systeme sich kreuzender Bögen. I. Die senkrechten ebenen Systeme sich kreuzender Bögen als Stützkonstruktionen der vier Rippenkuppeln in der ehemaligen Hauptmoschee von Córdoba, Berlin 1968 (Madrider Forschungen, 2), S. 1. Dazu auch: Ocaña Jiménez, M.: Precisiones sobre la Historia de la Mezquita de Córdoba, in: Cuadernos de estudios medievales IV-V, Granada 1979, S. 275–282.
22 Creswell, K. A. C.: Early Muslim Architecture, Bd. 2, New York ²1979, S. 157, beruft sich auf Ibn al-Qûtiyya, Bibliothèque Nationale, Paris, Ms. arab., 1897, fols 27, 31, übers. von Cherbonneau, Journal Asiatique, 5e série, Bd. VIII, S. 475.
23 Wie es Creswell tut, a. a. O. (Anm. 22), Bd. I/1, S. 198–201, Bd. II, S. 156.
24 Bloom, J.: Minaret. Symbol of Islam, Oxford 1989, S. 33.
25 Cressier, P.: Les chapiteaux de la Grande Mosquée de Cordoue (oratoires d"Abd al-Rahmân I et d"Abd al-Rahmân II) et la sculpture de chapiteaux à l'époque émirale, in: Madrider Mitteilungen, 25, 1984, S. 257–313, Tafel 63–72, und 26, 1985, S. 216–281, Tafel 72–82.
26 Ewert, Ch. und Wisshak, J. P.: Forschungen zur almohadischen Moschee. I. Vorstufen. Hierarchische Gliederungen westislamischer Betsäle des 8. bis 11. Jahrhunderts: Die Hauptmoscheen von Kairouan und Córdoba und ihr Bannkreis, Mainz 1981 (Madrider Beiträge, 9).
27 Schlumberger, D: Qasr al-Heir el-Gharbi, Paris 1986, S. 24.
28 Torres Balbás, L., a. a. O. (Anm. 19), S. 377.
29 Terrasse, H.: L'art hispano-mauresque des origines au XIIIe siècle, Paris 1932, S. 153.
30 al-Idrîsî, Description de l'Afrique et de l'Espagne, hrsg. und übers. von Dozy, R. und de Goeje, J., Leiden 1866, S. 182, 220 f., nach: Torres Balbás, L. a. a. O. (Anm. 19), S. 385.
31 Die Uneinigkeit und Isolierung der Söhne 'Umar ibn Hafsûns führte dazu, daß die Festung schließlich dem Emir gewissermaßen wie eine überreife Frucht von selbst zufiel; Lévi-Provençal, E., a. a. O. (Anm. 16), Bd. 2, S. 16–24.
32 Nach Gómez-Moreno, M.: El arte árabe español hasta los Almohades – Arte mozarabe, in: Ars Hispaniae III, S. 63, hätte 'Abd al-Rahmân III. dort eine neue Festung anlegen lassen. Ebenso Terrasse, H., a. a. O. (Anm. 29), S. 158, der sich auf Ibn 'Idhârî al Marrakûshî, a. a. O. (Anm. 9), S. 333 bezieht. Dazu auch den Ausgrabungsbericht von de Mergelina, C.:La iglesia rupestre de Bobastro, in: Arch. esp. de Arte y Arqueología, Bd. II, Madrid 1925, und Torres Balbás, L.: Ciudades yermas hispanomusulmanas, Madrid 1957, S. 182–195.
33 de Mergelina, C., a. a. O. (Anm. 32); dazu auch Gómez-Moreno, M., a. a. O. (Anm. 32), S. 356.
34 So Ibn al-Khatîb, a. a. O. (Anm. 7), S. 109.
35 Ders., a. a. O. (Anm. 7), S. 130.
36 Guichard, P., a. a. O. (Anm. 12), S. 75, dazu auch: Wasserstein, D., a. a. O. (Anm. 10), S. 237. Der »Kalender von Córdoba« von Rabî 'Ibn Zayd oder Recesmund ist in arabisch verfaßt; auch Bibelübersetzungen ins Arabische entstanden in dieser Zeit. Während aus dem 9. Jh. noch lateinische Texte stammen, so ist aus

dem 11. Jh. nichts mehr überliefert.

37 Glick, Th. F.: Islamic and Christian Spain in the Early Middle Ages, Princeton 1979, S. 33–35, 282. Auch: Bulliet, R. W.: Conversion to Islam in the Medieval Period. An Essay in Quantitive History, Cambridge, Mass. & London 1979.

38 Guichard, P., a. a. O. (Anm. 12), S. 76, der in dem Zusammenhang einen Text von Ibn Hawqal zitiert.

39 Ayalon, D.: On the Eunuchs in Islam, in: Jerusalem Studies in Arabic and Islam, 1, 1979, S. 67–124.

40 Wasserstein, D., a. a. O. (Anm. 10), S. 25, auch: Lévi-Provençal, E., a. a. O. (Anm. 16), Bd. 2, S. 126 f.

41 Mamlûk: Unfreier (»eines andren Eigentum«), meist für Soldaten gebraucht. Ayalon, D.: Mamlûk, in: Encyclopédie de l'Islam, Bd. VI, 1987, S. 299–305.

42 Miles, G. C.: The Coinage of the Umayyads of Spain, 2 Bde., New York 1950.

43 Al-Maqqarî, Schihâb al-Dîn Abû l-'Abbâs Ahmad b. Muhammad Ahmad b. Yahyâ al-Quraschî al-Tilimsanî al-Fâsî al-Mâlikî (ca. 1577–1632), Nafh al-tîb, hrsg. in Kairo 1949 (10 Bde.), teilweise übersetzt von de Gayangos P.: The History of the Muhammadan Dynasties in Spain, London 1840, Neuausgabe New York 1964, Bd. I, S. 232.

44 Verschiedene umayyadische Schlösser besaßen die Statue eines Mannes, die möglicherweise einen Herrscher darstellen sollte, über dem Haupteingang; auch Bagdad, die runde Stadt, die 862 von al-Mansûr gegründet worden ist, soll über dem Dom des zentralen Palastes und über den Kuppeln der vier Stadttore Reiterbildnisse gehabt haben. Der Status der Frau in der islamischen Gesellschaft läßt die Verherrlichung einer Geliebten durch ein Bildnis über dem Stadttor als außerordentlich zweifelhaft erscheinen. Man kann indes nicht völlig ausschließen, daß al-Hakam eine antike Statue über dem Stadttor hat anbringen lassen, denn er sammelte nachweislich antike Skulpturen, die er bewunderte.

45 So Ibn al-Khatîb, a. a. O. (Anm. 8), S. 122; auch al-Maqqarî, a. a. O. (Anm. 43), Bd. I, S. 232 ff.

46 Bislang sind erst die nördlichen Teile der Stadt, die Herrscher- und Regierungsbauten der oberen Terrasse, ausgegraben worden, jedoch noch nicht vollständig. Der weite untere Bezirk ist noch völlig unangerührt. Seit der umfassenden Übersicht der bestehenden Literatur, die Klaus Brisch 1965 veröffentlicht hat (Medinat az-Zahra in der modernen archäologischen Literatur Spaniens, in: Kunst des Orients, 4, 1965, S. 5–41), sind einige neue Publikationen hinzugekommen, die hier nicht alle aufgelistet werden sollen; besonders bemerkenswert: Pavón Maldonado, B.: Memoria de la excavación de la mezquita de Medinat al-Zahra, Excavaciones Arqueológicas en España, N° 50, 1966; López-Cuervo, S., Medina az-Zahra. Ingeniería y forma, Madrid 1983; Hernández Giménez, F.: Madinat al-Zahra, Granada 1985; die erste Nummer der neuen Zeitschrift Cuadernos de Madînat al-Zahrâ' (1987) ist ein vielversprechender Anfang. Recht nützlich ist der kleine, eher für den Touristen bestimmte Band von Castejón y Martinez de Arizala, R.: Medina Azahara, León ²1982.

47 Davon zeugen zum Beispiel die seit 1987 bestehenden Colloquien und die schon erwähnte archäologische Zeitschrift Cuadernos de Madînat al-Zahrâ'. Konservator ist Antonio Vallejo Triano.

48 al-Idrîsî, a. a. O. (Anm. 30), S. 212, Übers. S. 163.

49 Die Bezeichnungen für die einzelnen Bauten gehen auf die Ausgräber zurück; die Namen werden in der archäologischen Literatur nicht einheitlich gebraucht.

50 Ibn al-Khatîb, a. a. O. (Anm. 8), S. 123; nach Ibn 'Idhârî al-Marrakûshî, a. a. O. (Anm. 7), S. 231, allerdings nur 800 Brote.

51 Castejón y Martinez de Arizala, R., a. a. O. (Anm. 46).

52 Diese Reise ist auch aus einem lateinischen Text bekannt: Johann, Abt von Sankt Arnulph, in seiner Biographie des Johann von Gorze, seines Vorgängers im Amt des Abtes von Sankt Arnulph; Monumenta Germaniae Historica, Script. IV, S. 335 ff.

53 Castejón y Martinez de Arizala, R., a. a. O. (Anm. 46), S. 42 f.

54 Lévi-Provençal, E., a. a. O. (Anm. 16), Bd. 2, S. 163 ff.

55 Marmorplatte rechts der Puerta de la Palmas; Lévi-Provençal, E.: Inscriptions arabes d'Espagne, Leiden und Paris 1931, S. 8 f.

56 Creswell, K. A. C., a. a. O. (Anm. 22), S. 141.

57 Hernández Giménez, F.: El Alminar de 'Abd al-Rahmân III. en la Mezquita mayor de Córdoba. Génesis y repercusiones, Granada 1979.

58 Brisch, K.: Die Fenstergitter und verwandte Ornamente der Hauptmoschee von Córdoba. Eine Untersuchung zur spanisch-islamischen Ornamentik, Berlin 1966 (Madrider Forschungen, 4), S. 28, Anm. 5; auch Ewert, Ch., a. a. O. (Anm. 21), S. 5.

59 Dazu die ausgezeichnete stilistische und technische Analyse von Ewert, Ch., a. a. O. (Anm. 21), S. 7–11, 67–74.

60 So zum Beispiel in Haghbat in der Bibliothek und in drei anderen Sälen des 13. Jahrhunderts. Der Nersessian, S.: L'Art Arménien, Paris 1977, S. 171; dazu auch Thierry, J.-M. und Donabédian, P.: Les Arts Arméniens, Paris 1987, S. 534 f. Übrigens auch in der armenischen St.-Jakobskirche in Jerusalem; Narkiss, B.: Armenian Art Treasures of Jerusalem, Jerusalem 1979, S. 120–122.

61 Gute und klare Analysen dieser Technik schon bei Reuther, O.: Ocheîdir, Leipzig 1912; dazu auch: Godard, A.: Voûtes iraniennes, in: Athar-é Irân, 1949.

62 Ewert, Ch., a. a. O. (Anm. 21), S. 74.

63 Dies., a. a. O. (Anm. 21), S. 75.

64 Stern, H.: Les Mosaïques de la Grande Mosquée de Cordoue, Berlin 1976 (Madrider Forschungen, 11), mit einem Aufsatz von Duda, D.: Zur Technik des Keramiksimses in der Großen Moschee von Córdoba, in: Madrider Forschungen, 11, 1976, S. 53 f.

65 Eine Technik, die bekanntlich auch der Meister der umayyadischen Mosaiken des Felsendoms beherrschte. Siehe van Berchem, M.: The Mosaics of the Dome of the Rock and the Great Mosque in Damascus, in: Creswell, K. A. C., a. a. O. (Anm. 22), Bd. 1, Teil 1. S. 223–372.

66 Stern, H., a. a. O. (Anm. 64), S. 36–38.

67 Ibn 'Idhârî gibt dies Jahr an, es ist aber nicht klar, ob es sich um Baubeginn oder Bauende handelt. Für Torres Balbás, L., a. a. O. (Anm. 19), S. 571, ist es der Anfang der Arbeiten, für Creswell, K. A. C., a. a. O. (Anm. 22), Bd. 2, S. 144, das Ende.

68 Dazu die überzeugenden Bemerkungen von Bloom, J., a. a. O (Anm. 24).

69 Auch wenn die Zahl nur als Topos für eine sehr große Menge steht, so war es doch wahrscheinlich »die wichtigste Bibliothek des Abendlandes«, Vernet, J., a. a. O. (Anm. 15), S. 47, 386.

70 Ewert, Ch.: Die Moschee am Bâb Mardûm in Toledo – eine »Kopie« der Moschee von Córdoba, in: Madrider Mitteilungen, 18, 1977, S. 278–354. Zum islamischen Toledo: Delgado Valero, C.: Toledo islámico: ciudad, arte e historia, Toledo 1987, S. 283–302: die Moschee von al-Bâb al-Mardûm.

71 Ewert, Ch., a. a. O. (Anm. 70), S. 339–349. Amador de los Ríos, J.: Toledo pintoresca o descripción de sus más célebres monumentos, Toledo 1845, S. 307 f.; Gómez-Moreno, M.: Arte Mudéjar Toledano, Madrid 1916, S. 5 f.; ders., a. a. O. (Anm. 32), S. 210–212. Mehrere Autoren ordnen das Bauwerk dem 12. Jh. zu und halten es für mudejarisch. Dazu auch die meines Wissens rezenteste – und ausgezeichnet dokumentierte – Arbeit von Clara Delgado Valero, a. a. O. (Anm. 70), S. 303–317, die die frühe Datierung bestätigt.

72 Die Spuren verschiedener anderer toledanischer

Sakralbauten des 10. und 11. Jh. werden von Delgado Valero, a. a. O. (Anm. 70), untersucht; ein näheres Eingehen auf sie würde den Rahmen dieser Arbeit sprengen.

73 Ewert, Ch.: Der Mihrâb der Hauptmoschee von Almería, in: Madrider Mitteilungen, 13, 1972, S. 287–336. Er hält eine dreischiffige Anlage für wahrscheinlich; Torres Balbás, L.: La Mezquita Mayor de Almería, in: Al-Andalus, 18, 1953, 412–443; er schließt auf eine fünfschiffige Moschee.

74 Cressier, P.: Le décor califal du mihrâb de la Grande Mosquée d'Almeria, in: Madrider Mitteilungen, 31, 1990, im Druck. Ich danke dem Autor für das Manuskript seines Aufsatzes. Die Restaurierung, die die Arkaden freigelegt hat, ist 1987 von der Junta de Andalucía unter der Leitung von L. Fernández Martínez und L. Pastor Rodríguez durchgeführt worden.

75 Abû'Ubayd al-Bakrî ist ein berühmter andalusischer Geograph des 11. Jh., der die meiste Zeit seines Lebens in Sevilla, Almería und Córdoba verbracht hatte. Über den Südwesten Andalusiens besaß er ganz besonders zuverlässige Quellen, da sein Vater Herrscher von Huelva und Saltés gewesen war, wo er selbst seine Jugend verlebt hatte. Eines seiner geographischen Hauptwerke ist das Kitâb al-mamâlik wa-l-masâlik, das nur zum Teil editiert und übersetzt worden ist. Für Nordafrika: Mac Guckin de Slane: Description de l'Afrique septentrionale, Algier 1857, frz. Übers. in: Journal Asiatique, 1857–58. Für Andalusien: Lévi-Provençal, E.: La Péninsule Iberique au Moyen-Age, Leiden 1938. Eine neue Übersetzung in spanisch: Vidal Beltrán, E.: Abû'Ubayd al-Bakrî. Geografía de España (Kitâb al-masâlik wa-l-mamâlik), Zaragoza 1982 (Textos Medievales, 53).

76 Jiménez Martín, A.: La mezquita de Almonaster, Instituto de Estudios Onubenses »Padre Marchena«, Diputación Provincial de Huelva, 1975; ein wesentliches Argument für die frühe Datierung ist in dieser interessanten Monographie der archaische Charakter des Mihrâbs.

77 Ders., a. a. O., (Anm. 76), S. 22.

78 Lévi-Provençal, E., a. a. O. (Anm. 55), S. 85 f., T. 20; abgebildet auch in: Kühnel, E.: Maurische Kunst, Berlin 1924, T. 18a.

79 Azuar Ruiz, R.: La Rábita Califal de las Dunas de Guardamar. Excavaciones Arqueológicas, Alicante 1989 (Museo Arqueológico); ders.: Una rábita hispanomusulmana del Siglo X, in: Archéologie Islamique 1, 1990, S. 109–145.

80 Codera, F.: Inscripción árabe de Guardamar, in Boletín de la Real Academía de la Historia, Bd. XXXI, 1987, S. 31 ff.; auch Lévi-Provençal, E., a. a. O. (Anm. 55), S. 93 f., Tafel XXIId; und Torres Balbás, L.: Rábitas hispano-musulmanas, in: Al-Andalus, 13, 1948, S. 475–491.

81 Die Festungsbauten des islamischen Spanien haben in den letzten Jahren verschiedene interessante Forschungsarbeiten angeregt, zum Beispiel: Bazzana, A., Cressier, P. und Guichard, P.: Les châteaux ruraux d'Al-Andalus. Histoire et archéologie des husûn du sud-est de l'Espagne, Madrid 1988; Bazzana, A.: Eléments d'archéologie musulmane dans al-Andalus: caractères spécifiques de l'architecture militaire arabe de la région valencienne, in: al-Qantara, 1, 1980, S. 339–363. Cressier, P.: Las fortalezas musulmanas de la Alpujarra (provincias de Granada y Almería) y la división política administrativa de la Andalucía oriental, in: Arqueología Espacial, Coloquio sobre distribución y relaciones entre los asentamientos, Teruel 1984, Actas, Bd. 5, S. 179–199; Zozaya, J.: Evolución de un yacimiento: el castillo de Gormaz (Soria), Castrum, 3, 1988; Acién Almansa, M.: Poblamiento y fortificación en el sur de Al-Andalus. La formación de un país de Husûn, in: III. Congreso de Arqueología Medieval Española, Oviedo 1989, Actas, S. 137–150; Zozaya J. und Soler, A.: Castillos Omeyas de planta cuadrangular: su relación funcional, in III. Congreso de Arqueología Medieval Española, Oviedo 1989, Actas; Giralt i Balagueró, J.: Fortificacions andalusines a la Marca Superior: el cas de Balaguer, in: Setmana d'Arqueologia Medieval, Lleida, S. 175–193.

82 Schöne Beispiele in dem Fotoband von Reinhard Wolf, Castillos, München 1982.

83 Bazzana, A.: Un fortin omayyade dans le Sharq al-Andalus, in: Archéologie Islamique I, 1990, S. 87–108.

84 Terrasse, H., a. a. O. (Anm. 29), S. 158.

85 Terrasse, M.: La fortification oméiyade de Castille, in: Revista del Instituto de Estudios Islamicos en Madrid, 14, 1967–68, S. 113–127.

86 Delgado Valero, C., a. a. O. (Anm. 70), S. 184–195.

87 Die Puerta del Puente oder Bâb al-Qantara, Delgado Valero, C., a. a. O. (Anm. 70), S. 140–148.

88 Torres Balbás, L., a. a. O. (Anm. 19), S. 638–642; ders., a. a. O. (Anm. 32), S. 52–60. Ich möchte dem Direktor der Grabungen, Herrn Ricardo Izquierdo Benito dafür danken, daß er mir die beiden Fotografien von Vascos (S. 121) zur Verfügung gestellt hat; siehe Izquierdo Benito, R.: La cerámica hispano-musulmana decorada de Vascos (Toledo), in: Homenaje al Prof. Martin Almagro Basch IV, Madrid 1983, S. 107–115; ders.: Tipología de la cerámica hispano-musulmana de Vascos (Toledo), in: II. Coloquio Internacional de Cerámica Medieval en el Mediterráneo Occidental, Toledo 1981, ersch. 1986, S. 113–125; ders.: Los Baños Árabes de Vascos (Navalmoralejo, Toledo), in: Noticiario Arqueológico Hispánico, 28, 1986, S. 195–242; ders.: Una ciudad de Fundación musulmana: Vascos, in: Castrum, 3, 1988, S. 163–172.

89 Berges Roldan, L.: Baños árabes del Palacio de Villardompardo Jaén, Jaén 1989.

90 Marçais, G.: L'architecture musulmane d'occident. Tunisie, Algérie, Maroc, Espagne, Sicile, Paris 1954, S. 228, nimmt irrtümlich an, daß der Stuck erst später in Andalusien auftaucht.

91 Dazu Brisch, K., a. a. O. (Anm. 58).

92 Zu dem Thema: Ewert, Ch.: Elementos decorativos en los tableros parietales del salón Rico de Madînat al-Zahrâ', in: Cuadernos de Madînat al-Zahrâ', 1, 1987, S. 27–60; auch Golvin, L.: Note sur un décor en marbre trouvé à Madînat al-Zahrâ', in: Annales de l'Institut d'Etudes Orientales, XVIII–XIX, 1960–61, S. 277–299. Terrasse, H.: Les tendances de l'art hispano-mauresque à la fin du Xe et au début du XIe siècle, in: al-Mulk, 3, 1963, S. 19–24; ders.: La formation de l'art musulman d'Espagne, in Cahiers de Civilisation Médiévale, 8, 1965, S. 141–158. Zu den Kapitellen: Marinetto Sánchez, P.: Capiteles califales del Museo Nacional de Arte hispanomusulmán, in: Cuadernos de Arte, XVIII, Granada 1987, S. 175–204.

93 Siehe Gonzalez, V.: Origine, développement et diffusion de l'émaillerie sur métal en occident islamique, Doctorat, Université de Provence I (Aix-Marseille), 1982, 2 Bde., Bd. I, S. 104 ff.

94 Beckwith, J.: Caskets from Córdoba, London 1960; Kühnel, E.: Die Islamischen Elfenbeinskulpturen, VIII. bis XIII. Jahrhundert, Berlin 1971.

95 Torres Balbás, L., a. a. O. (Anm. 19), S. 745 ff.

96 Ders. a. a. O. (Anm. 19), S. 772 ff.; Retuerce, M. und Zozaya, J.: Variantes geográficas de la cerámica omeya andalusí: los temas decorativos, in: La ceramica medievale nel Mediterraneo occidentale, Congresso Internazionale della Università degli Studi di Siena, 1984, Akten: Florenz 1986, S. 69–128.

97 Torres Balbás, L., a. a. O. (Anm. 19), S. 782 ff.; Serjeant, R. B.: Islamic Textiles (Material for a History up to the Mongol Conquest), Beirut 1972, Kapitel XVII: Textiles and the Tirâz in Spain, S. 165–176.

98 Kubisch, N.: Das kalifale Becken des Museo Arqueológico Nacional von Madrid (mit weiterführendem Literaturverzeichnis), in: Madrider Mitteilungen, 33, 1992, in Vorbereitung. Ich danke der Autorin für das Manuskript. Dazu Gómez-Moreno, M.: Marmoles califales,

in: Ars Hispaniae III, 1951, S. 180–191; Kühnel, E.: Antike und Orient als Quellen spanisch-islamischer Kunst, in: Madrider Mitteilungen, 1, 1960, S. 174–181, Abb. Tafel 55.
99 Siehe Anm. 94. Dazu auch Ettinghausen, R. und Grabar, O.: The Art and Architecture of Islam 650–1250, 1987, S. 145–155.
100 Lévi-Provençal, E.: Un manuscrit de la bibliothèque du Calife al-Hakam II, in: Hespéris 18, 1934, S. 198 ff.
101 Wasserstein, D., a.a.O. (Anm. 10), S. 57.
102 Idris, H. R.: Les Zirides d'Espagne, in: al-Andalus, XXIX, 1964/1, S. 42; dazu auch Wasserstein, D., a.a.O. (Anm. 10), S. 99.
103 Ders., a.a.O. (Anm. 10), S. 113.
104 Ders., a.a.O. (Anm. 10), S. 137.
105 Ders., a.a.O. (Anm. 10), S. 198; die Macht der Juden in Granada endet mit dem Pogrom von 1066, dem nicht nur der Sohn Samuels, Jehoseph ben Naghrîla (ebenfalls Vizier und Steuereintreiber der Berberfürsten), sondern auch 4000 Juden zum Oper fielen.
106 Die Muwashshahât, eine strophische Gedichtform, in der die Reime von einer Strophe zur andern wechseln können. Stern, S. M.: Les Chansons Mozarabes. Les Vers Finaux (Kharjas) en espagnol dans les Muwashshas arabes et hébreux. Palermo 1953. Dazu auch Pérès, H.: La poésie andalouse en arabe classique au XIe siècle, Paris 1953.
107 Guichard, P., a.a.O. (Anm. 12), S. 110.
108 de Epalza, M. und Guellouz, S.: Le Cid, personnage historique et littéraire (Anthologie de textes arabes, espagnols, français et latins avec traductions), Paris 1983.
109 Wasserstein, D., a.a.O. (Anm. 10), S. 265 f.; Menéndez Pidal, R.: La España del Cid, 2 Bde., Madrid 1969, Bd. I, S. 234–8, Bd. II: S. 727–733; MacKay, A. und Benaboud, M.: Alfonso VI of Leon and Castile, 'al-Imbratûr dhû'l-Millatayn', in: Bulletin of Hispanic Studies, 56, 1979, S. 95–102.
110 Es gibt gute Gründe anzunehmen, daß schon 1081–82 Hilferufe von Taifa-Fürsten an Yûsuf b. Tâschufîn ergangen waren; Huici Miranda, A.: Al-Hulal al-Mawshiyya, crónica árabe de las dinastías almorávide, almohade y benimerín. Tetuan, Colección de crónicas árabes de la Reconquista, 1952. Wasserstein, D., a.a.O. (Anm. 10), S. 284. Wahrscheinlich war Yûsuf damals materiell noch nicht bereit zu einer Unternehmung von diesem Ausmaß.
111 Idris, H. R., a.a.O. (Anm. 102), S. 73.
112 Lévi-Provençal, E.: La fondation de Marrakech (462–1070), in: Mélanges d'Art et d'Archéologie de l'Occident Musulman, Bd. 2, Algier 1957, S. 117–120.
113 Bei Ibn al-Khatîb, a.a.O. (Anm. 8), S. 336.
114 Siehe Bazzana, A.; Cressier, P., Guichard, P., a.a.O. (Anm. 81), S. 130 ff., über den Zusammenhang zwischen »Festung« und administrativer Unterteilung des Landes. Siehe auch Anm. 81.
115 Man hat häufig die Toledaner Puerta Antigua de Bisagra angeführt, um das Fortleben des geraden Schemas auch in der Taifazeit zu dokumentieren. Delgado Valero hält dieses Tor jedoch mit guten Gründen für älter: a.a.O. (Anm. 70), S. 172–181.
116 Immerhin haben die sorgfältige Analyse literarischer Zeugnisse und die Prospektion auf dem Terrain Ergebnisse erbracht; siehe Delgado Valero, C., a.a.O. (Anm. 70), S. 195–229, insbesondere S. 211 ff. Dazu auch dies.: Materiales para el estudio morfológico y ornamental del arte islámico en Toledo, Toledo 1987.
117 Cressier, P. und Lerma, J. V.: Un chapiteau inédit d'époque Tâifa à Valence, in: Madrider Mitteilungen, 30, 1989, S. 427–431.
118 Ewert, Ch.: Spanisch-islamische Systeme sich kreuzender Bögen. III. Die Aljafería von Zaragoza, 3 Bde., Berlin 1978 (Madrider Forschungen, 12), eine beispielhafte Architekturanalyse. Das Grabungsmaterial ist weitgehend veröffentlicht von Martín-Bueno, M., Erice Lacabe, R. und Sáenz Preciado, M. P.: La Aljafería. Investigación Arqueológico. Zaragoza 1987.
119 Sie wurden von dem Architekten Francisco Iniguez Almech geleitet, seine Veröffentlichungen sind bei Ewert, Ch., a.a.O. (Anm. 118) angeführt.
120 Ewert, Ch.: Hallazgos islámicos en Balaguer y la Aljafería de Zaragoza, con contr. de Duda, D. y Kirchner, G., Madrid 1979. Dazu auch Esco, C., Giralt, J. und Senac, Ph.: Arqueología islámica en la Marca Superior de al-Andalus, Huesca 1988. Die Geschichte Balaguers: Sanahuja, F. P. OFM: História de la ciudad de Balaguer, Balaguer ²1984.
121 Pérès, H., a.a.O. (Anm. 106), S. 142 ff.; Seco de Lucena Paredes, L.: Los palacios del taifa almeriense al-Mu'tasim, in: Cuadernos de la Alhambra, 3, 1967; Lazoro, R. und Villanueva, E.: Homenaje al Padre Tapia. Almería en la Historia, Almería 1988, S. 173 ff.; Cara Barrionuevo, L.: La Almería islámica y su alcazaba, Almería 1990.
122 Ibn al-Khatîb, a.a.O. (Anm. 8), S. 366.
123 Torres Balbás, L.: »Hallazgos arqueológicos en la Alcazaba de Málaga«, in: Al-Andalus, 2, 1934, S. 344–357; ders.: Excavaciones y obras en la alcazaba de Málaga, in: Al-Andalus, 9, 1944, S. 173–190, Gómez-Moreno, M., a.a.O. (Anm. 32), S. 244–253; Ewert, Ch.: Spanisch-islamische Systeme sich kreuzender Bögen II. Die Arkaturen eines offenen Pavillons auf der Alcazaba von Málaga, in: Madrider Mitteilungen, 7, 1966, S. 232–253.
124 Gómez-Moreno, M., a.a.O. (Anm. 32), S. 225 ff.; Seco de Lucena Paredes, L.: El barrio del Cenete, las alcazabas y las mezquitas de Granada, in: Cuadernos de la Alhambra, 2, 1966, S. 46 ff.; Huici Miranda, A. und Terrasse, H.: Gharnâta, in: Encyclopédie de l'Islam, Bd. II, ²1977, S. 1035–1043. Zur Geschichte Granadas: Peinado Santaella, R. G. und López de Coca Castañer, J. E.: Historia de Granada II: La Época Medieval. Siglos VIII-XV, Granada 1987. Siehe auch Anmerkung 179.
125 Die These ist mit Energie verfochten worden von Bargebuhr, F. P.: The Alhambra Palace. A Cycle of Studies on the Eleventh Century in Moorish Spain, Berlin 1968, S. 90 ff. Dazu auch Pávon Maldonado, B.: La alcazaba de la Alhambra, in: Cuadernos de la Alhambra, 7, 1971, S. 3 ff., 29.
126 Gómez-Moreno, M.: El Baño de la Judería en Baza, in: Al-Andalus, XII, 1947, S. 151–155. Zu den ersten ziridischen Bauten: Torres Balbás, L.: El alminar de la iglesia de San José y las primeras construcciónes de los ziríes granadinos, in: Al-Andalus, VI, 1941, S. 427–446. Zum Bañuelo auch Pavón Maldonado, B.: Tratado de Arquitectura Hispano-Musulmana. I. Agua, Madrid 1990.
127 Torres Balbás, L.: Ciudades hispano-musulmanas, 2 Bde., Madrid o.J., Bd. 2: S. 490. Der Aufsatz von Guerrero Lovillo, J.: Al-Qasr al-Mubârak, El Alcázar de la bendición, Discurso de recepción en la Real Academia de Bellas Artes de Santa Isabel de Hungria, 19. November 1970, Sevilla 1974, S. 83–109, bringt neue interessante Ergebnisse.
128 Al-Qasr al-Zâhir, auf der anderen Flußseite, al-Qasr al-Zâhî, direkt am Ostufer des Flusses, und al-Qasr al-Mukarram, ein Stadtpalast im Norden vom Qasr al-Mubârak. Siehe Guerrero Lovillo, J., a.a.O. (Anm. 127).
129 Ders., a.a.O. (Anm. 127), S. 98 f.
130 Dickie, J.: The Islamic Garden in Spain, in: The Islamic Garden, Dumbarton Oaks, Washington D.C. 1976, S. 87–106, S. 97 f.
131 Allerdings ist es nicht ganz einfach, bei der Anlage dieses Gartens zu bestimmen, was von al-Mu'tamid und was von den Almohaden stammt.
132 Baer, E.: The »Pila« of Játiva. A Document of Secular Urban Art in Western Islam, in: Kunst des Orients, 7, 1970–71, S. 142–166. Zu Játiva: Torres Balbás, L.: Játiva y los restos del Palacio de Pinohermoso, in: Al-Andalus, XXII, 1958, S. 143–171.
133 In Bayâd wa Riyâd wie auch in der al-Sûfi-Handschrift des Vatikan; Bibl. Apost., Ms. Ar.

368 und Ms. Siriaco 559.
134 Lagardère, V.: Le Vendredi de Zallâqa. 23 Octobre 1086, Paris 1989, auch die schon ältere Gesamtdarstellung von Bosch-Vilá, J.: Los Almorávides (Historia de Marruecos, V) Tetuan 1956.
135 Die berühmte Geschichte der schönen Zaynab ist nicht einfach zu entschlüsseln: Zaynab bint Ishaq al-Nafzawiya besaß strahlende Schönheit und überragende Intelligenz und dazu Reichtum und edle Herkunft; unter ihren zahllosen Verehrern erwählte sie zunächst den Herrn von Aghmat, einen Prinzen des Stammes der Maghrâwa. Abû Bakr ibn'Umar, der Chef der almoravidischen Armee, konnte die Bergfestung einnehmen und dabei das Herz von Zaynab gewinnen; gegen Ende des Jahres 1068 fand die Hochzeit statt. Im nächsten Jahr eroberten die almoravidischen Armeen weite Teile von Marokko; allerdings wurde Abû Bakr bald in die Sahara zurückgerufen, er trennte sich daraufhin von seiner Frau, die er – ob sofort, ob erst später, ob freiwillig oder nicht – seinem immer mächtiger werdenden Neffen, dem zukünftigen Alleinherrscher Yûsuf ibn Tâschufîn, überließ.
136 Zu den möglichen matrilinearen almoravidischen Gesellschaftsstrukturen: Lagardère, V. a.a.O. (Anm. 134), S. 28. Auch Guichard, P.: Structures Sociales »Occidentales« et »Orientales« dans l'Espagne Musulmane, Paris, Den Haag 1977.
137 Wasserstein, D., a.a.O. (Anm. 10), S. 282; siehe auch Singer, H.R., a.a.O. (Anm. 9), S. 297
138 Dem Ash'arismus; dazu Watt, W. .: »al-Ash'arî« und »Ash'a-riyya«, in: Encyclopédie de l'Islam, Bd. I, ²1975, S. 715–718; zu den Almohaden: Huici Miranda, A., a.a.O. (Anm. 10); ders.: Historia política del Imperio Almohade, 2 Bde., Tetuan 1956/57; Le Tourneau, R.: The Almohad Movement in North Africa in the 12th and 13th centuries, Princeton 1969.
139 Watt, M. W. und Cachia, P.: A History of Islamic Spain, Edinburgh 1977 (Islamic Surveys, 4), S. 108.
140 Guichard, P.: Les Musulmans de Valence et la reconquête (XIe–XIIIe siècles), Damas 1990, S. 139–145.
141 Terrasse, H., a.a.O. (Anm. 29), S. 225 ff.
142 Siehe Anm. 112.
143 Erste Veröffentlichung von Berthier, P.: Campagne de fouilles à Chichaoua, de 1965 à 1968, in: Bulletin de la Société d'Histoire du Maroc, 2, 1969, S. 7–26; dazu die neuesten Ergebnisse von Ewert, Ch.: Der almoravidische Stuckdekor von Shûshâwa (Südmarokko). Ein Vorbericht, in: Madrider Mitteilungen, 28, 1987, S. 141–178.
144 Ich danke Herrn Abderrahman Khelifa, Direktor der Agence Nationale d'Archéologie et du Patrimoine von Algier, für seine liebenswürdige Hilfe bei der Besichtigung von Nedroma.
145 Ewert, Ch.: Die Moschee von Mertola, in: Madrider Mitteilungen 14, 1973, S. 217–246.
146 Gómez-Moreno, M., a.a.O. (Anm. 32), S. 279.
147 Navarro Palazón, J. und García Avilés, A.: Aproximación a la cultura material de Madînat Mursiya, in: Murcia Musulmana, Murcia 1989, S. 253–356, 298; Navarro Palazón, J.: Arquitectura y artesania en la cora de Tudmir, in: Historia de Cartagena, Bd. V, 1986, S. 411–485, S. 416 ff.; Torres Balbás, L.: Monteagudo y »El Castillejo« en la Vega de Murcia, in: Al-Andalus II, 1934, S. 366–370, und Marçais, G., a.a.O. (Anm. 90), S. 214, hatten schon diese Zuschreibung vorgeschlagen, obwohl Marçais den Komplex im Zusammenhang mit der almoravidischen Palastarchitektur behandelt.
148 Ibn al-Khatîb, a.a.O. (Anm. 8), S. 463, der Text fährt fort: »pflegte lauter große Helden, berühmte Ritter und Haudegen an seine Tafel zu laden, (höchsteigenhändig) mit Wein zu bewirten und ihnen den Becher zu kredenzen. Bisweilen ergriff ihn der Übermut; dann verschenkte er seine Weinpokale und die ganze Zimmerausstattung. Er fröhnte der Sinnenlust, teilte sein Lager mit mehr als zweihundert Sklavenmädchen unter einer Decke! – Er neigte zur Übernahme christlicher Sitten. ...auch bediente er sich der Christen zu staatlichen Zwecken..., für die er in Murcia Unterkünfte mit Kneipen und Kirchen eigens erstellen ließ. Seine prekären wirtschaftlichen Verhältnisse zwangen ihn zu schonungsloser Ausbeutung seiner Untertanen...« Die Grausamkeit dieses Herrschers der eigenen Familie gegenüber (zum Beispiel verstieß er nach dem Verrat seines Schwiegervaters dessen Tochter und ließ seine Kinder aus dieser Ehe umbringen, wie er auch seine Schwester töten ließ, weil deren Mann ihn verlassen hatte) haben manche Historiker auf »westliche Verhaltensstrukturen« geschoben. Guichard, P., a.a.O. (Anm. 136), S. 111 f. Zu Muhammad ibn Sa'd ibn Mardanîsch auch ders., a.a.O. (Anm. 140), S. 116–124, und zu dessen Nachfolger, Zayyân ibn Mardanîsch, S. 146–149.
149 Bazzana, A., Cressier, P., Guichard, P., a.a.O. (Anm. 81), S. 139 ff.
150 Zum Beispiel in: Kühnel, E., a.a.O. (Anm. 94).
151 Abb. in: The Arts of Islam, Katalog der Londoner Ausstellung von 1976, The Arts Council of Great Britain, London 1976.
152 Basset, H. und Terrasse, H.: Sanctuaires et forteresses almohades, Paris 1932; Terrasse, H: Minbars anciens du Maroc, in: Mélanges d'histoire et d'archéologie de l'occident musulman, Hommage à Georges Marçais, Bd. 2, Algier 1957, S. 159–167; ders.: La mosquée al-Qaraouiyin à Fès, Paris 1968.
153 Siehe Duda, D.: Spanisch-islamische Keramik aus Almería vom 12. bis 15. Jahrhundert, Heidelberg 1970; auch Flores Escobosa, I., Muñoz Martín, M. und Dominguez Bedmar, M.: Cerámica Hispanomusulmana en Almería, Almería 1989. Zum Thema Keramik aus dieser Zeit auch Bazzana, A.: La cerámica islámica en la ciudad de Valencia. I. Catálogo, Valencia 1983; Puertas Tricas, R.: La Cerámica Islámica de cuerda seca en La Alcazaba de Málaga, Málaga 1989. Interessante Inschriften aus der almoravidischen und der almohadischen Zeit sind im Museum von Málaga: Acién Almansa, M. und Martínez Nuñez, M. A.: Museo de Málaga. Inscripciónes árabes, Málaga 1982.
154 Navarro Palazón, J.: Excavaciones arqueológicas en la ciudad de Murcia durante 1984, in: Excavaciones y Prospecciones Arqueológicos, Servicio Regional de Patrimonio Histórico, Murcia 1989, Fig. 13 und S. 264 f.
155 Soustiel, J.: La céramique islamique, Fribourg 1985; Llubia, L. M.: Cerámica medieval española, Barcelona 1968.
156 Die Gründe für den Abriß der ersten Freitagsmoschee der Almohaden und den Wiederaufbau einer leicht achsenverschobenen, aber ansonsten fast identischen Moschee sind nicht bekannt. Die übliche Erklärung – die erste Moschee sei falsch orientiert gewesen, deshalb habe der Herrscher den Neubau beschlossen – ist nicht befriedigend, denn diese letztere weicht noch stärker von der richtigen Qibla ab. Dazu Ewert, Ch. und Wisshak J. P., a.a.O. (Anm. 26), S. 3 (Anm. 28).
157 Dies.: Forschungen zur almohadischen Moschee II: Die Moschee von Tinmal, Mainz 1984 (Madrider Beiträge, 10).
158 Wirth, E.: Regelhaftigkeit in Grundrißgestaltung, Straßennetz und Bausubstanz merinidischer Städte: das Beispiel Fes Djedid (1276 n. Chr.), in: Madrider Mitteilungen, 32, 1991, im Druck. Ich danke dem Autor für die Zusendung des Manuskripts.
159 Siehe Ewert, Ch., und Wisshak, J. P. a.a.O. (Anm. 157), S. 80 ff.
160 Siehe dazu Valor Piechotta, M.: Algunos ejemplos de cerámica vidriada aplicada a la arquitectura almohade, in: II. Congresso de Arqueología Medieval Española, Madrid 1987, Bd. III, S. 194–202.
161 Siehe auch die Wiederverwendung spanischumayyadischer Kapitelle in der Kutubiyya und in der Qasabamoschee von Marrakech. Basset,

H. und Terrasse, a. a. O. (Anm. 152), Terrasse, H.: Chapiteaux oméiyades d'Espagne à la Mosquée d'al-Qarawiyyîn de Fès, in: Al-Andalus, 28, 1963, S. 211–220.

162 Ders.: La Grande mosquée almohade de Séville, in: Mémorial Henri Basset, Paris 1928, S. 249–266.

163 Es gibt meines Wissens noch keine umfassende Bauerforschung dieser beiden Anlagen; dazu Marín Fidalgo, A.: Arquitectura Gótica del Sur de la Provincia de Huelva, Huelva 1982, Santa María de la Granada: S. 60–64, San Martín: S. 64–65. In Puerto Santa María (Provinz Cádiz) ist noch eine andere Moschee erhalten, die den üblichen mehrschiffigen Plan hat (hier ebenfalls dreischiffig) und deren Baugeschichte unklar ist; man nimmt an, sie sei eine Gründung des 11. oder eventuell des 12. Jahrhunderts. Torres Balbás, L.: La mezquita de al-Qanatir y el Sanctuario de Alfonso el-Sabio en el Puerto de Santa María, in: Al-Andalus, 7, 1942, S. 149 ff.

164 Jiménez, A.: Arquitectura Gaditana de Epoca Alfonsí, in: Cádiz en el siglo XIII, Acta de las Jornadas Conmemorativas del VII Centenario de la Muerte de Alfonso X el Sabio, Cádiz 1983, S. 135–158; siehe auch Pavón Maldonado, B.: Jérez de la Frontera: Ciudad Medieval. Arte Islámico y Mudéjar, Asociación Española de Orientalistas, Madrid 1981, S. 15–18; Menéndez Pidal, J.: La Mezquita-Iglesia de Santa María la Real (Alcázar de Jérez), in: Bellas Artes 73, n° 19, S. 8 f.; Alcocer, M. und Sancho, H.: Notas y Documentos referentes al Alcázar de Jérez de la Frontera, en los siglos XIII a XVI. Publicaciones de la Sociedad de Estudios Históricos Jerezanos, n° 7, 1940, S. 9–29.

165 Torres Balbás, L.: Arte Almohade. Arte Nazarí. Arte Mudéjar (Ars Hispaniae, IV), Madrid 1949, S. 30 f.

166 Ders., a. a. O., (Anm. 165), S. 31, Fig. 20.

167 Pollenuntersuchungen von Rafael Manzano Martos haben das Ergebnis gebracht. Siehe Dickie, J., a. a. O. (Anm. 130), S. 98.

168 Ders., a. a. O. (Anm. 130), S. 97.

169 Siehe Anmerkung 161.

170 In Córdoba im Wasser am rechten Ufer des Guadalquivir steht die Ruine eines wohl almohadischen Palastes, der aber so schlecht erhalten ist, daß er keine Aussagen über seine Ausstattung zuläßt. Siehe Torres Balbás, L. a. a. O. (Anm. 165), S. 30 und Fig. 16.

171 Für die Gegend von Valencia siehe Bazzana, A., Cressier, P., Guichard, P., a. a. O. (Anm. 81), S. 157 ff.; für Alicante: Azuar Ruiz, R.: Castellología medieval alicantina: area meridional, Alicante 1981; für Murcia: Navarro Palazón, J.: Aspectos arqueológicos, Historia de la región murciana, Bd. II, 1980, S. 64–107.

172 Polygonal sind außer der Torre del Oro in Sevilla, in Cáceres die Torre Redondada und Torre Desmochada; ein Turm an der Nordwestecke der Stadtmauer von Reina (zwischen Sevilla und Badajoz), in Badajoz die Torre Espantaperros; in Écija und in Jérez de la Frontera gibt es mehrere polygonale Türme. Zum islamischen Badajoz: Valdés Fernández, F.: La Alcazaba de Badajoz. Síntesis de la historia de la ciudad, Badajoz 1979; ders.: Ciudadela y fortificación urbana: el caso de Badajoz in: Castrum, 3, 1988, S. 143–152.

173 Zum Beispiel in Velefique; in Senés ist die Erbauungszeit nicht bestimmbar, die Untersuchung von Baumaterial und -technik erlaubt keine gültigen Schlüsse. Ich danke Patrice Cressier dafür, daß er mir diese Grabung gezeigt hat. Siehe Bazzana, A., Cressier, P., Guichard, P., a. a. O. (Anm. 81), S. 281; Angelé, S. und Cressier, P.: Velefiqe (Almería): un exemple de mosquée rurale en al-Andalus, in: Mélanges de la Casa de Velázquez, 26, 1990, S. 113–130.

174 Sing. Burdj, Hisn, Qal'a, Qulay'a, Qarya, Qasaba; diese arabischen Bezeichnungen für die verschiedensten Arten mehr oder weniger befestigter Siedlungen mit oder ohne administrativem Zentrum finden sich in der spanischen Toponymie auch heute noch wieder, am häufigsten ist al-qal'a und sein Deminutiv al-qulay'a: Alcalá de Henares, Alcalá la Real, Calahorra, Alcolea del Cinca. Dazu auch Lautensach, H.: Maurische Züge im geographischen Bild der Iberischen Halbinsel, Bonn 1960, S. 11–33.

175 Dazu den Band Murcia musulmana, Murcia 1989. Darin vor allem Navarro Palazón, J. und García Avilés, A., a. a. O. (Anm. 147); und Barnabé Guillamón, M., Fernández González, F. V., Manzano Martínez, J. et al.: Arquitectura doméstica islámica en la ciudad de Murcia, S. 233–252. Siehe auch Navarro Palazón, J.: Arquitectura y artesania en la cora de Tudmir, in: Mas García, J. (Hrsg.): Historia de Cartagena, Bd. V, 1986; ders.: El cementerio islámico de San Nicolás de Murcia. Memoria preliminar, in: Actas del 1 Congreso de Arqueología Medieval Española, Zaragoza 1986, Bd. IV, S. 7–37; ders. a. a. O. (Anm. 154), S. 307–320; ders.: Hacia una sistematización de la cerámica esgrafiada, in: 2 Coloquio Internacional de Cerámica Medieval en el Mediterraneo Occidental, Toledo (1981) 1986, S. 165–178; ders.: Murcia como centro productor de loza dorada; Navarro Palazón, J. und Picon, M.: La loza de la Province de Murcie, étude en laboratoire, in: Congresso Internazionale delle Universitá degli Studi die Siena, 1986, S. 129–143, 144–146; Navarro Palazón, L.: Nuevas aportaciones al estudio de la loza dorada andalusí: el ataifor de Zavellá, in: Les Illes Orientals d'al-Andalus, Palma de Mallorca 1987 (V Jornades d'estudis histórics locals), S. 225–238; ders.: Formas arquitectónicas en el mobilario cerámico andalusí, in: Cuadernos de la Alhambra, 23, 1987, S. 21–65.

176 Die Stadt wird unter der Leitung von Navarro Palazón, J. ausgegraben: Ders.: Siyâsa: una madina de la cora de Tudmir, in: Areas, 5, Murcia, 1985, S. 171–189; ders.: La conquista castellana y sus consequencias: la despoblación de Siyâsa, in: Castrum, 3, 1988, S. 208–214. Ich bin Herrn Direktor Julio Navarro Palazón für seinen so liebenswürdigen Empfang im Centro de Estudios Árabes y Archeológicos »Ibn Arabi« der Stadt Murcia, das die wichtigsten Grabungsfunde der Region beherbergt und für die Besichtigung dieser Grabungen dankbar.

177 Siehe Kubisch, N.: Die Ornamentik von Santa María la Blanca in Toledo, Diss., München 1991 (Manuskript).

178 Torres Balbás, L.: Las Yeserías descubiertas recientemente en las Huelgas de Burgos, in: Al-Andalus, 8, 1943, S. 209–254; dazu auch Iñiguez, F.: Las yeserías descubiertas recientemente en Las Huelgas de Burgos, in: Archivo Español de Arte, 14, 1940, S. 306–308, mit 12 Abb.

179 Zur Geschichte des nasridischen Sultanats von Granada siehe die umfassende Arbeit von Arié, R.: L'Espagne musulmane au temps des Nasrides (1232–1492), Paris 1973, Neuauflage: Paris 1990; dazu auch die in Anmerkung 124 angegebenen Veröffentlichungen und außerdem Torres Delgado, C.: El antiguo reino nazarí de Granada (1232–1340), Granada 1974. Die Hauptstadt des oberen Geniltales und der umliegenden Berge war zunächst Elvira gewesen, und bis zum 11. Jh. ist in den Quellen nur von der Kûra von Elvira die Rede. Granada war damals eine hauptsächlich von Juden bewohnte kleine, politisch unbedeutende Siedlung, bis zu ihrer Befestigung durch die Ziriden. Nach deren Sturz wurde Granada erst almoravidisch, dann almohadisch; die Expeditionen des Ibn Mardanish und, später, des Ibn Hûd führten zu relativ kurzzeitigen Einnahmen von Granada. Ibn al-Ahmar war der Feind des letzteren und konnte schon kurz vor dessen Ermordung die Macht 1237 in Granada übernehmen. Peinado Santaella, R. G. und López de Coca Castañer, J. E., a. a. O. (Anm. 124), S. 32: eine Diskussion der verschiedenen Hypothesen, die über die Entstehung Granadas und deren Zusammenhang mit Iliberis, dem Municipium Iliberritanum u. Madînat Ilbîra formuliert wurden.

180 Hoenerbach, W. a.a.O (Anm. 7); auch bei Arié, R., a.a.O. (Anm. 179), S. 303.
181 Arié, R., a.a.O. (Anm. 179), S. 336.
182 Nach Hoenerbach, W., a.a.O. (Anm. 7), S. 413.
183 Die Alhambra gehört zu den am meisten besichtigten Orten der Welt; es gibt viele hervorragende Publikationen und Führer, unter ihnen ist ganz besonders präzise und informationsreich der jüngste: Bermúdez López, J.: Die Alhambra und der Generalife, Granada o.J. Eine ganz ausgezeichnete Dokumentation im Plan: Especial de protección y reforma interior de la Alhambra y Alíjares, Granada 1986. Ich möchte Herrn Jésus Bermúdez López für die Großzügigkeit danken, mit der er uns die Arbeit in der Alhambra und in Generalife ermöglicht hat.
184 Bermúdez Pareja, J.: El baño del Palacio de Comares en la Alhambra de Granada. Disposición primitiva y alteraciones, in: Cuadernos de la Alhambra, 10–11, 1974–75, S. 99–116.
185 Der Ursprung dieses Namens ist nicht ganz eindeutig geklärt: García Gómez, E.: Foco de antigua luz sobre la Alhambra. Desde un texto de Ibn al-Jatîb en 1362, Madrid 1988, S. 187, erklärt ihn durch die Teilnahme von Handwerkern aus dem Ort Comares an der Ausstattung des Saales; wahrscheinlicher – und üblicher – ist die Erklärung durch qamariyya, Oberlicht (von al-qamar, Mond).
186 Das Becken trägt die Inschrift eines Gedichtes des Ibn Zamraq, eines nasridischen Hofdichters (1333–1393); die Themen des Wassers als gestalteten Kunstwerks, der herrscherlichen Macht, die die Löwen versinnbildlichen, und des Heiligen Krieges sind dichterisch ausgedrückt und passen durchaus sinnvoll auf diesen Brunnen. Frederick Bargebuhr hat ein Gedicht eines jüdischen granadinischen Dichters des 11. Jahrhunderts, Salomo ben Gabirol, entdeckt, in dem das »Eherne Meer« des Tempels von Jerusalem und Salomo im Zusammenhang mit einem Löwenbecken in einem Palast zitiert werden. Salomo ben Gabirol war der Protégé des jüdischen Ministers der Ziriden, Yehoseph ben Naghrîla, von dem angenommen wird, daß er einen Palast an der Stelle des heutigen Alcazaba besaß. Bargebuhr folgert, daß zumindest das Unterteil des Löwenbeckens aus diesem jüdischen Palast stamme. Oleg Grabar folgt den Argumenten Bargebuhrs, die zwar verführerisch, aber nicht beweiskräftig erscheinen, da zu viele Zwischenglieder fehlen. Außerdem sind die Löwen mit der größten Wahrscheinlichkeit nicht im 11., sondern im 14. Jahrhundert angefertigt worden. Siehe Bargebuhr, F. P.: a.a.O. (Anm. 125), ders.: Salomo Ibn Gabirol. Ostwestliches Dichtertum, Wiesbaden 1976; Grabar, O.: The Alhambra, London 1978.
187 Torres Balbás, L.: Paseos por la Alhambra: la Rauda, in: Archivo Español de Arte y Arqueología, 6, 1926, S. 261–285.
188 Andrea Navagiero, ein italienischer Gesandter, der 1526 die Alhambra, Granada und Sevilla besichtigte und ausführliche Reiseberichte hinterlassen hat: Navagiero, A.: Il viaggio fatto in Spagna et in Francia..., Venedig, Domenico Fani 1563; dazu auch Barrucand, M.: Gärten und gestaltete Landschaft als irdisches Paradies: Gärten im westlichen Islam, in: Der Islam, 65, 1988, S. 244–267.
189 Bermúdez Pareja, J.: El Generalife después del incendio de 1958, in: Cuadernos de la Alhambra, 1, 1965, S. 9–39.
190 Siehe Golvin, L.: Les influences artistiques entre l'Espagne musulmane et le Maghrib. La Torre de la Vela de l'Alhambra à Grenade et le donjon du Manâr de la Qal'a des Banû Hammad (Algérie), in: Cuadernos de la Alhambra, 10–11, 1974–75, S. 85–90.
191 Siehe Fernández-Puertas, A.: La Fachada del Palacio de Comares I. Situación, Función y Génesis, Granada 1980, vor allem Fig. 2, S. 5 ff. Emilio García Gómez hat vor kurzem eine neue Hypothese zur Fassade des Comarespalastes aufgestellt: diese habe ursprünglich den Haupteingang der Alhambra geschmückt und habe sich somit an der Stelle des heutigen Palastes Karls V. befunden; sie sei erst im Jahre 1538 von dort abmontiert und im Cuarto Dorado angebracht worden. Die Hypothese ist von Darío Cabanelas Rodríguez während der »Encuentros de la Alhambra« im April 1991 überzeugend widerlegt worden. García Gómez, E., a.a.O. (Anm. 185), und Cabanelas Rodríguez, D. OFM: La Fachada de Comares y la llamada »Puerta de la Casa Real«, Vortrag, Alhambra, 26. 4. 1991.
192 Barrucand, M.: L'urbanisme princier en islam. Meknès et les villes royales islamiques postmédiévales, Paris 1985 (Bibliothèque d'Etudes Islamiques, 13).
193 Dazu die Serie von Cabanelas Rodríguez, D. OFM und Fernández-Puertas, A.: Inscripciones poéticas de la Alhambra, in: Cuadernos de la Alhambra: Partal y Fachada de Comares, n° 10–11, 1974–75, S. 117–200; Generalife: n° 14, S. 3–86; Fuente de los Leones: n° 15–17, 1981, S. 3–88; Tacas en el acceso a la Sala de la Barca: n° 19–20, 1983–84, S. 61–149; Rubiera, M. J.: De nuevo sobre los poemas epigráficos de la Alhambra, in: Al-Andalus, 41, 1976, S. 453–473; und García Gómez, E.: Poemas árabes en los muros y fuentes de la Alhambra, Madrid 1985; außerdem, wenn auch schon älter, Nykl. A. R.: Inscripciones árabes de la Alhambra y del Generalife, in: Al-Andalus, 4, 1936–1939, S. 174–194.
194 Bargebuhr, F. P., a.a.O. (Anm. 125), und Grabar, O., a.a.O. (Anm. 186), versuchen, durch symbolische Bezüge tiefer in das Verständnis der »Ikonologie« der Alhambra einzudringen.
195 Aguilar Gutierrez, J.: Restauración de pinturas murales en la Alhambra. Patio del Harén y Retrete de la Sala de la Barca, in: Cuadernos de la Alhambra, 25, 1989, S. 204–211.
196 Bermúdez Pareja, J.: Pinturas sobre piel en la Alhambra de Granada, Granada 1987.
197 Manzano Martos, R.: Darabenaz: una alquería nazarí en la Vega de Granada, in: Al-Andalus, 26, 1961, S. 201–218; ders.: De nuevo sobre Darabenaz, in: Al-Andalus, 26, 1961, S. 448–449.
198 Torres Balbás, L.: La acropolis musulmana de Ronda, in: Al-Andalus, 9, 1944, S. 469–474; und Miró, A.: Ronda. Arquitectura y Urbanismo, Málaga 1987 (islamische Zeit: S. 73–106).
199 Arié, R., a.a.O. (Anm. 179), S. 398 ff.; Torres Balbás, L.: El Maristán de Granada, in: Al-Andalus, 9, 1944, S. 198–481; García Granados, J. A., Girón Irueste, F. und Salvatierra Cuenca, V.: El Maristán de Granada. Un Hopital Islamico, Granada 1989.
200 Ich danke Patrice Cressier für den Hinweis auf diesen noch unveröffentlichten Bau.
201 Marçais, G., a.a.O. (Anm. 90), S. 359.
202 Kühnel, E., a.a.O. (Anm. 98), S. 174–181.

Glossar

Der alleinige Zweck dieses Glossars besteht darin, dem nicht spezialisierten Leser die Lektüre der vorangehenden Seiten zu erleichtern; er erhebt keinerlei Anspruch auf Vollständigkeit oder Systematik.
Der »index documentaire« in D. und J. Sourdel: La civilisation de l'islam classique, Arthaud éd., Paris 1986, S. 157–621 ist außerordentlich konzis (gedrängt) und schließt auch Themen der Kunstgeschichte ein, wohingegen das kürzlich erschienene Buch von C. Glassé: Dictionnaire encyclopédique de l'Islam, Bordas éd., Paris 1991 hauptsächlich auf mit der Religion verknüpfte Fragen eingeht; spezialisierter und gleichzeitig umfassender ist die Encyclopaedia of Islam; allerdings ist die erste Ausgabe (Leiden 1913 und 1936) veraltet, und die zweite Ausgabe (Leiden, seit 1954) ist erst bei »Mu« angelangt.

Abbasiden: arabo-islamische Dynastie, die der Dynastie der Umayyaden 750 das Kalifat entriß und diese Würde bis 1258 behalten konnte. Die Abbasiden machten den Irak zum Zentrum des islamischen Weltreichs und residierten meist in der Stadt Bagdad, die sie im Jahr 762 gründeten.

Aghlabiden: weitgehend unabhängige islamische Dynastie, die Ifrîgiya im 9. Jahrhundert im Namen der Abbasiden regierte.

Akanthus: eine Distelart (Bärenklau), die besonders im Mittelmeerraum verbreitet ist und deren breite, gezackte Blätter schon seit dem 5. Jh. v. Ch. ein beliebtes Ornament in der klassischen Kunst waren. Die islamische Kunst hat dieses Dekorationselement übernommen und auf ihre Weise umgeformt.

Alcazaba: spanisch, von arabisch al-qasaba, Festung, befestigte Stadt, auch Verwaltungssitz.

Alcázar: spanisch, von arabisch al-qasr, Haus, Palast, befestigter Palast; das arabische Wort leitet sich von lateinisch castrum ab.

Alfiz: spanisch, rechteckige Umrahmung eines Bogenfeldes, wahrscheinlich von arabisch al-hayyiz, Gefäß, Behälter (H. Halm).

Amîr: arabisch, Befehlshaber, Gouverneur, Fürst.

Amîr, al Mu'minîn: arabisch, Befehlshaber der Gläubigen; seit 'Umar (dem zweiten Kalifen) ein nur dem Kalifen zukommender Ehrentitel.

Apsis: halbrunder, meist überwölbter kleiner Raum, der einem ihm übergeordneten Hauptraum ein- oder angebaut ist; z. B. nischenartiger Abschluß des Mittelschiffes eines mehrschiffigen Raumes.

Baldiyyûn: arabisch, Nachkommen der ersten islamischen Eroberer der Iberischen Halbinsel; oft im Gegensatz zu Schâmiyyûn gebraucht.

Barbakane: ein dem Festungsbau vorgelagerter, ebenfalls befestigter Außenbau; Zwinger.

Blattbogen: vegetabilisierter Vielpaßbogen, der besonders für die almohadische Architektur charakteristisch ist. Er hat sich aus dem gemischtlinigen Bogen entwickelt; weite und engere Pässe alternieren und sind am Fuß der Pässe mit engen, augenlosen Voluten bzw. Spitzen geschmückt (Ch. Ewert).

Corral: spanisch, Hof; Corral del Carbon, Kohlenhof, heutiger Name eines früheren islamischen Funduq in Granada.

Dâr al-Imâra: arabisch, Herrscher- oder Gouverneurspalast.

Dhimmî: arabisch, »Schutzbefohlener«; nicht islamische Bevölkerungsgruppen erhielten als Vertragspartner der muslimischen Eroberer Schutz (dhimma) von diesen und erbrachten als Gegenleistung Abgaben. Dieser Schutz bezog sich auf Leben, Besitz, Kultstätten und Religionsausübung; er erstreckte sich allerdings nur auf »Schriftbesitzer«, d. h. Christen und Juden. »Heiden« waren von diesen Verträgen ausgeschlossen.

Emir: siehe Amîr.

Freitagsmoschee: siehe Moschee.

Frigidarium: von lateinisch frigidus, kalt; Raum für kalte Bäder in den antiken Thermen.

Funduq: arabisch, Bau, der als Herberge, Warenlager und Handelszentrum diente und in der Stadt lag, von griechisch Pandocheion, Herberge. Das Wort wird vor allem im Maghreb und in Andalusien benutzt, im Orient sind Khân und Karawanserei üblicher.

Hadj: von arabisch Hajj; rituelle Wallfahrt nach Mekka, die zu den religiösen Pflichten des Muslims gehört.

Hâjib: arabisch, Kämmerer; im umayyadischen Spanien beinhaltete dieser Titel offizielle Aufgaben und Prärogativen, die ihn erheblich über den eines Wesirs stellten.

Hammâm: islamisches Heißbad; bis in die Gegenwart ein unentbehrliches Element islamischer Kultur, das auf antikes Erbe zurückgeht.

Hisn: arabisch, Festung, Burg, auch Verwaltungszentrum.

Hûdiden: Dynastie der Banû Hûd, eine der bedeutendsten Taifadynastien; ihr Hauptregierungssitz lag in Zaragoza. Ein gewisser Muhammad ibn Yûsuf ibn Hûd al-Judhâmî al-Mutawakkil, der im 12. Jahrhundert versuchte, sich den Almohaden zu widersetzen und der Granada für kurze Zeit einnehmen konnte, gab sich als Abkomme der Hûdiden von Zaragoza aus.

Hypokaust: antike Warmluftheizung der Fußböden, vor allem in den Warmräumen der Thermen, wurde auch in den spanisch-islamischen Bädern benutzt.

Ifrîgiya: arabischer Name für den östlichen Teil des Maghreb; die geographischen Grenzen des Begriffs sind ziemlich verschwommen. Ursprünglich bezeichnete er das Gebiet zwischen Tripolis und Tanger. Das Wort leitet sich von lateinisch Africa ab.

Imâm: arabisch, Vorbild, Führer; der Begriff wird benutzt für den Vorbeter beim Gemeinschaftsgebet, für das geistige Oberhaupt einer Gemeinde oder Schule und, vor allem, für den Führer der gesamten islamischen Gemeinschaft.

Îwân: viereckiger, meist überwölbter Raum, dessen eine Seite sich in voller Höhe und Breite auf den davorliegenden Hof oder Saal öffnet. Dieses Architekturmotiv ist aus der parthischen und sassanidischen Architektur in die orientalisch-islamische aufgenommen worden; es ist nicht an bestimmte Funktionen gebunden, man findet es sowohl in religiösen als auch in säkularen islamischen Bauten.

Jihâd: arabisch, Heiliger Krieg; gilt im Islam als verdienstvolles Werk, das die Aufnahme ins Paradies sichert. Die Wurzel des Wortes ist jâhada, sich (um etwas) bemühen.

Jund: arabisches Wort iranischer Herkunft, das im Koran eine bewaffnete Truppe schlechthin bezeichnet; zur umayyadischen Zeit wurde es für die syrischen Militärbezirke benutzt, in denen sich die ständig bereitstehenden arabischen Krieger niedergelassen hatten, die neben einem Anteil an der Beute auch einen festen Sold bezogen.

Kalif: von arabisch khalîfa, Stellvertreter, Nachfolger; Bezeichnung für den Nachfolger des Propheten in dessen Eigenschaft als weltlicher und geistlicher Führer der islamischen Gemeinschaft. Der Kalif erhebt indes keinen Anspruch auf die Nachfolge im Prophetentum.

Kanneluren: senkrechte, konkave Rillen, meist am Schaft einer Säule; Element des antiken Dekors, das von späteren Schichten übernommen und weiterentwickelt wurde.

Kapitell: ausladendes Kopfstück einer Stütze, das zwischen dieser und der ihr aufliegenden Last vermittelt. Es erweitert die Auflagefläche der Stütze und setzt diese gegen die zu tragenden Teile ab.

Koran: arabisch al-Qur'ân, Rezitation, die heilige Schrift des Islam; sie enthält die Offenbarungen des Propheten Muhammad, die dieser von Gott durch den Engel Gabriel empfangen hatte.

Kutubiyya: Name der almohadischen Freitagsmoschee von Marrakesch. Ihren Namen dankt sie dem Buchhändlermarkt, der sich in der Nähe befand.

Lamtûna: mächtiger nomadisierender Berberstamm, der zum Volk der Sanhâja gehörte und in der Westsahara lebte. Die Lamtûna hatten sich wohl erst im 9. Jahrhundert zum Islam bekehrt. Im 8. Jahrhundert hatten sie ein aus einer Berberkonföderation bestehendes Königreich gründen können, das sie bis Anfang des 10. Jahrhunderts beherrschten; als Träger der almorawidischen Bewe-

gung erlangten sie im 11. Jahrhundert große historische Bedeutung.

Laqab: Ehrenname, den sich zunächst nur die Herrscher, später auch hohe Würdenträger zulegten; diese Ehrennamen waren anfänglich ziemlich einfach und wurden im Lauf der Zeit zunehmend volltönender.

Madrasa: »Ort, an dem man studiert«, von der arabischen Wurzel darasa, studieren, lesen, abgeleitet. Es handelt sich um öffentliche höhere Schulen, in denen in erster Linie (aber nicht ausschließlich) islamisches Recht gelehrt wurde. Sie funktionierten auf der Basis frommer Stiftungen, die den Unterhalt der Lehrer und Studenten sicherten und die dem Stifter eine gewisse Kontrolle garantierten. Sie standen organisatorisch und oft auch räumlich in engem Zusammenhang mit der Moschee. Obwohl die Institution der Madrasa sich vom 11. Jahrhundert an über die ganze islamische Welt verbreitet hat, haben die verschiedenen Regionen doch eigene Bautypen für sie entwickelt.

Mahdî: arabisch, »der Rechtgeleitete«, zunächst oft nur ein ehrender Beiname; allerdings vor allem in der Schia und unter ihrem Einfluß wird das Wort zum Begriff für den erwarteten endzeitlichen religiösen Führer, der – frei von Irrtum und Sünde – eine Herrschaft des Glaubens und der Gerechtigkeit errichten und über die geeinigte islamische Welt regieren wird. Durch die ganze islamische Geschichte hindurch sind immer wieder Persönlichkeiten aufgetreten, die sich als der Mahdi ausgaben. Einer von ihnen war Ibn Tûmart, der Begründer des almohadischen Bekenntnisses.

Malikismus: eine der vier von den Sunniten als orthodox anerkannten Rechtsschulen, die im 8. und 9. Jahrhundert entstanden sind. Die malikitische Rechtsschule ist von Mâlik im 8. Jahrhundert in Medina gegründet worden und zeichnet sich durch ihre konservative Strenge aus. Ihr Einfluß verbreitete sich von Medina aus ganz besonders nach Nordwestafrika und Spanien.

Mamlûk: Unfreier (»eines anderen Eigentum«), d. h. Sklave nichtmuslimischer Herkunft; der Begriff wird hauptsächlich für Soldaten gebraucht. Im mamlûkischen Sultanat in Ägypten und Syrien, das von 1250 bis 1517 bestand, führte die Institution dieses Militärsklaventums zu der jahrhundertelangen Herrschaft einer »one-generation military aristocracy« (D. Ayalon). In Spanien ist es nicht zu einer vergleichbaren Entwicklung gekommen.

Maqsûra: dem Kalifen vorbehaltener Platz im Gebetsaal der Freitagsmoschee in der Nähe des Mihrâbs.

Mâristân: Krankenhaus, aus dem persischen bîmâr, krank, und dem Suffix istân, das den Ort bezeichnet. Krankenhäuser, die von frommen Stiftungen lebten, sind seit dem Ende des 8. Jahrhunderts in der islamischen Welt bezeugt. Das älteste bekannte Mâristân im Maghreb ist von dem Almohaden Ya-'qûb al-Mansûr in Marrakesch gegründet worden.

Masmûda: seßhafter Berberstamm aus dem Hohen Atlas, der durch die almohadische Bewegung historische Bedeutung erlangte, da deren geistiger Führer, der Mahdî Ibn Tûmart, aus diesem Stamm kam.

Maure: griechisch mauros, dunkel, wurde von den Griechen für die Urbevölkerung des westlichen Weißafrika benutzt.

Mawlâ (Pl. Mawâlî): arabisches Wort mit vielschichtiger Bedeutung, bezeichnet meist (und in unserem Zusammenhang ausschließlich) Nichtaraber, die als Freie oder Freigelassene zum Islam übergetreten sind und sich damit formell einem arabischen Stamm angeschlossen haben, dessen »Klienten« sie werden.

Mexuar: spanisch, von arabisch mashwar, Beratungsraum. Im Maghreb wird das Wort mashwar auch für den weiten Platz vor dem Haupteingang des Palastkomplexes gebraucht, und schließlich auf diesen selbst ausgeweitet (z. B. in Rabat).

Mihrâb: arabisch, die nach Mekka weisende Nische eines Gebetsaales.

Minarett: Turm, von dem aus zum Gebet gerufen wird. Ursprung, Entwicklung und Funktion dieser Türme sind noch nicht definitiv geklärt; vermutet wird, daß sie auf vorislamische Signaltürme (arabisch manâr, manâra: Ort mit Licht, d. i. Leuchtturm) zurückgehen.

Minbar: treppenförmige, für die Freitagspredigt benutzte monumentale Kanzel in der Freitagsmoschee.

Moschee: arabisch masjid, Ort, an dem man sich (zum Gebet) niederwirft (über das spanische mezquita ins Französische, Englische und Deutsche übernommen). Islamischer Kultbau, in dem sich die Gläubigen zum rituellen Gebet versammeln. Man unterscheidet kleinere private oder öffentliche Betsäle (masjid) und die Freitagsmoschee, auch als Große Moschee bezeichnet (masjid jâmi' oder jâmi'), in der die Predigt und das kollektive Gebet am Freitagmittag (der wichtigste Gottesdienst der Woche) stattfinden und die dadurch eine politische Funktion erhält.

Mozaraber: von arabisch Must'aribûn, »arabisierte« Christen, die als Dhimmîs unter arabischer Oberherrschaft lebten. Das Wort wird vor allem für die im islamischen Spanien lebenden Christengemeinden gebraucht.

Mudéjar: von arabisch mudajjan, im Sinne von »domestiziert«; der Begriff wird benutzt für die Muslime, die nach der Reconquista unter christlicher Herrschaft in Spanien blieben und den christlichen Herren Tribut zahlten.

Muezzin: arabisch mu'azzin, Gebetsrufer, der die Gläubigen zu den rituellen fünf täglichen Gebeten aufruft.

Munya: arabisch, Landsitz, ländliches Herrenhaus, Villa.

Muqarnas: ein aus vielen Nischen und Nischenfragmenten zusammengesetztes wabenähnliches Dekormotiv, das vom 11. Jahrhundert an in der islamischen Welt erscheint und sich schnell verbreitet. Es wird hauptsächlich zur Verkleidung von gekrümmten Architekturteilen benutzt: in Kuppeln und vor allem in den Übergangszonen von der Basis zur Kuppel, in Mihrâbnischen und Portal- und Fensterbekrönungen, an Kapitellen anstelle des Korbes oder an Gesimsen.

Musâlimûn: arabisch, die zum Islam übergetretenen Christen.

Musta'ribûn: arabisch, die »Arabisierten«: unter islamischer Oberherrschaft lebende Christen.

Muwalladûn: arabisch, (unter Arabern) »Aufgezogene«, Neumuslime, vor allem gebraucht für die Nachkommen der zum Islam übergetretenen Christen in Spanien.

Palaestra: griechisch, sportliche Kampfstätte, oft in Verbindung mit Thermen. Obwohl das arabische Hammâm sich prinzipiell an die Tradition der antiken Thermen anschließt, übernimmt es diese sportlichen Anlagen nicht.

Patio: spanisch, Wohnhof im Innern eines Hauses.

Qâdî: arabisch, Richter. Er wird prinzipiell vom Herrscher oder seinem Stellvertreter ernannt, welcher sich immer die letzte Entscheidung vorbehalten kann. Seine Hauptaufgabe ist die Erhaltung der Ordnung in der Gemeinde durch die Anwendung des koranischen Rechts.

Qaysâriyya: arabisch, zentraler öffentlicher Gebäudekomplex im Handels- und Gewerbezentrum der Stadt (arabisch Sûq oder persisch Bâzâr), in dem Läden und kleinere Warenlager und Ateliers zusammengeschlossen sind, in denen Luxuswaren gehandelt werden. Die Qaysâriyya wird abends und an arbeitsfreien Tagen abgeschlossen.

Qibla: arabisch, Gebetsrichtung, ursprünglich Jerusalem, seit 624 die Kaaba in Mekka. In den Moscheen bezeichnet der Mihrâb die Richtung nach Mekka, die die Gläubigen während des Gebets einnehmen müssen. Qiblawand: die Wand, die sich in der Richtung Mekkas befindet und gegen die die Gläubigen sich während des Gebetes wenden.

Quraysch: nordarabischer Stamm, der am Anfang des 7. Jahrhunderts in Mekka herrschte und der mehrere Familien unterschiedlichen Reichtums umfaßte. Muhammad und seine Abkommen, die vier ersten Kalifen, die Umayyaden und die Abbasiden gehörten zu diesem Stamm.

Ramadân: der 9. Monat des islamischen (Mond-) Jahres, in dem jeder erwachsene Muslim zum Fasten verpflichtet ist. Fasten bedeutet im Islam völlige Enthaltung von Nahrung und Trank sowie vom Geschlechtsverkehr während der Zeit von Sonnenaufgang bis zum Sonnenuntergang.

Reconquista: spanisch, Wiedereroberung; allgemein üblicher Begriff für die christliche Wiedereinnahme der islamischen Gebiete Spaniens.

Ribât: arabisch, Bezeichnung für die befestigten, klosterähnlichen Stiftungen, die häufig in den Grenzgebieten des Islams errichtet wurden, um als Ausgangsbasis für den Heiligen Krieg zu dienen oder um Zeiten der religiösen Einkehr einen entsprechenden Rahmen zu bieten.

Salât: arabisch, das rituelle Gebet, das als höchste islamische Pflicht streng geregelt und an bestimmte Zeiten, Körperhaltungen und andere Voraussetzungen und Bedingungen gebunden ist.

Sanhâja: eines der wichtigsten Bergervölker. Die Sanhâja lebten, häufig als Nomaden, über den Westen Nordafrikas verstreut, von der Kabylei bis zur marokkanischen und mauretanischen Atlantikküste. Sie sind schon aus der vorislamischen Zeit bekannt. Die Familie der Almorawiden gehörte zum Stamm der Lamtûna, der zu der Großgruppe der Sinhâja gehörte.

Saqâliba (Sing. siqlabî oder saqlabî): mittelalterliches arabisches Wort für die Bevölkerung Osteuropas, die »Slawen«; im islamischen Spanien waren Saquâliba (»Sklaven«) durch Kriegszüge erbeutete Europäer (nicht nur aus Osteuropa), die in der Armee oder im Hofdienst eingesetzt wurden und oft zu bedeutenden Stellungen gelangten; sie sind nicht zu verwechseln mit den schwarzen Sklaven, die als 'Abîd bezeichnet wurden.

Schâmiyyûn: arabisch, Syrer, hier gebraucht für die arabischen Armeeteile, die erst nach der ersten Eroberung Andalusiens ins Land kamen und sich von den »im Lande geborenen« Arabern (Baldiyyûn) unterschieden.

Schia (Schiiten, Angehörige der Schia): arabisch, Partei 'Alîs, des Schwiegersohns und Vetters des Propheten. Ihre Weigerung, die ersten drei auf den Propheten folgenden und dann die umayyadischen Kalifen anzuerkennen, brachte die Schiiten, die allein die Nachfolge 'Alîs und seiner Nachkommen für gerechtfertigt hielten, in die Opposition und in die Verfolgung. Diese in sich zunächst rein politische Spaltung der Urgemeinde führte zu einer religiösen Sonderentwicklung der Schia, innerhalb derer sich verschiedene Sekten entwickelten. Gemeinsam sind allen schiitischen Gruppen »ein besonderes Verhältnis zu ihren eigenen Autoritäten, den Imamen, eine auf diese sich berufende eigene Rechtsüberlieferung, Eigenarten des Kultus, eigene Feste und Wallfahrtsstätten, ein besonderes religiöses Klima, das durch Passionsfreudigkeit gekennzeichnet ist, und schließlich sogar so etwas wie ein eigener Klerus« (H. Halm).

Spolien: von lateinisch spolia; wiederverwendete Bauteile, die früheren Gebäuden entnommen sind. Die frühe islamische Kunst (wie übrigens auch die frühchristliche) benutzte mit Vorliebe antike und spätantike Spolien, jedoch auch in der späteren spanisch-islamischen Kunst wurden gern ältere islamische Elemente als Spolien verwendet.

Sudatorium: lateinisch, Schwitzraum in einer Therme; dieser wurde im arabischen Hammâm übernommen und weiterentwickelt.

Sûq: arabisch, Markt; der Begriff bezeichnet in erster Linie das traditionelle Wirtschaftszentrum der orientalisch-islamischen Stadt, er wird jedoch auch für alle anderen Handels- und Gewerbeplätze sowie z. B. periodisch stattfindende Märkte außerhalb der Stadt benutzt.

T-Grundriß: Begriff aus der islamischen Kunstgeschichte; er bezeichnet einen Moscheegrundrißtyp, in dem längsgerichtete Schiffe nicht direkt auf die Qiblawand stoßen, sondern auf die Stützen eines dieser parallel vorgelegten Schiffes.

Taifa: von arabisch tâ'ifa, Plural tawâ'if, gesonderte Gruppe; Mulûk al-tawâ'if, »Könige kleiner Gruppen«, Kleinkönige (spanisch Reyes de Taifas). Nach dem Fall der spanischen Umayyaden und bis zur Machtergreifung durch die Almoraviden wurde das islamische Spanien von einer beträchtlichen Anzahl von Kleinkönigslinien regiert; diese Zeit ist in die Geschichtsschreibung als die der Reyes de Taifas eingegangen.

Transept: aus dem Französischen, Querhaus: quer zum Langhaus verlaufender Bauteil; ein in der christlichen Architekturgeschichte üblicher Begriff, der aber auch in der islamischen Baubeschreibung Anwendung gefunden hat, zum Beispiel für das Qiblaschiff, das im T-Grundriß quer zu den Hauptschiffen steht.

Trompe: Teilgewölbe, meist in der Form eines halben Hohlkegels mit nach unten gekehrter Öffnung, das auf den Ecken eines quadratischen oder rechteckigen Raumes aufliegt, um zwischen diesem und dem Basiskreis der ihn überwölbenden Kuppel zu vermitteln. Die Eck- und Übergangslösung der quadratischen oder rechteckigen überkuppelten Räume ist eines der Hauptprobleme der islamischen Architektur.

Tympanon: Fläche über einem Portal innerhalb des Bogenfeldes (ursprünglich Giebelfeld eines antiken Tempels).

Umayyaden: erste islamische Kalifendynastie, die von 660 bis 750 regierte. Die Umayyaden waren Araber, die wie Muhammad zum Stamm der Quraysch in Mekka gehörten, allerdings im Gegensatz zum Propheten zu einer seiner mächtigsten Familien. Die umayyadische Dynastie wurde 750 weitgehend von den Abbasiden vernichtet; einer ihrer Nachkommen konnte jedoch flüchten und in Spanien Fuß fassen. Die spanischen Umayyaden blieben von 756 bis 1031 an der Macht.

Zakât: arabisch, religiöse Pflichtabgabe, die zu den fünf Hauptpflichten des Muslims gehört; auch als Almosensteuer bezeichnet.

Zwerggalerie: eine in der Höhe angebrachte, in der Mauer ausgesparte Arkadenreihe mit dahinterliegender Raumschicht, die die Mauer auflockert und belebt. Es handelt sich um eine Zierform ohne konstruktive Eigenschaften; immerhin bedeutet sie eine Erleichterung des Mauerwerks.

Zwickel: dreiseitig begrenztes, verbindendes Flächenstück, wie es sich zum Beispiel bei einem Bogen und seiner rechteckigen Umrahmung, dem Alfiz, ergibt.

Literaturverzeichnis

Acién Almanza, M.: La formación y destrución de Al-Andalus und Reino de Granada, in: Historia de los Pueblos de España, Barceló, M. (Hrsg.), Tierras fronterizas (I), Barcelona 1984, S. 21–56.

Ders.: Madînat al Zahrâ' en el urbanismo musulmán, in: Cuadernos de Madînat al Zahrâ', 1, 1987, S. 11–26.

Ders.: Poblamiento y fortificación en el sur de Al-Andalus. La formación de un país de Husûn, in: III Congreso de Arqueología Medieval Española, Oviedo 1989, Actas, S. 137–150.

Acién Almanza, M. und Martínez Nuñez, M.A.: Museo de Málaga. Inscripciones árabes, Málaga 1982.

Aguilar Gutierrez, J.: Restauración de pinturas murales en la Alhambra. Patio del Harén y Retrete de la Sala de la Barca, in: Cuadernos de la Alhambra, 25, 1989, S. 204–211.

Alcocer, M. und Sancho, H.: Notas y Documentos referentes al Alcázar de Jérez de la Frontera, en los siglos XIII a XVI, Publicaciones de la Sociedad de Estudios Históricos Jerezanos, n°7, 1940, S. 9–29.

Amador de los Ríos, J.: Toledo pintoresca o descripción de sus más célebres monumentos, Toledo 1845.

Angelé, S. und Cressier, P.: Velefiqe (Almería): Un exemple de mosquée rurale en al-Andalus, in: Mélanges de la Casa de Velázquez, 26, 1990, S. 113–130.

Arié, R.: L'Espagne musulmane au temps des Nasrides, Paris 1973; Neuauflage Paris 1990.

Ayalon, D.: On the Eunuchs in Islam, in: Jerusalem Studies in Arabic and Islam, 1, 1979, S. 67–124.

Ders.: Mamlûk, in: Encyclopédie de l'Islam, Bd. VI, 1987, S. 299–305.

Azuar Ruiz, R.: Castellogía medieval alicantina: area meridional, Alicante 1981.

Ders.: La Rábita Califal de las Dunas de Guardamar. Excavaciones Arqueológicas, Alicante 1989 (Museo Arqueológico).

Ders.: Una rabita hispanomusulmana del Siglo X, in: Archéologie Islamique, 1, 1990, S. 109–145.

Baer, E.: The »Pila« of Játiva. A Document of Secular Urban Art in Western Islam, in: Kunst des Orients, 7, 1970–71, S. 142–166.

al-Bakrî, Abû'Ubayd, Kitâb al-mamâlik wa-l-masâlik. Für Andalusien: Lévi-Provençal, E.: La Péninsule Iberique au Moyen-Age, Leiden 1938. Eine neue Übersetzung in spanisch: Vidal Beltrán, E.: Abû 'Ubayd al-Bakrî. Geografía de España (Kitâb al-masâlik wa-l-mamâlik), Zaragoza 1982 (Textos Medievales, 53).

Bargebuhr, F. P.: The Alhambra Palace. A Cycle of Studies on the Eleventh Century in Moorish Spain, Berlin 1968.

Ders.: Salomo Ibn Gabirol. Ostwestliches Dichtertum, Wiesbaden 1976.

Barnabé Guillamón, M., Fernández González, F. V., Manzano Martínez, J. et al.: Arquitectura doméstica islámica en la ciudad de Murcia, in: Murcia Musulmana, Murcia 1989, S. 233–252.

Barrucand, M.: L'urbanisme princier en islam. Meknès et les villes royales islamiques postmédiévales, Paris 1985 (Bibliothèque d'Etudes Islamiques, 13).

Dies.: Gärten und gestaltete Landschaft als irdisches Paradies: Gärten im westlichen Islam, in: Der Islam, 65, 1988, S. 244–267.

Basset, H. und Terrasse, H.: Sanctuaires et forteresses almohades, Paris 1932 (Collection Hesperis V).

Bazzana, A.: Eléments d'archéologie musulmane dans Al-Andalus: caractères spécifiques de l'architecture militaire arabe de la région valencienne, in: al-Qantara, 1, 1980, S. 339–363.

Ders.: La cerámica islámica en la ciudad de Valencia. I. Catálogo, Valencia 1983.

Ders.: Un fortin omayyade dans le »Sharq al-Andalus«, in: Archéologie Islamique I, 1990, S. 87–108.

Bazzana, A., Cressier, P. und Guichard, P.: Les châteaux ruraux d'Al-Andalus. Histoire et archéologie des husûn du sud-est de l'Espagne, Madrid 1988.

Bazzana, A. und Cressier, P.: Shaltish/Saltés (Huelva). Une ville médiévale d'al-Andalus, Madrid 1989 (Publications de la Casa de Velázquez, Etudes et Documents 5)

Beckwith, J.: Caskets from Córdoba, London 1960.

Berges Roldan, L.: Baños árabes del Palacio de Villardomprado Jaén, Jaén 1989.

Bermúdez López, J.: Die Alhambra und der Generalife, Granada, o. J.

Ders.: Contribución al estudio de las contruciones domésticas de la Alhambra: nuevas perspectivas, in: La casa hispano-musulmana. Aportaciones de la arqueología, Granada 1990, S. 341–353.

Bermúdez Pareja, J.: El Generalife después del incendio de 1958, in: Cuadernos de la Alhambra, 1, 1965, S. 9–39.

Ders.: El baño del Palacio de Comares en la Alhambra de Granada. Disposición primitiva y alteraciones, in: Cuadernos de la Alhambra, 10–11, 1974–75, S. 99–116.

Ders.: Pinturas sobre piel en la Alhambra de Granada, Granada 1987.

Berthier, P.: Campagne de fouilles à Chichaoua, de 1965 à 1968, in: Bulletin de la Société d'Histoire du Maroc, 2, 1969, S. 7–26.

Bloom, J.: Minaret. Symbol of Islam, Oxford 1989.

Bonnassié, P.: Le temps des Wisigoths, in: Bennasser, B.: Histoire des Espagnols. VIe–XVIIe siècle, Paris 1985, S. 50–51.

Bosch-Vilà, J.: Los Almorávides (Historia de Marruecos, V) Tetuan 1956.

Brisch, K.: Madinat az-Zahra in der modernen archäologischen Literatur Spaniens, in: Kunst des Orients, 4, 1965, S. 5–41.

Ders.: Die Fenstergitter und verwandte Ornamente der Hauptmoschee von Córdoba. Eine Untersuchung zur spanisch-islamischen Ornamentik, 1966 (Madrider Forschungen 4).

Bulliet, R. W.: Conversion to Islam in the Medieval Period. An Essay in Quantitive History, Cambridge, Mass. & London 1979.

Cabanelas Rodríguez, D. OFM. und Fernández-Puertas, A.: Inscripciones poéticas de la Alhambra, in: Cuadernos de la Alhambra:
Partal y Fachada de Comares, n°10–11, 1974–75, S. 117–200;
Generalife: S. 14, S. 3–86;
Fuente de los Leones: 15–17, 1981, S. 3–88;
Tacas en el accesso a la Sala de la Barca: n°19–20, 1983–84, S. 61–149.

Cabanelas Rodríguez, D. OFM: La Fachada de Comares y la llamada Puerta de la Casa Real, Vortrag, Alhambra, 26. 4. 1991.

Cara Barrionuevo, L.: La Almería islámica y su alcazaba, Almería 1990.

Castejón y Martínez de Arizala, R.: Medina Azahara, Leon ²1982.

Codera, F.: Inscripción árabe de Guardamar, in: Boletín de la Real Academia de la Historia, Bd. XXXI, 1897, S. 31–35.

Chalmeta, P.: Al-Andalus: musulmanes y cristianos (siglos VIII–XIII), in: Dominguez Ortiz, A. (Hrsg.): Historia de España, Bd. 3, Barcelona 1989, S. 9–114.

Colin, G. S: siehe unter Ibn 'Idhârî.

Cressier, P.: Las fortalezas musulmanas de la Alpujarra (Provincias de Granada y Almería) y la división político administrativa de la Andalucía oriental, in: Arqueología Espacial, Coloquio sobre distribución y relaciones entre los asentamientos, Teruel 1984, Actas, Bd. 5, S. 179–199.

Ders.: Le château et la division territoriale dans l'Alpujarra médiévale: du hisn à la tâ'a, in: Mélanges de la Casa de Velázquez, 20, 1984, S. 115–144.

Ders.: Les chapiteaux de la Grande Mosquée de Cordoue (oratoires d"Abd al-Rahmân I et d"Abd al Rahmân II) et la sculpture de chapiteaux à l'époque émirale, in: Madrider Mitteilungen, 25, 1984, S. 257–313, Tafel 63–72 und 26, 1985, S. 216–281, Tafel 72–82.

Ders.: Le décor califal du mihrâb de la Grande Mosquée d'Almería, in: Madrider Mitteilungen, 31, 1990, im Druck.

Cressier, P. und Lerma, J. V.: Un chapiteau inédit d'époque Tâ'ifa à Valence, in: Madrider Mitteilungen, 30, 1989, S. 427–431.

Cressier, P., Gómez Becera, A. und Martínez-Fernández, G.: Quelques données sur la maison rurale nasride et morisque en Andalousie Orientale. Le cas de Shanash/Senés et celui de Macael Viejo (Almería), in: La casa hispano-musulmana. Aportaciones de la Arqueología, Granada 1990, S. 229–246.

Creswell, K. A. C.: Early Muslim Architecture, 2 Bde. (der 1. Bd. in 2 Teilen), New York ²1979.

Der Nersessian, S.: L'Art Arménien, Paris 1977.

Delgado Valero, C.: Toledo islámico: ciudad, arte e historia, Toledo 1987.

Dies.: Materiales para el estudio morfológico y ornamental del arte islámico en Toledo, Toledo 1987.

Dickie, J.: The Islamic Garden in Spain, in: The Islamic Garden, Dumbarton Oaks, Washington D.C. 1976, S. 87–106.

Dozy, R.: siehe unter al-Idrîsî.

Duda, D.: Spanisch-islamische Keramik aus Almería vom 12. bis 15. Jahrhundert, Heidelberg 1970.

Dies.: Zur Technik des Keramiksimses in der Großen Moschee von Córdoba, in: Madrider Forschungen, 11, 1976, S. 53–55.

de Epalza, M. und Guellouz, S.: Le Cid, personnage historique et littéraire (Anthologie de textes arabes, espagnols, français et latins avec traductions), Paris 1983.

Esco, C., Giralt, J. und Senac, Ph.: Arqueología islámica en la Marca Superior de al-Andalus, Huesca 1988.

Ettinghausen, R. und Grabar, O.: The Art and Architecture of Islam 650–1250, Penguin, 1987.

Ewert, Ch.: Spanisch-islamische Systeme sich kreuzender Bögen II. Die Arkaturen eines offenen Pavillons auf der Alcazaba von Málaga, in: Madrider Mitteilungen, 7, 1966, S. 232–253.

Ders.: Spanisch-islamische Systeme sich kreuzender Bögen I. Die senkrechtenebenen Systeme sich kreuzender Bögen als Stützkonstruktionen der vier Rippenkuppeln in der ehemaligen Hauptmoschee von Córdoba, Berlin 1968 (Madrider Forschungen, 2).

Ders.: Die Moschee von Mertola, in: Madrider Mitteilungen, 14, 1973, S. 217–246.

Ders.: Der Mihrâb der Hauptmoschee von Almería, in: Madrider Mitteilungen, 13, 1972, S. 287–336.

Ders.: Die Moschee am Bâb Mardûm in Toledo – eine »Kopie« der Moschee von Córdoba, in: Madrider Mitteilungen, 18, 1977, S. 278–354.

Ders.: Spanisch-islamische Systeme sich kreuzender Bögen III. Die Aljafería von Zaragoza, 3 Bde., Berlin 1978 (Madrider Forschungen, 12).

Ders.: Hallazgos islámicos en Balaguer y la Aljafería de Zaragoza, con contr. de Duda, D. y Kircher, G., Madrid 1979.

Ders.: Elementos decorativos en los taberos parietales del salon Rico de Madînat al Zahrâ', in: Cuadernos de Madînat al Zahrâ', 1, 1987, S. 27–60.

Ders.: Der almoravidische Stuckdekor von Shûshâwa (Südmarokko). Ein Vorbericht, in: Madrider Mitteilungen, 28, 1987, S. 141–178.

Ewert, Ch. und Wisshak, J. P.: Forschungen zur almohadischen Moschee I. Vorstufen. Hierarchische Gliederungen westislamischer Betsäle des 8. bis 11. Jahrhunderts: Die Hauptmoscheen von Kairouan und Córdoba und ihr Bannkreis, Mainz 1981 (Madrider Beiträge, 9).

Dies.: Forschungen zur almohadischen Moschee. II: Die Moschee von Tinmal, Mainz 1984 (Madrider Beiträge, 10).

Fagnan, E.: siehe unter Ibn al-Athîr und Ibn 'Idhârî.

Fernandez López, S.: Marmuyas (Montes de Málaga). Análisis de una investigación, in: Actas del I Congreso de Arqueología Medieval Española, Bd. III, Zaragoza 1986, S. 163–180.

Fernández-Puertas, A.: La Fachada del Palacio de Comares I. Situación, Función y Génesis, Granada 1980.

Flores Escobosa, I.: Estudio Preliminar sobre Loza Azul y Dorada Nazarí de la Alhambra, Madrid 1988 (Cuadernos de Arte y Arqueología, 4).

Flores Escobosa, I., Muñoz Martín, M. und Dominguez Bedmar, M.: Cerámica Hispanomusulmana en Almería, Almería 1989.

Gabrieli, F.: Omayyades d'Espagne et Abbasides, in: Studia Islamica, 31, 1970, S. 93–100.

Gamir Sandoval, A.: Reliquias de las defensas fronterizas de Granada y Castilla en los siglos XIV y XV, in: Miscelanea de Estudios Árabes y hebraicos, 5, 1956, S. 43–72.

García Gómez, E.: Poemas árabes en los muros y fuentes de la Alhambra, Madrid 1985.

Ders.: Foco de antigua luz sobre la Alhambra. Desde un texto de Ibn al-Jatîb en 1362, Madrid 1988.

García Granados, J. A., Girón Irueste F. und Salvatierra Cuenca, V.: El Maristán de Granada. Un Hopital Islamico, Granada 1989.

Gayangos, P. de: siehe unter al-Maqqarî.

Giralt i Balagueró, J.: Fortificacions andalusines a la Marca Superior: el cas de Balaguer, in: Setmana d'Arqueología Medieval, Lleida, S. 175–193.

Glick, Th. F.: Islamic and Christian Spain in the Early Middle Ages, Princeton, N. J., 1979.

Godard, A.: Voûtes iraniennes, in: Athar-é Irân, 1949.

Golvin, L.: Note sur un décor de marbre trouvé à Madînat al-Zahrâ', in: Annales de l'Institut d'Etudes Orientales, XVIII–XIX, 1960–61, S. 277–299.

Ders.: Les influences artistiques entre l'Espagne musulmane et le Maghrib. La Torre de la Vela de l'Alhambra à Grenade et le donjon du Manâr de la Qal'a des Banû Hammad (Algérie), in: Cuadernos de la Alhambra, 10–11, 1974–75, S. 85–90.

Gómez-Moreno, M.: Arte Mudéjar Tóledano, Madrid 1916.

Ders.: El Baño de la Judería en Baza, in: Al-Andalus, 12, 1947, S. 151–155.

Ders.: El arte árabe español hasta los Almohades – Arte mozarabe, Madrid 1951 (Ars Hispaniae, 3).

Gonzalez, V.: Origine, développement et diffusion de l'émaillerie sur métal en occident islamique, Doctorat, 2 Bde., Université de Provence I (Aix-Marseille), 1982.

Grabar, O.: The Alhambra, London 1978.

Guerrero Lovillo, J.: Al-Qasr al-Mubârak, El Alcázar de la bendición, Discurso de recepción en la Real Academia de Bellas Artes de Santa Isabel de Hungria, 19 November 1970, Sevilla 1974, S. 83–109.

Ders.: Sevilla musulmana, in: Historia del urbanismo sevillano, Sevilla 1977.

Guichard, P.: Structures Sociales »Occidentales« et »Orientales« dans l'Espagne Musulmane, Paris-Den Haag 1977.

Ders.: Naissance de l'islam andalou, Apogée de l'islam andalou und Paysans d'Al-Andalus, in: Bennasser, B.: Histoire des Espagnols, Paris 1985, S. 53–158.

Ders.: Les Musulmans de Valence et la reconquête (XIe–XIIIe siècles), Damas 1990.

Halm, H.: Al-Andalus und Gothica Sors, in: Welt des Orients, 66, 1989, S. 252–263.

Hernández Giménez, F.: El Alminar de 'Abd al-Rahmân III en la Mezquita mayor de Córdoba. Génesis y repercusiones, Granada 1979.

Ders.: Madinat al-Zahra, Granada 1985.

Hoenerbach, W.: Islamische Geschichte Spaniens, Zürich und Stuttgart 1970.

Huici Miranda, A.: Al-Hulal al-Mawshiyya, crónica árabe de las dinastías almorávide, almohade y benimerín. Tetuan, Colección de crónicas árabes de la Reconquista, 1952.

Ders.: Historia política del Imperio Almohade, 2 Bde., Tetuan 1956/57.

Huici Miranda, A. und Terrasse, H.: Gharnâta, in: Encyclopédie de l'Islam, Bd. II, ²1977, S. 1035–1043.

Ibn al-Athîr, Kitâb al-Kâmil fi l-târîkh, hrsg. und übers. von Fagnan, E.: Annales du Maghreb et de l'Espagne, Algier 1901.

Ibn 'Idhârî al-Marrakûschî: Kitâb al-bayân al-mughrib, 1. Teil, hrsg. von Colin, G. S. und Lévi-Provençal, E., Histoire de l'Afrique du Nord et de l'Espagne musulmane intitulée... 2 Bde., Leiden ²1948–1951; 2. Teil: Lévi-Provençal, E., Al-Bayân al-mughrib. Tome troisième. Histoire de l'Espagne musulmane au XIe siècle, Paris 1930. Übers. von Fagnan, E.: Histoire de l'Afrique et de l'Espagne intitulée..., 2 Bde., Algier 1901–1904.

Ibn al-Khatîb, Muhammad, Kitâb a'mâl al-a'lâm, Teil II, hrsg. von Lévi-Provençal, E.: Histoire de l'Espagne musulmane, Beirut ²1956; Übers. des II. Teils von Hoenerbach, W.: Islamische Geschichte Spaniens, Zürich-Stuttgart 1970.

Idris, H. R.: Les Zirîdes d'Espagne, in: Al-Andalus, XXIX, 1964/1, S. 39–145.

al-Idrîsî, Abû 'Abd Allâh Muhammad, Kitâb Nuzhat al-mushtâq; teilweise hrsg. und übers. von Dozy, R. und de Goeje, J., Description de l'Afrique et de l'Espagne, Leiden 1866.

Iñiguez, F.: Las yeserías descubiertas recientemente

en Las Huelgas de Burgos, in: Archivo Español de Arte, 14, 1940, S. 306–308.

Izquierdo Benito, R.: La cerámica hispano-musulmana decorada de Vascos (Toledo), in: Homenaje al Prof. Martin Almagro Basch IV, Madrid 1983, S. 107–115.

Ders.: Tipología de la cerámica hispanomusulmana de Vascos (Toledo), in: II. Coloquio Internacional de Cerámica Medieval en el Mediterraneo Occidental, Toledo 1981, ersch. 1986, S. 113–125.

Ders.: Los Baños Árabes de Vascos (Navalmoralejo, Toledo), in: Noticiario Arqueológico Hispánico, 28, 1986, S. 195–242.

Ders.: Una ciudad de Fundacion musulmana: Vascos, in: Castrum, 3, 1988, S. 163–172.

Jiménez, A.: Arquitectura Gaditana de Epoca Alfonsi, in: Cádiz en el siglo XIII, Acta de las Jornadas Conmemorativas del VII Centenario de la Muerte de Alfonso X el Sabio, Cádiz 1983, S. 135–158.

Jiménez Martín, A.: La mezquita de Almonaster, Instituto de Estudios Onubenses »Padre Marchena«, Diputación Provincial de Huelva, 1975.

Ders.: Giralda (Exposición »La Giralda en Madrid«), Madrid 1982.

Ders.: Los jardines de Madînat al-Zahrâ', in: Cuadernos de Madînat al-Zahrâ', 1, 1987, S. 81–92.

Jiménez Martín, A, Falcón, T., Morales, A. J. et al.: La arquitectura de nuestra ciudad, Sevilla 1981.

Jones, O.: Plans, Elevations, Sections and Details of the Alhambra, London 1842; Details and Ornaments from the Alhambra, London 1845.

Katalog: The Arts of Islam, Londoner Ausstellung von 1976, The Arts Council of Great Britain, London 1976.

Kubisch, N.: Die Ornamentik von Santa María la Blanca in Toledo, Diss., München 1991 (Manuskript).

Dies.: Das kalifale Becken des Museo Arqueológico Nacional de Madrid (mit weiterführendem Literaturverzeichnis), in: Madrider Mitteilungen, 33, 1992, in Vorbereitung.

Kühnel, E.: Maurische Kunst, Berlin 1924.

Ders.: Antike und Orient als Quellen spanisch-islamischer Kunst, in: Madrider Mitteilungen, 1, 1960, S. 174–181.

Ders.: Die Islamischen Elfenbeinskulpturen, VIII. bis XIII. Jahrhundert, Berlin 1971.

Labarta, A. und Barceló C.: Les fuentes árabes sorbre al-Zahrâ': estado de la cuestión, in Cuadernos de Madînat al-Zahrâ', 1, 1987, S. 93–106.

Lagardère, V.: Le Vendredi de Zallâqa. 23 Octobre 1086, Paris 1989.

Lautensach, H.: Maurische Züge im geographischen Bild der Iberischen Halbinsel, Bonn 1960.

Lazoro, R. und Villanueva, E.: Homenaje al Padre Tapia. Almería en la Historia, Almería 1988.

Le Tourneau, R.: The Almohad Movement in North Africa in the 12th and 13th centuries, Princeton 1969.

Lévi-Provençal, E.: siehe auch unter al-Bakrî, Ibn 'Idhârî, Ibn al-Khatîb.

Ders.: Inscriptions arabes d'Espagne, 2 Bde., Leiden und Paris 1931.

Ders.: Un manuscrit de la bibliothèque du Calife al-Hakam II, in: Hespéris 18, 1934, S. 198.

Ders.: Histoire de l'Espagne Musulmane, 3 Bde., Paris 1950–67.

Ders.: La fondation de Marrakech (462–1070), in: Mélanges d'Art et d'Archéologie de l'Occident Musulman. Hommage à Georges Marçais, Bd. 2, Algier 1957, S. 117–120.

López-Cuervo, S.: Medina az-Zahra. Ingenería y forma, Madrid 1983.

Llubia, L. M.: Cerámica medieval española, Barcelona 1968.

MacKay A. und Benaboud, M.: Alfonso VI of Leon and Castille, »al-Imbratûr dhû'l-Millatayn«, in: Bulletin of Hispanic Studies, 56, 1979, S. 95–102.

Manzano Martos, R.: Darabenaz: una alquería nazarí en la Vega de Granada, in: Al-Andalus, 26, 1961, S. 201–218 und 448–449.

Ders.: Poetas y vida literaria en los Reales Alcázares de la ciudad de Sevilla, Sevilla 1983.

al-Maqqarî, Schihâb al-Dîn, Nafh al-tib min ghusn al-Andalus, ersch. in Kairo, 1949 (10 Bde.), teilweise übers. von de Gayangos, P.: The History of the Muhammadan Dynasties in Spain, 2 Bde., London 1840–1843, Neuausgabe New York 1964.

Marçais, G.: L'architecture musulmane d'occident. Tunisie, Algérie, Maroc, Espagne, Sicile, Paris 1954.

Marín Fidalgo, A.: Arquitectura Gótica del Sur de la Provincia de Huelva, Huelva 1982.

Marinetto Sánchez, P.: Capiteles califales del Museo Nacional de Arte hispanomusulmán, in: Cuadernos de Arte, XVIII, Granada 1987, S. 175, 204.

Dies.: El capitel almorávide y almohade en la peninsula iberica, in: Estudios dedicados a Don Jesús Bermúdez Pareja, Granada 1988, S. 53–70.

Martín-Bueno, M. Erice Lacabe, R. und Sáenz Preciado, M. P.: La Aljafería. Investigación Arqueológico, Zaragoza 1987.

Menéndez Pidal, R.: La España del Cid, 2 Bde., Madrid ^{7}1969.

Menéndez Pidal, J.: La Mezquita-Iglesia de Santa María la Real (Alcázar de Jérez), in: Bellas Artes, 73, n° 19, 1973, S. 8 f.

de Mergelina, C.: La iglesia rupestre de Bobastro, in: Archivo Español de Arte y Arqueología, 1925. S. 2.

Ders.: Bobastro, Memoria de las excavaciones realizadas en las Mesas de Villaverde, El Chorro (Málaga), Madrid 1927.

Miles, G. C.: The Coinage of the Umayyads of Spain, 2 Bde., New York 1950

Miró, A.: Ronda. Arquitectura y Urbanismo, Málaga 1987.

Navagiero, A.: Il viaggio fatto in Spagna et in Francia..., Venedig, Domenico Fani 1563.

Navarro Palazón, J.: Aspectos arqueológicos, Historia de la región murciana, Bd. II, 1980, S. 64–107.

Ders.: Siyâsa: una madîna de la cora de Tudmîr, in: Areas, 5, Murcia 1985, S. 171–189.

Ders.: Hacia una sistematización de la cerámica esgrafiada, in: 2 Coloquio Internacional de Cerámica Medieval en el Mediterraneo Occidental, Toledo (1981) 1986, S. 165–178.

Ders.: Arquitectura y artesania en la cora de Tudmir, in: Más García, J. (Hrsg.): Historia de Cartagena, Bd. V, 1986, S. 411–485.

Ders.: El cementerio islámico de San Nicolás de Murcia. Memoria preliminar, in: Actas del 1 Congreso de Arqueología Medieval Española, Zaragoza 1986, Bd. IV, S. 7–37.

Ders.: Nuevas aportaciones al estudio de la loza dorada andalusí: el ataifor de Zavellá, in: Les Illes Orientals d'al-Andalus, Palma de Mallorca 1987 (V Jornades d'estudis histórics locals), S. 225–238.

Ders.: Excavaciones arqueológicas en la ciudad de Murcia durante 1984, in: Excavaciones y Prospecciones Arqueológicas, Servicio Regional de Patrimonio Histórico, Murcia 1987, S. 307–320.

Ders.: Formas arquitectónicas en el mobilario cerámico andalusí, in: Cuadernos de la Alhambra, 23, 1987, S. 21–65.

Ders.: La conquista castellana y sus consequencias: la despoblación de Siyâsa, in: Castrum 3, 1988, S. 208–214.

Ders.: Una Casa Islámica en Murcia. Estudio de su ajuar (siglo XIII), Murcia 1991.

Ders.: Murcia como centro productor de loza dorada, und ders. und Picon, M.: La loza de la Province de Murcie, étude en laboratoire, in: Congresso Internazionale delle Università degli Studi di Siena, 1986, S. 129–143 und 144–146.

Navarro Palazón, J. und García Avilés, A.: Aproximación a la cultura material de Madînat Mursiya, in: Murcia musulmana, Murcia 1989, S. 253–356.

Noth, A.: Früher Islam, in: Haarmann, U. (Hrsg.): Geschichte der arabischen Welt, München 1987, S. 11–100.

Nykl, A. R.: Inscripciones árabes de la Alhambra y del Generalife, in: Al-Andalus, 4, 1936–1939, S. 174–194.

Ocaña Jiménez, M.: Consideraciones en torno al prólogo de la obra Madînat al-Zahrâ'. Arquitectura y decoración de don Felix Hernández Giménez, in: Cuadernos de Madînat al-Zahrâ', 1, 1987, S. 107–124.

Ders.: Precisiones sobre la Historia de la Mezquita de Córdoba, in: Cuadernos de estudios medievales IV–V, Granada 1979, S. 275–282.

de Palol, P.: Regard sur l'art wisigoth, Paris 1979.

Pavón Maldonado, B.: Memoria de la excavación de

la mezquita de Madînat al-Zahra, Excavaciones Arqueológicas en España, n° 50, 1966.
Ders.: La alcazaba de la Alhambra, in: Cuadernos de la Alhambra, 7, 1971.
Ders.: Jérez de la Frontera: Ciudad Medieval. Arte Islámico y Mudéjar, Asociación Española de Orientalistas, Madrid 1981.
Ders.: Tratado de Arquitectura Hispano-Musulmana. I. Agua, Madrid 1990.
Peinado Santaella, R. G. und López de Coca Castañer, J. E.: Historia de Granada 2: La Época Medieval. Siglos VIII–XV, Granada 1987.
Pérès, H.: La poésie andalouse en arabe classique au XIe siècle, Paris ²1953.
Plan especial de protección y reforma interior de la Alhambra y Alíjares, Granada 1986.
Puertas Tricas, R.: La Cerámica islámica de cuerda seca en La Alcazaba de Málaga, Málaga 1989.
Retuerce, M. und Zozaya, J.: Variantes geográficos de la cerámica omeya andalusí: los temas decorativos, in: La Ceramica medievale nel Mediterraneo occidentale, Congresso Internazionale della Università degli Studi die Siena, 1984, Akten: Florenz 1986, S. 69–128.
Reuther, O.: Ocheîdir, Leipzig 1912.
Rosselló-Bordoy, G.: Algunas observaciones sobre la decoración cerámica en verde y manganeso, in: Cuadernos de Madînat al-Zahrâ', 1, 1987.
Ders.: El nombre de las cosas en al-Andalus: una propuesta de terminología cerámica, Palma de Mallorca 1991.
Rubiera, M. J.: De nuevo sobre los poemas epigraficos de la Alhambra, in: Al-Andalus, 41, 1976.
Sanahuja, F. P. OFM: História de la ciutat de Balaguer, Balaguer ²1984.
Sánchez-Albornoz, C.: L'Espagne Musulmane, Publisud ⁴1985.
Ders.: Espagne préislamique et Espagne musulmane, in: Revue historique, 1967, S. 295–338.
Schlumberger, D.: Qasr al-Heir el-Gharbi, Paris 1986.
Seco de Lucena Paredes, L.: El barrio del Cenete, las alcazabas y las mezquitas de Granada, in: Cuadernos de la Alhambra, 2, 1966, S. 46.
Ders.: Los palacios del taifa almeriense al-Mu'tasim, in: Cuadernos de la Alhambra, 3, 1967.
Serjeant, R. B.: Islamic Textiles (Material for a History up to the mongol Conquest), Beirut 1972.
Singer, H. R.: Der Maghreb und die Pyrenäenhalbinsel bis zum Ausgang des Mittelalters, in: Haarmann, U. (Hrsg.): Geschichte der arabischen Welt, München 1987, S. 264–322.
Sourdel, D.: Wazir et hâjib en occident, in: Etudes d'orientalisme dédiées à la mémoire d'E. Lévi-Provençal, Paris 1962, S. 749–755.
Soustiel, J.: La céramique islamique, Fribourg 1985.
Stern, H.: Les Mosaïques de la Grande Mosquée de Cordoue, Berlin 1976 (Madrider Forschungen, 11).

Stern, S. M.: Les Chansons Mozarabes. Les Vers Finaux (Kharjas) en espagnol dans les Muwashshas arabes et hébreux. Palermo 1953.
Terrasse, H.: La Grande mosquée almohade de Séville, in: Mémorial Henri Basset, Paris 1928, S. 249–266.
Ders.: L'art hispano-mauresque des origines au XIIIe siècle, Paris 1932.
Ders.: Minbars anciens du Maroc, in: Mélanges d'histoire et d'archéologie de l'occident musulman, Hommage à Georges Marçais, Bd. 2, Algier 1957, S. 159–167.
Ders.: Islam d'Espagne. Une rencontre de l'Orient et de l'Occident, Paris 1958.
Ders.: Les tendances de l'art hispano-mauresque à la fin du Xe et au début du XIe siècle, in: al-Mulk, 3, 1963, S. 19–24.
Ders.: Chapiteaux oméyyades d'Espagne à la Mosque d'al-Qarawiyyîn de Fès, in: Al-Andalus, 28, S. 211–220.
Ders.: La formation de l'art musulman d'Espagne, in: Cahiers de Civilisation Médiévale, 8, 1965, S. 141–158.
Ders.: La mosquée al-Qaraouiyin à Fès, Paris 1968.
Ders.: La sculpture monumentale à Cordoue au IXe siècle, in: Al-Andalus, 34, 1969, S. 409–417.
Terrasse, M.: La fortification oméiyade de Castille, in: Revista del Instituto de Estudios Islamicos en Madrid, 14, 1967–68, S. 113–127.
Thierry, J.-M. und Donabédian, P.: Les Arts Arméniens, Paris 1987.
Torres Balbás, L.: Paseos por la Alhambra: la Rauda, in: Archivo Español de Arte y Arqueología, 6, 1926, S. 261–285.
Ders.: Hallazgos arqueológicos en la Alcazaba de Málaga, in: Al-Andalus, 2, 1934, S. 344–357.
Ders.: Monteagudo y »El Castillejo« en la Vega de Murcia, in: Al-Andalus, 2, 1934, S. 366–370.
Ders.: El alminar de la iglesia de San José y las primeras construcciones de los ziries granadinos, in: Al-Andalus, 6, 1941, S. 427–446.
Ders.: La mezquita de al-Qanatir y el Santuario de Alfonso el-Sabio en el Puerto de Santa María, in: Al-Andalus, 7, 1942, S. 149.
Ders.: Las Yeserías descubiertas recientemente en las Huelgas de Burgos, in: Al-Andalus, 8, 1943, S. 209–254.
Ders.: Excavaciones y obras en la alcazaba de Málaga, in: Al-Andalus, 9, 1944, S. 173–190.
Ders.: La acropolis musulmana de Ronda, in: Al-Andalus, 9, 1944, S. 469–474.
Ders.: El Maristán de Granada, in: Al-Andalus, 9, 1944, S. 481–498.
Ders.: Rábitas hispano-musulmanas, in: Al-Andalus, 13, 1948, S. 475–491.
Ders.: Arte Almohade. Arte Nazarí. Arte Mudéjar, Madrid 1949 (Ars Hispaniae, 4).
Ders.: La Mezquita Mayor de Almería, in: Al-Andalus, 18, 1953, S. 412–43.
Ders.: Arte Hispanomusulmán. Hasta la caída del califato de Córdoba, in: Menéndez Pidal, R.: Historia de España, Bd. V, Madrid 1957.
Ders.: Ciudades yermas hispano-musulmanas, Madrid 1957.
Ders.: Játiva y los restos del Palacio de Pinohermoso, in: Al-Andalus, 22, 1958, S. 143–171.
Ders.: Ciudades hispano-musulmanas, 2 Bde., hrsg. von Terrasse, H., Madrid, o. J.
Torres Delgado, C.: El antiguo reino nazarí de Granada (1232–1340), Granada 1974.
Valdés Fernández, F.: La Alcazaba de Badajoz. Síntesis de la historia de la ciudad, Badajoz 1979.
Ders.: La Alcazaba de Badajoz. I. Hallazgos islámicos (1977–1982) y testar de la Puerta del Pilar, Madrid 1985.
Ders.: Ciudadela y fortificación urbana: el caso de Badajoz, in: Castrum, 3, 1988, S. 143–152.
Vallejo Triano, A.: El baño próximo al salón de »Abd al-Rahmân III«, in: Cuadernos de Madînat al-Zahrâ', 1, 1987, S. 141–168.
Ders.: La vivienda de servicios y la llamada casa de Ya'far, in: La casa hispano-musulmana. Aportaciones de la arqueología, Granada 1990, S. 129–146.
Uhde, C. (Hrsg.): Baudenkmäler in Spanien und Portugal, Berlin 1892
Vallve Bermejo, J.: De nuevos sobre Bobastro, in: Al-Andalus, 30, 1965, S. 139–174.
Valor Piechotta, M.: Algunos ejemplos de cerámica vidriada aplicada a la arquitectura almohade, in: II. Congresso de Arqueología Medieval Española, Madrid 1987, Bd. III, S. 194–202.
Vernet, J.: Die spanisch-arabische Kultur in Orient und Okzident, Zürich und München 1984.
Vidal Beltrán, E.: siehe unter al-Bakrî.
Wasserstein, D.: The Rise and Fall of the Party-Kings. Politics and Society in Islamic Spain, 1002–1086, Princeton 1985.
Watt, M. W. und Cachia, P.: A History of Islamic Spain, Edinburgh ⁴1977 (Islamic Surveys, 4).
Wirth, E.: Regelhaftigkeit in Grundrißgestaltung, Straßennetz und Bausubstanz merinidischer Städte: das Beispiel Fes Djedid (1276 n. Chr.), in: Madrider Mitteilungen, 32, 1991.
Wolf, R.: Castillos, München 1982.
Zanón, J.: Topografía de Córdoba almohade a través de las fuentes árabes, Madrid 1989.
Zozaya, J.: Aproximación a la cronología de algunas formas cerámicas de época de Taifas, in: Actas de las Jornadas de cultura árabe e islámica (1978), Madrid 1981, S. 277–286.
Ders.: Evolución de un yacimiento: el castillo de Gormaz (Soria), in: Castrum, 3, 1988.
Zozaya J. und Soler, A.: Castillos Omeyas de planta cuadrangular: su relación funcional, in: III Congreso de Arqueología Medieval Española, Oviedo 1989, Actas.

Bildnachweis

Genannt werden hier Photographen und Archive, von denen der Verlag ergänzendes Bildmaterial erhalten hat. Die überwiegende Zahl der Photographien sind Neuaufnahmen von Achim Bednorz. Die Grundrisse, Aufrisse und Pläne wurden – mit Ausnahme einiger Vorlagen aus den Publikationen von Christian Ewert – neu gezeichnet vom RZ-Studio für Werbung und Grafik Design, Hannover. Die als Vorlage benutzte Literatur wird hier nur in Kurzform benannt; die ausführlichen bibliographischen Angaben sind dem Literaturverzeichnis zu entnehmen.

Manuel Armengol, Barcelona: Abb. S. 18, 19, 65 rechts, 66 unten, 70, 116, 120
Erwin Böhm, Mainz: Abb. S. 34, 44 unten
R. Izquierdo Benito: Abb. S. 101
Foto Mas, Barcelona: Abb. S. 41, 69 oben, 100, 101 unten, 187
Collection Viollet, Paris: Abb. S. 13, 23, 43, 136, 142 oben u. unten, 143, 144, 148 links u. unten, 153, 162

R. Arié, L'Espagne musulmane: Abb. S. 181
R. Aznar Ruiz, La Rábita: Abb. S. 97
K. Brisch, Fenstergitter: Abb. S. 44 links, 45
R. Castejón y Martinez de Arizala, Medina: Abb. S. 65 unten
Cresswell, K.A.C.: Early Muslim, Architecture: Abb. S. 86
Encyclopédie de l'Islam: Abb. S. 27
Ch. Ewert, Islamische Funde in Balaguer: Abb. S. 122 unten, 123 oben u. unten
Ders., Der Mihrâb der Hauptmoschee von Almería: Abb. S. 93 unten
Ders., Die Moschee am Bâb Mardûm in Toledo: Abb. S. 73
Ders., Spanisch-islamische Systeme I (Cordoba): Abb. S. 41 unten, 74 unten, 75
Ders., Spanisch-islamische Systeme II (Zaragoza): Abb. S. 117, 118
M. Gomez-Moreno, Ars Hispaniae, 3: Abb. S. 69 unten, 125, 146
A. Jiménez Martín, La arquitectura: Abb. S. 98, 160 unten
O. Jones, Alhambra, 2 Bde.: Abb. S. 10, 12, 15, 84, 184/185, 186, 207, 218, 220
S. López-Cuervo, Medina: Abb. S. 64
A. Marín Fidalgo, Arquitectura: Abb. S. 157 rechts unten
C. de Mergelina, La iglesia: Abb. S. 49
J. Navarro Palazón: Siyâsa: Abb. S. 172
H. Terrasse, La Grande mosquée: Abb. S. 157 rechts oben
L. Torres Balbás, Arte Hispanomusulmán: Abb. S. 25, 46, 92
Ders., Ciudades: Abb. S. 158
C. Uhde, Baudenkmäler: Abb. S. 85, 89

Übersichtskarte

Madînat al Zahrâ', Salón Rico

Mérida, Aquädukt

Córdoba, Große Moschee

Almonaster la Real

Sevilla, Torre del Oro

Ronda, Puente San Miguel

Jérez de la Frontera, Alcázar

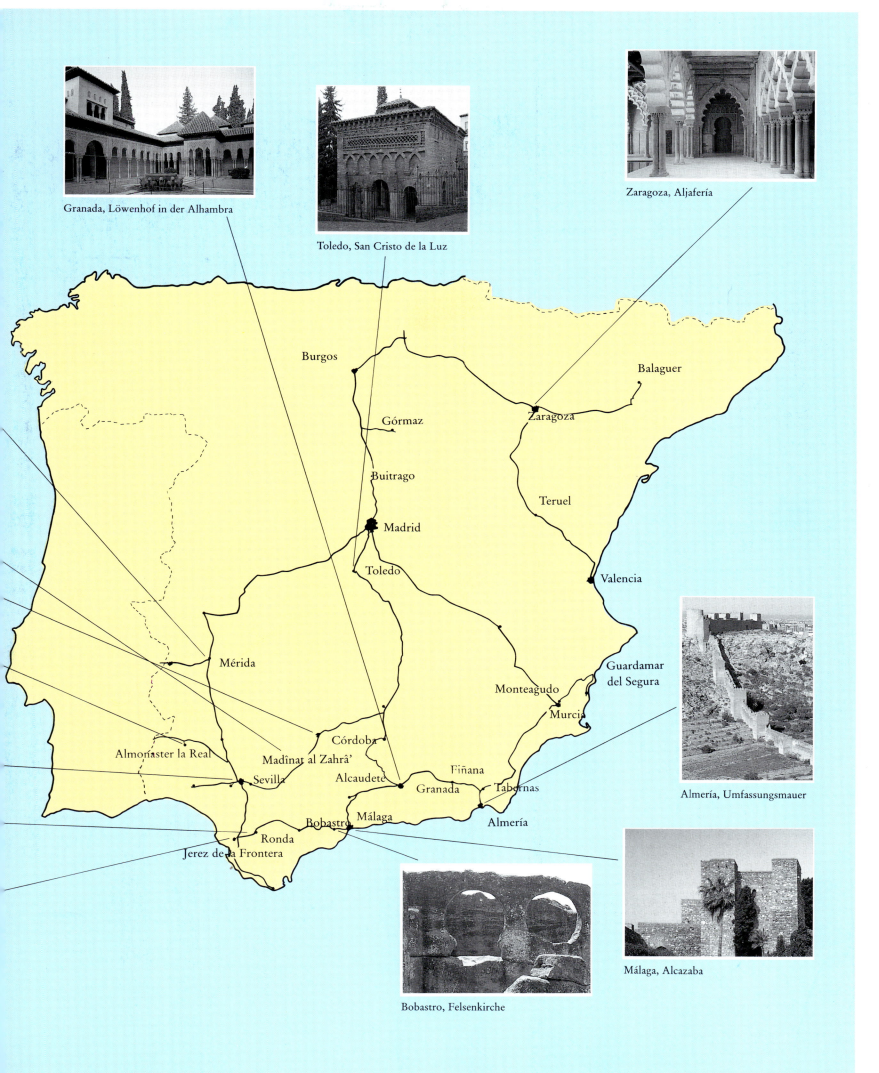

Register

'Abbâdiden 108 ff., 116, 127
Abbasiden 36, 54, 59
'Abd al-'Azîz 26
'Abd Allâh 51, 70, 75
'Abd Allâh al-Zîrî 108, 112
'Abd Allâh b. Yasîh al-Jazûlî 133
'Abd al-Malik 56
'Abd al-Mu'min 134
'Abd al-Rahmân I. 30, 32, 34 f., 39, 44 f., 59
– II. 35 f., 45, 47, 70, 75, 83
– III. 37, 51, 54 f., 59, 61, 85, 92, 97, 157
Abû Bakr b. Ya'isch al-Qâdî 108
Abû Dja'far al-Mansûr s. al-Mansûr
Abû Ja'far Ahmad ibn Sulaymân al-Muqtadir billâh 118
Abû l-Qâsim ibn Qasî 144
Abû Muhammad Ismâ'îl ibn Dhî al-Nûn 108
Abû Yahyâ Muhammad ibn Ma'n ibn Sumâdih al-Mu'tasim 124
Abû Ya'qûb Yûsuf 134, 157
Abû Ya'qûb Yûsuf II. 137
Abû Yûsuf Ya'qûb »al-Mansûr« 137
Aghmât 18, 112
Ägypten 25, 68, 107
Ahmad ibn Nasr ibn Khâlid 103
Akhila 21, 25
al-Andalus 12 f., 18, 27, 30, 32, 34 ff., 59, 91, 111
Alanen 12
al-Aqsâ-Moschee 40, 42 f.
Alárcos 137
al-Bâb al-Mardûm (s. San Cristo de la Luz) 88, 91
Albaicín 112, 127, 180, 195
al-Bakrî 92
Albercahof 194 f., 206
Alcalá da Guadaira 145, 166
Alcantarabrücke 101
Alcaudete 181, 212
Alcazaba (Alhambra) 211
Alcazaba (Málaga) 109, 124 ff.
Alcazaba (Mérida) 32
Alcázar (Córodba) 61
– (Genil) 211
– (Jérez de la Frontera) 141, 158, 160 f.
– (Sevilla) 15, 128, 154, 162 f., 168 ff.
– (Toledo) 35
– (Mérida) 45, 47
Aledo 146
Alfonso I. von Aragón 27, 30, 133
– VI. von León und Kastilien 111 f.
– VII. von Kastilien 133
– VIII. von Kastilien 137, 175
Algeciras 26, 55
Algerien 17 f., 25, 37, 157, 208

Algier 54
al-Hakam I. 35
– II. 55, 59, 61 f., 64, 75, 83 ff., 92, 103, 105, 121, 134, 149
al-Hakim-Moschee 154
Alhambra 15, 127, 147 f., 166, 181 ff., 211 f., 214 ff.
Alicante 97, 166
al-Idrîsî 63
'Ali ibn Hammûd 108
'Ali ibn Yûsuf 141, 144, 155
Aljafería (Zaragoza) 108, 114 ff., 124, 148, 155, 161
al-Madîna al-Zâhira 55
al-Mahdî 36
al-Mansûr 31, 59, 84 ff., 105
Almanzor 11, 55
al-Maqqari 61, 66, 73
Almería 11, 36, 92, 105, 118, 124, 137, 146, 179, 181, 214
Almiserat 98
Almohaden 134, 137, 143, 149, 153, 162 f., 173, 175, 179
Almonaster la Real 88, 92, 93 ff.
Almoraviden 56, 111 f., 118, 133 f., 141, 144, 146, 149, 153 f., 173, 175
al-Mughîra 55
al-Musta'in 144
al-Mu'tamid 111 f., 141, 144, 162
al-Qasaba al-qadîma 127
al-Qâsim ibn Hammûd 108
al-Qasr al-mubârak 127
al-Rusâfa (Garten) 31
al-Sumâdihiyya 124
Altkastilien 27
Alvaro von Córdoba 56
Amergo 141
'Âmiriden 56, 107 f.
Andalusien 17, 26, 32, 37, 54, 56, 59, 66, 88, 98, 107 f., 111 f., 133 f., 137, 141, 143 f., 154, 162, 175, 179, 214, 217, 219
Antequera 37, 181, 212
Araber 23, 25, 31, 36, 56
Arabien 23, 67
Aragón 137, 181
Archäologisches Museum (Málaga) 148
Archez 113, 212
Archidona 173, 181, 212
Arcos de la Frontera 16
Arjona 179
Asien 24
Asturien 27, 47, 51
Avenzor s. Ibn Zuhr
Averroës s. Ibn Ruschd
Avignon 26
Bâb al-Jibâl (Tor der Berge) 66
Bâb al-Qubba (Tor der Kuppel, Haupttor) 65 f.
Bâb al-Schams (Tor der Sonne) 66
Bâb al-Sudda (Tor der Schwelle) 65 f., 68
Bâb al-Wuzâra'(Tor der Minister, heutiges Stefanstor) 40, 43
Badajoz 36, 108, 111 f., 158, 166
Bad der Färber 143

Bagdad 35 f., 61
Balearen 108
Balaguer 116, 121 ff.
Baño Real (Königliches Bad) 207
Baños de la Encína 100
Bañuelo des Albaicín 110 f., 127 f.
Banû Hammâd 157
Banû Hûd 137
Banû Mardanîsch 137
Banû Qâsî 34
Barcelona 51
Barrio Castrense 211
Basken 21, 26
Baza 12
Beja 26
Beni Touada 141
Berber 25 f., 30, 32, 37, 103, 107 f., 111, 133 f., 141, 153, 175
Betisches Gebirge 12
Boabdil 11, 181
Bobastro 37, 45, 48 f.
Bollulos de la Mitación 158
Bordeaux 26
Borell (Graf von Barcelona, Bischof von Gerona) 67
Buitrago 27 ff.
Burgos 15
Burûdj 166
Byzantiner 21
Byzanz 62
Cáceres 101, 166
Cádiz 11 f., 146
Calahorra 137 ff., 166, 212
Calle Real 188
Calle Real Baja 188
Capilla de la Asunción 174 f.
Capilla de Santa María la Real 158 f.
Capilla de Villaviciosa 75
Carmen 11
Cartagena 173
Casa de la Tornerías 91
Casa de los Gigantes 212
Casa de los Girones 211
Castillejo von Monteagudo 146 f., 156
Ceuta 54, 108
Chichaoua 141, 156
Churriana 212
Cid 111
Cieza 172 f.
Comarespalast 192, 194 f., 210
Comaresturm 183, 194 f.
Córdoba 11 f., 15, 26, 30, 32, 34, 35, 37, 39 f., 42, 45, 49, 54 ff., 58 f., 61 f., 73, 75, 83 ff., 88, 91 f., 100 f., 109, 112, 121, 130, 134, 137, 141, 143, 148 f., 157, 175, 217
Corral del Carbón 210, 212
Cortijo de la Marquesa 212
Cortijo del Cobertizo 212
Crucero (Sevilla) 128, 131, 163
Cuarto Dorado 192 ff., 218
Cuarto Real de Santo Domingo 211

238

Cuenca 148
Damaskus 25 f., 30, 32
Dâr al-Arûsa (Haus der Braut) 204
Dâr al-Hajar (Steinernes Haus) 141
Daralhorra 211
Dâr al-Imâra 127
Dâr al-Sûrûr (Haus der Freude) s. Aljafería
Darro 127, 187
Denia 108, 137
Duero 12, 27
Écija 101, 166
El Conventual 46 f.
El Vacar 100
Elvira 26, 30, 36, 39, 127
Ermita de Cuatrohabitan 156, 158
Extremadura 32, 34, 100, 166
Fatimiden 54
Ferdinand (hl.) 15
Ferdinand III. von Kastilien und León 137, 179 f.
Fes 35, 143, 180
Fiñana 214 f.
Franken 21
Froia 21
Galizien 26 f., 30
Generalife 187, 190, 195, 204, 206 f., 210
Genil 101, 127
Gibraltar 12, 24, 166, 181, 212
Giralda 154 ff.
Goldene Halle 63
Górmaz 17, 98 f.
Granada 11 f., 17, 26, 37, 101, 112, 127, 137, 146, 179 f., 181, 183, 188, 190 f., 210 ff., 217
Große Moschee von Algier 143
– von Córdoba 15, 30, 38 f., 41 f., 45, 56 f., 70 ff., 77 ff., 80 ff., 84 ff., 104 f.
– von Granada 210, 212
– von Damaskus 42 f., 44, 143
– von Nedroma 143
– von Salé 144
– von Sevilla 46 f., 157
– von Tlemcen 143
Großer westlicher Saal 60, 63, 65, 68
Guadalimar 100
Guadalhorce 48
Guadalajara 101
Guadalquivir 11, 36, 39, 85, 101, 127
Guadiana 46, 101
Guadix 12
Guardamar 97
Hammâm (Jaén) 102 f.
– (Baza) 127
Haus der Armee (Dâr al-Jund) s. Großer westlicher Saal
Haus des Fürsten 63, 68
Henares 101
Hischâm 32, 35, 45, 55 f., 84, 110
Hoher Atlas 134, 153
Hoher Garten 63 f.
Huesca 35
Huelva 11
Hûdiden 108, 116, 137

Husûn 166
Iberer 44, 49, 56
Iberische Halbinsel 17, 21, 27, 111, 137, 179, 188, 217
Ibn Abî 'Âmir (Almanzor) 55 f., 59
Ibn al-Khatîb 51, 179
Ibn 'Ammâr 118, 124
Ibn Hamdîs 127
Ibn Hayyân 67
Ibn 'Idhârî 75, 84
Ibn Khaldûn 67
Ibn Marwân ibn al-Jillîqî 36
Ibn Ruschd 134
Ibn Tufail 134
Ibn Tûmart 134, 163
Ibn Zuhr 134
Ifrîqiya (Tunesien) 25
Irak-Iran 25
Irving, Washington 11, 210
Ishbâniya 17
Isidor von Sevilla (hl.) 22
Isma'îl I. 204
Jabal Târiq 24
Jacob I. von Aragón 137
Jaén 11, 30, 45, 100, 146 179, 212
Jannat al-'Arîf 204
Játiva 128, 130, 137
Jauhariden 108
Jérez de la Frontera 137, 166
Johanneskirche (Córdoba) 45
Johann von Gorze 66
Juden 58
Karl V. 187 f., 195
Karl Martell 27
Kairuan 25, 142
Kastilien 51, 67, 137, 173, 181
Katalonien 26
Kap Nao 12
Karthago 25
Khayrân 108, 118, 124
Königssaal 195, 200 f., 211
Konstantinopel 84
Kreta 36
Kutubiyya (Marrakesch) 149, 153 ff.
La Guardia 8 f., 212
Las Huelgas 15, 174 ff.
Las Navas de Tolosa 137
León 51, 66 ff., 137
Lérida 35, 118
Lissabon 35
Löwenhof 13, 194, 198 f., 204 f., 207 f., 211
Löwenhofpalast 183, 207, 210
Lyon 26
Madîna 23
Madînat al-Zahrâ' 55, 59, 61 f., 64 ff., 69 f., 86, 91 f., 105, 121, 148, 163, 183, 206, 208, 210
Madrasa (Granada) 212, 214
Maghreb 18, 25, 121, 143, 153
Mahmûd ibn 'Abd al-Jabbâr 47
Málaga 11, 26, 108, 126, 179, 181, 212
Mamluken 107

Manârturm 208
Mariniden 180, 212
Mâristân 212
Mark, Obere 34, 36, 121
– Mittlere 34
– Untere 34, 36
Marokko 17 f., 25, 128, 133 f., 141, 147, 153, 155, 180
Marrakesch 134, 141, 148, 153 f., 166
Mauren 18
Medina 30, 153
Mekka 22 f., 30
Meknes 180
Memorialmoschee (Tinmal) 153
Mérida 26, 32 ff., 46 f., 121
Mertola 109, 144
Meseta 12, 32
Mexuar 190 f., 194
Michaelstor 70
Mirador de Daraxa 195
Moclín 212
Montanchez 166
Monteagudo 146 f.
Mozaraber 32, 36 f., 179
Mu'awiya 30
Mubārak 108
Muhammad (Prophet) 22 f., 30, 54
Muhammad I. 36 f., 70, 179
– II. 189
– III. 188 f., 191
– IV. 196
– V. 180, 189, 191 f., 196, 208, 210, 212, 215
Muhammad ibn Mardanîsch (König Lope) 146, 153
Muhammad »al-Nâsir« 137
Muhammad ibn Yûsuf ibn Nasr 179
Mujâhid al-'Âmirî 108
Mula 146
Mundhir I. al-Tujîbî 108
Murcia 26, 45, 108 f., 124, 137, 144, 146 ff., 150 f., 153, 166, 173
Mûsâ ibn Mûsâ al-Qâsî 36, 45
Mûsâ ibn Nusayr 25
Museum Frederico Marés (Barcelona) 148
Museum Villanueva y Geltru (Barcelona) 148
Muslime 17, 27, 37, 109, 111
Muwalladûn 32, 36 f., 56, 107
Muzaffar 108
Nafza 103
Narbonne 26 f.
Nasriden 179 f., 206
Navalmoralejo 101
Navarra 51, 137
Nedroma 143
Niebla 26, 144, 157 ff.
Nikophorus II. Phokas 84
Nordafrika 17 f., 24, 30, 36, 47, 54, 107, 133 f., 141, 144, 181
Ordoño IV. 67 f.
Orient 32
Orihuela 146
Östlicher Saal 63, 68

239

Otto der Große 66
Oviedo 26
Palast des Khayrân 118
Palast von 'Anjar 42
Palast von Balaguer (Sudda) 121
Palermo 36
Pamplona 26, 67
Paradór 195
Partalpalast 188 f., 206
Patio de la Acequia 204, 206, 208 ff., 219
Patio de la Mezquita 186
Patio de las Banderas 163
Patio de las Muñecas 166 f.
Patio del Haren 210
Patio del Yeso 162 f., 166, 174
Pavillion der Abencerrajes 204
Pechina 45, 92
Peinador de la Reina (Frisierzimmer der Königin) 208
Pippin 27
Poitiers 26
Portugal 26, 34
Provence 67
Puente San Miguel 180
Puento de Pinos 101
Puerta de Hierro 195
Puerta de la Bisagra 141
Puerta de la Justicia 194
Puerta de las Armas 194
Puerta del Vino 191
Puerta de Santa Catalina 71
Puerta de Siete Suelos 194
Pyrenäen 12, 27
Qal'a 157
Qâdî Muhammad b. 'Abbâd 109
Qadi 127
Qairawân 143, 153
Qarawiyyinmoschee (Fes) 143 f.
Qaryât 166
Qasaba (Marrakesch) 153 f., 183
Qasabât 166
Qaysâriyya 212
Qilâ 166
Qulay'ât 166
Qusûr 166
Rabat 153 f.
Rábita de Guardamar del Segura 88, 97 f.
Rio Barbate 26
Rio Hiso 101
Rio Salado 180
Roderich 21
Rodrigo Díaz de Vivar s. Cid
Ronda 37, 180, 212, 215
Rustumiden 36
Saal der Botschafter (Sala des Comares) 127
Saal der Abencerrajes 195, 204 f., 208
Saal der zwei Schwestern (Sala de Dos Hermanas) 192, 195, 202 f., 207 f.
Sâbûr 108
Sâhib al-Madina 68
Sâhib Rûma 67

Salamanca 67
Salé 153, 180
Salihiden 36
Sala de la Barca 194 f.
Sala de los Mocárabes 194
Sala de los Reyes (Saal der Könige, Sala de la Justicia) 206
Sala des Comares 195
Salón des Embajadores 164 f., 166
Salón Rico 52 f., 63, 66, 67, 68, 84, 121, 206
Salvatorkirche (Sevilla) 46
Sâmarrâ 34, 36, 61, 153
Samuel ben Naghrîla 109
Sancho el Craso 66
San Cristo de la Luz (Toledo) 88 f.
San Isidoro 148
San José 127
San Juán (Almería) 88, 92 f.
San Juán de los Caballeros 73
San Juán de los Reyes 212
San Martín 158 f.
San Nicolás 173
Santa Catalina de Zafra 212
Santa Clara 173
Santa Isabel la Real 211
Santa María 189, 214
Santa María de la Blanca 174
Santa María de la Granada 158
Saqâliba 58 f., 107
Sarah die Gotin 32
Schloß von Mschatta 121
Sevilla 11, 15, 26, 32, 36, 39, 45 f., 108 f., 111 ff., 116, 118, 135 ff., 153, 156, 166, 170 f., 179
Sevillator 101
Sierra de los Filabres 12
– de Ronda 12
– Morena 12
– Nevada 12, 183, 187
Sijilmâsa 54
Silves 144
Sind (Pakistan) 30
Sisenand 21
Siyâsa 172 f.
Sizilien 36
Sophienkirche (Konstantinopel) 84
Soria 26
Spanien 12 f., 15, 21, 25 f., 30, 32, 42 ff., 83, 111 f., 133, 137, 144, 149, 153, 155, 175
Steinernes Haus (Dâr al-hajar) 141
Sueben 12
Sulaymân ibn Martín 47
Syrer 44, 49
Syrien 25 f., 42, 62
Tabernas 147, 212
Tajo 36
Tâhert 37
Tanger 24, 54
Tarifa 15 f., 25, 100, 179, 212
Tarîf ibn Mâlik 25
Târiq ibn Ziyâd 25 f.
Tâschufin ibn 'Alî 144

Tashgimout 141
Taza 153 f.
Teruel 18
Tiefer Garten 64
Tinmal 134, 153 ff.
Tlemcen 143
Toledo 26, 32, 34 f., 91, 101, 103, 108 f., 111 f., 137, 141, 173
Torre de Comares 194
Torre de Homenaje 211
Torre de la Cautiva 190 f., 194
Torre de la Damas (Turm der Damen) 208
Torre de las Infantas 191
Torre del Candil 194
Torre del Oro 166, 170 f.
Torre de los Picos 195
Torre de Machuca 194
Torre Quebrada 211
Torres Bermejas 127, 187
Tortosa 35
Tours 26
Tudela 36, 45
Tunesien 17, 54, 62, 134, 154
Turm der Damen 189
'Ubayd Allâh 54
'Umar ibn Hafsûn 37, 48, 54
Umayyaden 30 ff., 37, 45, 49, 54, 73, 103
Unterbetische Ketten 12
Valencia 32, 108, 111 f., 128, 137, 144, 166, 173
Vandalen 12
Vascos 101, 103
Velaturm 127, 187
Vorderer Orient 18, 30, 42 ff., 46, 61 f., 104, 175
Westgoten 21
Wittiza 21, 32
Wohnhaus des Wesirs Ja'far 63, 68
Yahyâ ibn 'Umar 133
Ya'qub al-Mansur 139
Yathrib 23
Yehoseph ibn Naghrîla 127
Yûsuf I. 180, 189, 194 f., 207 f., 214
– III. 195
Yûsuf al-Muzaffar 121 f.
Yûsuf b. Tâschufin 111 f., 133, 144
Zallâqa 111
Zaragoza 34 ff., 39, 108 f., 111, 118, 133, 144
Zayyân ibn Sa'd ibn Mardanîsch 137
Ziriden 127, 187
Ziryâb 36
Zubia 212